资源环境与城乡规划管理专业实习教程

魏 遐 徐 萌 等编著

图书在版编目(CIP)数据

资源环境与城乡规划管理专业实习教程 / 魏遐等编著. — 杭州：浙江工商大学出版社，2012.8

ISBN 978-7-81140-566-8

Ⅰ. ①资… Ⅱ. ①魏… Ⅲ. ①自然资源—资源利用—实习—高等学校—教材②城乡规划—管理—实习—高等学校—教材 Ⅳ. ①F062.1—45②TU984—45

中国版本图书馆 CIP 数据核字(2012)第 172391 号

资源环境与城乡规划管理专业实习教程

魏　遐　徐　萌　等编著

责任编辑　孙一凡　任晓燕
封面设计　王好驰
责任印制　汪　俊
出版发行　浙江工商大学出版社
(杭州市教工路 198 号　邮政编码 310012)
(E-mail:zjgsupress@163.com)
(网址:http://www.zjgsupress.com)
电话:0571-88904980,88831806(传真)
排　　版　杭州朝曦图文设计有限公司
印　　刷　杭州恒力通印务有限公司
开　　本　787mm×960mm　1/16
印　　张　13.25
字　　数　253 千
版 印 次　2012 年 8 月第 1 版　2012 年 8 月第 1 次印刷
书　　号　ISBN 978-7-81140-566-8
定　　价　27.00 元

前　言

资源环境与城乡规划管理专业是教育部1998年专业目录中新设置的专业，是在我国进入城市化的快速发展阶段、城乡资源问题日益突出的背景下设置的实践性较强的专业。该专业涵盖了经济地理学与城乡区域规划、资源环境区划与管理等专业，是一个涉及地理学、环境科学和城乡规划管理科学的宽口径理科专业。由于面向资源、环境与城乡规划等多个专业领域，本专业相关学科的理论教学内容较其他专业繁多，导致相应的实践课程内容受到挤压，学生室外工作的实践技能培养较弱，直接影响到学生就业竞争力。近年来很多高校对这种情况有所认识并改变，对实践教学重视程度有所提高，但适合本专业的实践类教材并不多见。

本教材编写的目的是为资源环境与城乡规划管理专业教师提供实习教材或实习教学参考，为学生提供专业实习中学习教材或指导。特别针对该专业的特点，在不同培养阶段设置了不同实习教学目标，在华东地区选择了典型实习区，从地理野外实习、资源环境管理以及区域与城市规划三方面逐层深入地设计实习内容与实习线路，全面培养学生专业实习技能。

教材编写理念是从专业特色出发，围绕专业人才培养目标，突出强调学生实践技能培养，针对学生各阶段专业知识结构特点，分层次逐级递进式地设计专业实习教学。教材共设计了地理野外综合实习、资源与环境管理及区域与城市规划三个主题的实习内容与实习线路。全书共分四个单元，第一单元为专业实习基础，主要涉及地理野外实习的主要方法和手段、城乡规划调查方法，为学生参加专业实习环节打好基础；第二单元以自然野外地理为主题内容，针对浙江省温州市域的雁荡山地质地貌、楠溪江水文特点以及温州生态园的规划方案进行分析介绍；第三单元是资源与环境管理的内容，主要针对湖州的环太湖流域的水资源现状及治理措施、江南水乡古镇文化的资源保护和利用以及长兴水口乡的生态旅游规划管理几方面进行实践教学和分析介绍；第四单元以区域与城市规划为主题，以宁波和上海两个实习区域进行实践教学。宁波实习区主要针对杭州湾跨海大桥对区域经济的影响、宁波市镇海、北仑工业园区的规划布局展开分析。上海实习区分为三个专题：一是城市中心区设计，以陆家嘴CBD的区位概况和土地功能利用及形态分析、南京路、外滩商业区的规划布局为主线展开分析探讨；二是城市历史文化遗产的保护开发主题，以上海新天地的开发模式和历史文化遗产的保护、浦东川沙中市街区的历史风貌保护为主线；三是世博园规划与上海城市建设等。

本教材的编写工作是由浙江财经学院资源环境与城乡规划专业相关专业教师在近五年多时间里共同完成。所有的实习区及实习线路均为教师利用寒暑假时间进行大量现场考察调研，并根据教学内容加以组织设计。吴颖婕、李玉文、杨丽霞三位教师参与了部分内容的编写工作；陈世斌、祁黄雄二位教师参与了部分线路考察或实习内容讨论；张佳琪、宋蓓、沈宁、舒海燕、方琼洁、徐旻睿、王爽、童彦旻等几位同学参加了部分内容的校对图件整理工作。在实习线路考察调研中给予大力支持的单位有：湖州市发展与改革委员会、太湖旅游度假区管委会、长兴县顾渚村村委会、温州市雁荡山风景区管理委员会、德清县新市镇政府、湖州市南浔区旅游局、安吉县龙王山自然保护区等等，作者在此一并表示感谢！

本教材涉及实习范围较为广泛，可为资源与环境管理、地理科学、环境学以及城市规划等多个专业的实践教学提供教学参考。

作　者

2012 年 3 月

目录
CONTENTS

第三单元 资源与环境管理实习

绪　论

一、本书的编写意义及适用范围

资源环境与城乡规划管理专业是一门具有很强实践性的理工类学科，本专业要求学生具有扎实的自然地理、资源环境等基础知识和基础理论，同时也要求学生具有较强的动手和独立工作能力，特别是野外的实地考察和分析能力。因此，除了课堂教学和室内实验，我们还必须通过野外的实地考察观测来验证和帮助学生掌握课堂所学的基础知识和理论，使得他们可以更好地熟悉和识别出在书本上已经熟悉的地貌类型、生态环境等，把抽象的理论和实际的现象和问题相结合，真正理解和掌握书本的丰富内涵。另一方面，科研工作和生产实践中经常需要进行野外调查，实习就是一种简单的模拟和训练。培养学生野外工作的操作能力和独立科研能力，也是我们教学环节中的一项重要内容。野外调查会有益于学生在以后的工作和科研中取得第一手资料，通过在野外准确地观察和描述，发现和解决教学、科研和生产建设中提出的诸多问题。因而，野外实习对学生不仅是不可或缺的一课，而且也一定是大有收益的一课。

本书编写的意义是为资源环境与城乡规划管理专业及相关类型专业的学生和教师提供一定的实习和实践指导。该教材特别针对了资源环境与城乡规划管理专业学习的特点，在不同时期设置了不同的实习、实践区域，对学生在自然地理、资源环境管理以及区域规划三方面逐层深入地进行实践教学。由于本教材涉及的实习、实践范围广泛，所以可以为自然地理学、人文地理学、资源与环境管理、环境学以及城市规划等多个专业的学生提供实践教学的指导。对于浙江省乃至长三角地区的诸多大专院校的相关专业（自然地理学、人文地理学、资源与环境管理、城乡规划等）学生在实习、实践教学方面都可以起到很大的帮助。

二、专业实习的目的和要求

(一) 专业实习的目的

野外实习教学是一次多学科的综合性教学活动。首先,它是一次理论联系实际的教学实习,是在学习了地理学、资源环境学、规划学的基本理论、基本概念和基础知识的前提下,贯彻理论教学与实践相结合的教学方法,用所学到的理论知识去解释实际,增强感性知识。其次,是学生实际的观察问题、分析问题、解决问题的能力以及独立工作能力的训练;理论来源于实践,对野外获取的第一手信息资料进行归纳总结、分析综合,可以深化相关的理论水平。

野外实习是资源环境与城乡规划管理专业教学计划中的一个重要组成部分。它既是资源环境与城乡规划管理专业课堂教学的继续,也是让学生掌握相关的调查与研究方法的一个独立的教学环节。此外,野外实习对于学生德、智、体、美的全面发展,也具有重要的作用。

(二) 专业实习的要求

资源环境与城乡规划管理专业野外实习的基本要求有四点:

1. 加强安全防范,注意安全

2. 举止文明,严守纪律,服从指挥,不无故缺勤

资源环境与城乡规划管理专业野外实习的地点多是人口密集的乡村和城市,学生应注意不要妨碍当地人的正常生活。外出调查时遵守交通规则,不要拥挤,服从带队老师的指挥,结伴而行、严禁擅自离队。需要单独外出时,将联系方式留下,告知带队老师方可离去。学生在实习中应时刻提醒自己,作为一名大学生,应该自觉遵守和维护公德,尊重当地人的习俗,举止文明,树立当代大学生的新风尚。

3. 积极主动,认真仔细,加强合作,完成任务

端正实习态度,实习是对所学知识的再理解,同时也是一个很好的创新机会,学生应尽一切努力完成任务。实习过程中,做好实习笔记,便于后期整理和再现实习过程,从中挖掘更有价值的信息。

4. 带齐野外实习的各种物品

专业野外实习必带的物品有:雨具、防晒帽、水壶、背包、手电筒、常备药品,照相机、摄像机、野外记录本、图夹、铅笔、橡皮、直尺等文具,学生证、身份证、购票证明等相关证件。

第一单元　专业实习调查方法及调查手段

第一章　地理综合野外调查的主要方法和手段

一、自然地理野外调查的一般方法和要点

(一) 调查路线设计

野外调查工作往往是在一个比较大的区域里进行。由于时间紧迫,内容繁多,初次接触者难免产生无从下手的感觉。其实,事情都有其自身的规律,循序渐进,纲举目张,工作慢慢就会走入正轨。野外调查也不例外,既然目的是了解整个区域的概况,那么,不妨先将整个区域分割成若干个小块,逐个解剖,然后再将其拼合起来,形成一个整体。

区域调查的基本思路就是:点—线—面—体—变。即由单个观察(点)入手,将数个相关的观察点连成一条剖面(线),再以数条剖面控制一个区域(平面和立体空间),然后根据地区的形态、成因、组构、分布和时代的内在关联,分析区域的特色,形成演变过程。

区域调查的主要目标是对该区域地质发展史的准确认知和整体把握,是为了进一步了解该地区与周边地区的关系和影响,寻找它们内在的联系和发展规律,搜集必要的区域资料,同时也为下一步深入研究打下坚实的基础。

(二) 观察点的观察与描述

观察点的描述是取得野外调查资料的开始,观察的详细程度和准确与否,对研究成果的水平高低有至关重要的影响。观察得到的认识、数据及一些基本事实的详细记录,是野外调查的第一手资料。

1. 作图的表达方式

(1) 剖面方向。所有的剖面图都需要标明方向(方位),实测剖面更需要注明每一个明显转折点及其方位(例如135°)。一般图件方位角的精度可以45°(例如NE、SW等)或90°(例如E、W、S、N)为准。一个剖面通常只需注明一个总体的大致走向,例如NW 30°(或N30°W,表示北偏西30°)。

(2) 地层界线。剖面图上每一根线条、每一个符号都有其确切的地质含义和表达规定,不可随意乱画。例如:横线表示上下层位的叠置关系,斜线表示侵蚀切割、构造错断,梭状线表示透镜体、地层尖灭,垂向锯齿状线表示水平相变(多个透镜体叠置)等。

(3) 图例符号。第四纪沉积剖面中规定:"—"表示黏土;"·"表示砂,"。"表示砾,"△"表示没有磨圆的角砾,单竖线表示晚更新世黄土;双竖线表示中更新世黄土(亦称红色土),三竖线表示早更新世黄土,粗条的单竖线表示第三纪红土。

(4) 作图比例。非实测图件没有严格规定,以表达清楚为准,但是始终应该保持相对的比例关系。通常采用局部放大或垂向放大,以保证重点突出和清晰。

2. 第四纪沉积物剖面的观察与描述

观察与描述的对象,应该选择天然真实、关系清楚、结构稳定的沉积剖面。首先进行整体上的宏观观察和粗略分层(这种分层,只要求分出具有明显特征的层组),然后在新鲜面上进行分层观察、测量和描述。

第四纪沉积物或新生代沉积物由于形成时代较新,往往没有胶结成岩,垂向变化和纵向变化都比较大。但在正常的沉积情况下,剖面通常都是由下往上,沉积物的沉积时代由老到新。描述时,不仅要注意剖面垂直方向上的上下层位关系,而且要追索各层水平方向上的延伸情况,特别要注意是否存在侵蚀切割、构造转换、水平相变等现象。

3. 地貌年龄的判断

野外判别地貌年龄主要依据它们的相对关系。方法大致包括以下几种:

(1) 沉积物对比法。根据不同地貌单元内各种沉积物之间的相互关系(例如:叠置、切割、相变),确定其先后次序。

(2) 地貌高程法。高度对比法是确定地貌年龄比较普遍的方法,确定阶地、夷平面、古海岸线、古湖岸线等的年龄都常用这种方法。

(3) 相关沉积法。借助这个方法,反推抬升区某些无沉积物的剥蚀地形的时代比较有效。为了进一步分析它们之间的关系,可以通过剥蚀区岩石性质与沉积物组成之间的联系,分析它们形成的顺序。

(4) 地文期法。在进行区域地貌调查时,可利用当地(例如华北地区)地文期的对比研究，确定地貌年龄。

(5) 风化程度对比法。利用岩石的风化程度来确定地貌的年龄，多用于热带地区、玄武岩地区和冰碛物分布区。风化程度最彻底的称全风化，岩石风化成土，无法辨认原岩的物质成分和结构；次之称强风化，通常可以保留少量原岩物质；再次之称弱风化，大量保留原岩物质和结构；风化程度最弱的称微风化，基本保持原岩物质成分和结构。

(6) 地貌侵蚀与叠置关系法。类似于地层层序法，利用地貌单元之间的切割和叠置关系判断其新老关系。判别阶地、冲洪积扇体时常用。

(7) 生物地层学和考古地层学法。借助化石、文物、石器等，判别时代或新老关系。

二、植物群落的调查方法和要点

要了解一个群落的性质及其特点，必须对群落进行调查，调查的方法很多，常用的有路线踏察及样方调查法。

(一) 路线踏察

就是沿着一定路线对所遇到的群落进行一般观察，其特点是在较短时间内可以获得较多的资料，观察的面比较广，但比较粗略。

通常是事前通过植被图、航片判读、当地访问等形式选定几条路线。所选路线上的植被可以充分地反映当地植被状况或具体工作的要求。这一步工作的基本要求一般是，识别各种植被类型及其中的群落；结合地形变化，了解它们分布的特点和界限。具体操作过程主要有以下几方面：①记录调查时间、地点、调查人；②记录调查地的自然条件，包括地质、地形、坡向坡度、海拔高度、土壤性质以及人为影响程度等；③记载群落乔木层树种的种类以及各自的植株高度、胸径、生长情况和数量的多少(对于人工林要记下其株行距)，同时记下乔木层的郁闭度大小；④分别记载灌木层、草本层植物的种类以及各自的株高、分布特点(单生、群生、丛生)、生长状况、多度和覆盖度，同时记录总覆盖度；⑤记录幼树的立木更新情况，包括幼树的种类、起源(实生或萌生)，分布特点，数量多少、生长情况；⑥根据乔木层的调查结果定出群落名称。

(二) 样方调查

选取群落的代表性地段设覆样地，然后采用方形，样地面积不小于该群落“最小面积”的样方进行调查，分别调查乔木层、灌木层和草本层。

对于乔木层的调查包括树种的组成以及各自的树高、胸径、枝下高、个体数量以及乔木层的总郁闭度、层次等;灌木层的调查一般是在乔木层样方内根据林下灌木层主要组成的高度及密度设立一定的面积,一般在一个样方内设立五个灌木样方,分别记载各小样方的灌木种类、盖度、高度、频度及总盖度等;对于草本层的调查基本同灌木层,只是一般不记高度,样方可以更小一些。在草本层调查的同时进行样方内乔木树种幼苗情况的调查,附生藤本植物一般只记录其种类名称。通过样方调查可以更详细地了解群落的性质、特征,准确地命名植物群落,同时更有把握地判定群落的演替方向,并且对群落的调查达到一定程度上的定量化。

三、地图在地理调查中的应用

地图是以图形的形式直观地表示自然和人文客观事物的一种媒介。按照地图表示事物的内容,有普通地图和专题地图之分。前者全面地表示地表事物,包括境界、交通及通讯、水文、聚落、植被、地形、土质等要素。我们阅读普通地图,可以全面地了解地面的事物及其相互关系,具有普遍的应用价值。专题地图意指以表示某专题地理要素为主的地图,它突出、详细地反映一种或几种专题事物。地图应用测量技术、航空摄影技术、地图编绘技术生产出来,供人们根据自己的需要使用。

在地理野外调查或实习中,普通地图具有普遍的意义,尤其是地形图。如果实习地区亦是旅游区,旅游地图、交通地图也可用于确定、组织和计划实习路线。地质图、构造体系图、植被图、土壤图、水文图、行政区划地图等都是重要的资料地图。

地理学的研究对象具有地域性的特点,其空间规模之大,常常是人们的肉眼所无法企及的。正由于此,地图是地理工作者不可缺少的工具,地理调查和研究的成果也常常借助地图予以反映。

在地理野外调查工作中,地形图是不可缺少的工具和参考资料。因此,地形图的应用是野外地理实习的一项重要内容。

(一)地形图的选择

1. 比例尺选择

目前野外工作最常采用的地形图比例尺为1∶10000～1∶100000,详查采用1∶5000～1∶10000。

2. 对地形图资料适用性的评价

应对选定比例尺的地形图上的各种要素的精确性、完备性和现势性等,进行初步的分析评价,判断其是否符合野外实习的要求。分析的内容包括:出版时间、图面水系、地貌、植被、居民点、道路、境界和有关地物等要素的详细程度,比例尺、方里网等完善程度。应该说明的是，出版时间较久的地图，虽然现势性差，但用于分析地理事物的历史变化却常常是难得的资料。

3. 野外实习用图的携带

野外实习期间携带地图，常将地图加以折叠。折叠方法一般是按背包或图夹的大小，将图折成手风琴式。为看图方便，可将不同的图面部分折向背面；有时也将图面部分全部折到里面，以免磨损图面。折叠时，要尽量减少折棱，注意折棱整齐、无破损，以便于野外看图。

（二）地形图在野外的使用

1. 野外定向

在野外使用地图，首先要求地形图的方向与实地方向一致，常用的方法是借助罗盘或根据地物。

（1）依磁子午线定向地形图的南北内廓线上，常注有 P′（磁北）和 P（磁南）两点，将罗盘的 NS（北南）线与 P′P 重合，再转动地图，当罗盘指北针指北时，即已完成地图定向。

（2）依真子午线定向将罗盘的南北线与东（或西）图廓重合，再转动地图，按图下方的三北方向图所注磁偏角数值，使磁北针指向相应的分划。

（3）依坐标纵线定向方法与前两种相似，依坐标纵线与磁子午线间的夹角，确定磁北针的指向。

（4）根据地物、地貌定向是一种最简单最迅速的定向方法，首先是实地找到与图上相对应的具有方位意义的明显地物（或地貌）；然后在站立点转动地图，当图上的两个或两个以上的地物与实地对应的地物的方位一致时，即完成了概略定向。

2. 野外定点

在地形图上确定自己站立的位置，是野外用图和填图的一个重要前提。最简单的概略定点的办法是根据图上和实地明显的地物或地貌的对应关系，确定位置。作业时掌握方位的距离最为重要。

3. 实地沿途对照

沿行进路线观察应手持地图，随时对照实地地貌、地物的变化，估算行进的方向、速度和距离，确定自己在途中的位置，判定自己在图上的位置，并标出自己行进的路线。

4. 野外填图

在野外把专业调查的内容，按规定的符号或文字标绘在图上，叫野外填图。在野外填图，可以直接绘在地形图上，也可以绘在蒙在地形图上面的透明纸上。

(三) 地质图、构造体系图的应用

构造体系图可以使调查者了解所在区域与大地构造和区域构造的关系、构造体系、构造基础,能够分析获得实习区的构造运动、构造方向信息;地质图能够细分了解地层分布、地质构造类型信息。他们能用于与实习区所存在的构造和地质现象对照比较,在调查中有新的发现和客观存在应更新地图内容,去除不真实的内容。

四、航空遥感像片在地理调查中的应用

航空遥感像片应用于地理野外考察,可节省大量时间和费用,取得事半功倍的效益。

1. 遥感像片选择及制作略图

这主要根据调查内容不同,选择恰当时态摄影的遥感像片。以研究植被类型及其规律为主要目的,选用夏季和秋季摄影的大比例尺遥感像片,因夏季植物生长茂盛,秋季落叶植物的叶片会变黄或者变红,有利于对植被的解释。若以地貌制图或地质研究为目的,可选用深秋初冬或早春季节摄取的遥感像片,这个季节大部分植物已枯萎落叶,可减少植被覆盖的影响,而且冬季太阳高度角较低,阴影明显,图像立体感很强,微地貌、岩性和地质构造显示清楚,城镇和乡村的轮廓、街道分布、建筑物清晰可见。对土壤类型和土地利用类型的研究,应选用多时相成像的遥感像片,进行多季节的地理调查。

2. 遥感图像的目视解译

(1) 准备工作。搜集工作区不同比例尺和不同时相航空遥感像片、地形图、各自然地理专业图(集)及文字资料,另需要准备立体镜、放大镜、聚酯薄膜或透图纸,以及各种绘图铅笔和色笔。

(2) 建立解译标志。将所收集到的各专业图件和文字资料进行对比分析,或进行必要的野外路线考查,以建立不同地物标志解译标准,包括地物的色调、形态、阴影、影纹图案、排列组合关系等特征标志,并列成表格,作为进一步解译标志。

(3) 详细解译。根据各地学专业的解译标志,运用相关分析法和证据汇聚法,采用从已知到未知、先易后难、先清楚后模糊、先整体后局部的方法,逐项解译。同时将聚酯薄膜或透图纸蒙在遥感像片上,边解译边勾绘类型界线,并标上事先拟定的图例或数字编码,画出初步解译图件。

(4) 野外检查验证阶段。利用遥感图像解译的初步成果图件,必须经过野外实地检查验证。野外验证的原则是:对那些图像清楚、界限分明、解译标志明显、把握性大的地物或地段,可采用抽样检查;对那些图像模糊、界限不清、解译标志不甚

明显的地物或地段，应进行重点检查、逐个验证，对勾绘的界线进行就地校正。在野外验证时，对不同的地物类型还要采集必要的标本或化验样品——岩石标本、土壤样品、第四纪松散沉积样品、植被标本等，以备室内分析和编写文字说明时使用。

（5）转绘成图。把调查取得的全部资料，以及野外验证取得的资料和用其他方法取得的所有资料，按照制图单元等级，转绘在聚酯薄膜上，然后进行图面结构分析。如发现不合理的现象时，应对有问题的影像区段重新解译或进行必要的野外检查验证，直至整个图面符合实际情况为止。

3. 整理图件和编写报告

把最后定稿底图清绘、上色，按图例将各种内容绘制完成，写出解译说明。

五、地理调查实习效果的考评

地理野外实践教学是一次综合性的教学活动，它不同于室内的实验教学，也不同于其他学科的野外实习，既有理论性，又有技术性，在一个特定地区有特定的内容，既有理论联系实际，又是实际上升到理论。成绩的评定不能简单采用书面考试，平时成绩也不仅仅是作业或者实验报告，应该有一个适宜的成绩评定指标。我们经过摸索、总结和实践，建立了较完善的考核内容、考核指标、方式和方法体系。地理综合实习一开始就向学生全面介绍成绩评定的指导思想、内容实质。学生通过对成绩评定体系的熟悉，了解地理实习的要求和实质性内容、重点，鼓励什么，不提倡什么，实习要达到的目标，做到心中有数。

1. 自然地理野外实习教学效果评价

在考评体系中，共含有 17 项考评指标，每个考评指标的具体考评内容概括如下，见图 1－1。

思想作风（M_1）参评因素包括 5 个考评指标：①实习目的态度（M_{11}）：要求实习生对实习目的、任务和要求要明确，实习态度端正，听讲认真，准备充分等；②道德品质（M_{12}）：主要考察行为举止，尊师敬长，爱护花草树木和庄稼，培养社会公德意识；③组织纪律（M_{13}）：有严格的时间观念，按时作息，不无故缺勤，准时集合，听从指挥，不单独行动，不贪于游玩；④团队意识（M_{14}）：实习过程中在学习、工作、生活等方面对他人的协助、帮助情况，集体、组织观念意识；⑤吃苦耐劳精神（M_{15}）：地理野外实习面对简陋的生活条件，较为严酷的自然环境，实习生的适应情况。

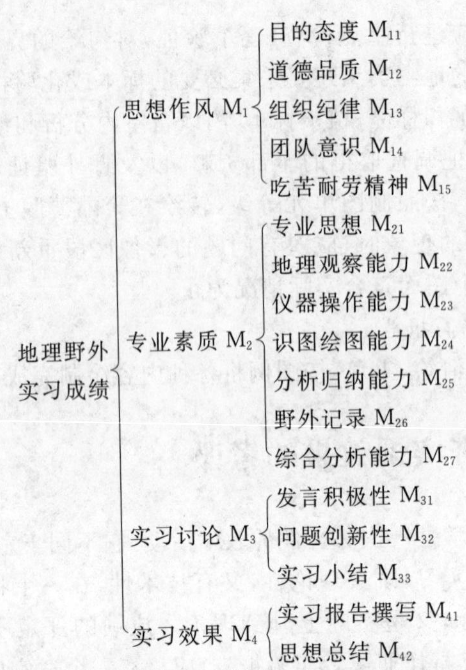

图 1-1　地理野外实习成绩评价指标体系

专业素质(M_2)参评因素包括 7 个考评指标:①专业思想(M_{21}):要求专业思想稳定,治学严谨,勤奋好学;②地理观察能力(M_{22}):对地理事象有目的、有计划的知觉能力以及认知方式等情况;③仪器操作能力(M_{23}):实习仪器、工具的使用熟练程度,操作规范性,结果的正确性,如罗盘等的使用;④识图绘图能力(M_{24}):熟练应用地形图、地质图进行定点定向,地形图、地质图等判读的准确性以及素描图等相关图表的填写情况;⑤分析归纳能力(M_{25}):实习进行到一定的阶段,学生已具备一定的感性知识和实践经验,学生对观察到的地理事象分析归纳与所学理论知识的对比以及地理知识应用能力;⑥野外纪录(M_{26}):准确记录实习区或实习点名称、位置、实习路线、实习内容、每日实习体会与收获;要求语言通顺,专业术语恰当,正确记录测量数据,准确捕绘个人观察到的地理现象等;⑦综合分析能力(M_{27}):灵活应用基本知识进行观察、分析、类比、归纳,并能运用所学理论解决实习中遇到的实际问题。

实习讨论(M_3)参评因素包括 3 个考评指标:①发言积极性(M_{31})和②问题创新性(M_{32}):在实习讨论中学生发言的积极性以及提出的问题观点的新意如何;③实习小结(M_{33}):实习一段时间(或一天)后,学生对实习的内容、收获与不足的总结情况。

实习效果(M_4)参评因素包括 2 个考评指标:①实习报告撰写(M_{41}):按指导教

师要求独立完成实习报告情况，要求正确反映实习内容，内容充实，层次分明，条理清楚，系统全面，图文并茂，语言流畅，书写认真；对某项实习内容领会深刻，有独到见解；有较高专业水平；②思想总结(M_{42})：对专业思想、意志品质、组织纪律和专业能力等进行综合性的总结。

为使成绩评价更简便、易操作，可根据专业特点、实习内容和要求等，对各二级考评指标直接赋以一定分值，各二级考评指标分值之和为100。各评价主体可依照二级指标分值，对照实习表现直接赋分。最后将各评价主体对二级指标的赋分相加，即分别得出自评、实习小组和指导教师对该实习生的评价成绩，再乘以各评价主体权重，相加而得出评价成绩，见表1-1。

表1-1　实习评价成绩表

指标	一级指标	二级指标	自评	实习小组评价	指导老师评价
野外实习成绩	思想作风(20分)	目的态度(4)			
		道德品质(4)			
		组织纪律(4)			
		团队意识(5)			
		吃苦耐劳精神(3)			
	专业素质(35分)	专业思想(4)			
		地理观察能力(5)			
		仪器操作能力(3)			
		识图绘图能力(3)			
		分析归纳能力(5)			
		野外记录(10)			
		综合能力分析(5)			
	实习讨论(15分)	发言积极性(4)			
		问题创新性(6)			
		实习总结(5)			
	实习效果(30分)	报告的撰写(25)			
		思想总结(5)			
评价得分			S_1	S_2	S_3

最终实习成绩：$S_{总}=S_1\times0.3+S_2\times0.3+S_3\times0.4$

六、地理野外调查几种仪器的使用

地质罗盘仪——用于地理体测量。

地质锤——敲打岩石用。

放大镜——用于观察岩石、植物等。

气压高度表(海拔仪)——用于测量高度。

测尺——用于植物样方划定、测量剖面、测量距离。

铅笔和记录笔——用于记录、填图、素描。

纸张——透明纸、聚酯薄膜、坐标纸及其他纸。

标本袋——根据实际需要,准备布袋、塑料袋或纸袋、小塑料盒(暗盒)等。

航空遥感像片夹——装载、使用、保护航片用。

野外记录表——用于野外记录各种观测资料,例如土壤性态表、植物描述表等。

立体镜——用于观察航片。

望远镜——观望不能到达的地理物体。

GPS——定位观测点坐标。

其次还要准备地质包、手电筒、照相机、雨具、水壶、食品袋和药品(感冒、中暑、蛇咬、痢疾、外伤药品、晕车船药品)等。

至于每一部门自然地理野外实习,仪器设备和工具也有特别的要求,每位部门自然地理实习指导教师将做出另外的安排。

第二章　城乡规划社会调查方法和手段

资源环境与城乡规划管理专业除了要求学生要具有扎实的地理学、环境科学、城市规划学等学科的基础知识和基础理论,同时也要求学生具有较强的动手能力和实践能力,尤其是实际的社会调查、实地考察和分析解决问题的能力。因此,本专业除了在专业的课程建设中加大了课程实习和实训的比重,还要求学生在每个学年针对本学年的专业学习重点来进行相应方向的专业实地考察,从而更好地巩固学生课堂所学的基础理论知识,把抽象的理论和实际的现象及问题相结合,真正理解和掌握书本的丰富内涵。针对本学年的专业学习特点,为学生设计安排了本次以资源环境管理和城乡规划为主题的专业实习，希望可以通过实践教学训练让学生更好地掌握城乡规划调查的基本方法和分析手段，能够把调查实践的内容与课程设计和理论性课程相结合，加强学生结合现实问题进行理论研究的主动性和积极性。

社会调查是城市规划的一项基础性工作，是城市规划的一种科学研究方法和规划方法。城市规划的社会调查是科学进行城市规划决策的重要依据，是高质量编制城市规划方案的重要保证，是城市规划公众参与及“动态调控”的基本手段。

一、城乡规划社会调查的基本概念

所谓城乡规划社会调查是指有目的、有意识地对城市生活中的各种城市社会要素、城市社会现象和城市社会问题，进行考察、了解、分析和研究，以认识城市社会系统、城市社会现象和城市社会问题的本质及其发展规律，进而为科学开展城市规划的研究、设计、实施和管理等提供重要依据的一种自觉认识活动。

二、城乡规划社会调查的方法

城乡规划社会调查的主要方法包括问卷调查法、文献调查法、实地观察法、访问调查法、资料分析法等多种类型。

(一) 问卷调查法

又称问卷法，是指社会组织为一定的调查研究目的而统一设计的、具有一定结构和标准化问题的表格，它是社会调查中用来收集资料的一种工具。

1. 调查问卷的类型

从要求回答问题的形式来看，调查问卷可分为开放型、封闭型和综合型三种类型。

(1) 开放型问卷。一是在研究的初期，对所研究的问题或研究对象有关情况还不十分清楚的情况下使用；二是面临较深层次的研究问题时使用。

(2) 封闭型问卷。封闭型问卷也称结构式问卷，它是指在问卷中把问题和可供选择的答案一起列出，调查对象只能在所限定的范围内挑选出答案来。

(3) 综合型问卷。综合型问卷是指在一张调查问卷中，既有封闭型问题，又有开放型问题。一般以封闭型问题为主，根据需要适当增加若干开放性问题。问卷中的某些开放性问题经过调查之后，在积累一定材料的基础上就有可能转变为封闭性问题。

2. 调查问卷的结构

一个完整的问卷，一般应该包括以下几个部分：调查标题、卷首语、指导语、个人特征资料、问题与答案、编码、结束语等。

3. 问卷设计步骤与方法

(1) 根据研究目的与要求，收集所需资料。

(2) 从研究者的时间、研究范围、对象、分析方法和解释方法等方面考虑来研究问卷形式。

(3) 列出标题和各部分项目。

(4) 征求意见，修订项目。

(5) 试访，以30～50人为试访样本，得出信度、效度。

(6) 进行样卷分析，重新修订。

(7) 正式调查。

4. 问卷发放方式

当面发送调查是最有效的问卷发送方式。当面发送、当场填写，有不明白的问题可以当场问，由于有情感交流，易于取得被调查者的合作。但要注意防止在集体场合填写的相互干扰。

5. 问卷的回收

对回收的问卷，在剔除废卷的同时要统计有效问卷的回收率。保持一个较高的问卷回答率(即有效问卷率)，也是我们获得真实可靠资料的保证。

6. 数据统计

利用计算机对问卷进行统计分析，根据统计分析结果开展理论研究等。

(二) 文献调查法

即历史文献法，就是搜集各种文献资料、摘取有用信息、研究有关内容的方法，包括自查法、顺查法、倒查法、追溯法、循环法等。

文献调查的过程大致可以分为四个环节：文献收集、文献鉴别、文献整合、文献分析。

1. 文献收集

要想在大量的文献资料中收集到有用的资料要做到三点。首先，要掌握文献类别，了解国内外各种文献资料的概况、特点及获得的方法，熟悉主要文献索引和目录分类，掌握文献检索的基本技能。其次，明确研究课题的性质和范围，划定搜寻方向。最后，筛选并确定所需要的主要文献，积累和保存相关文献。

(1) 教育文献分布。教育资料的信息主要分布在以下几种载体中：书籍、报刊和期刊、教育档案类、日记、回忆录、信件、自传、政策、法规、文献汇编、电子资源。

(2) 文献检索。文献检索就是根据研究的目的查找所需要的文献,以满足研究的要求。文献检索的途径和方法分为两大类:手工检索和计算机检索。

2. 文献鉴别

在收集文献的任务基本完成后,就进入了对文献的鉴别阶段,包括鉴别文献的真假及质量的高低。

3. 文献整合

完成了对文献的鉴别后,就进入了文献调查的最后一个环节——文献整合。文献整合是指研究者对自己掌握的文献进行创造性的分析、综合、比较、概括等思维加工的过程。通过加工,形成对事实本身的科学认识。文献整合的具体方法主要是运用形式逻辑思维与辩证思维等思维工具,从文献资料中得出事实判断或归纳、概括出原则或原理。

4. 文献分析

文献研究的分析方法主要有非结构式定性分析法和结构式定量分析法,有时也采用定性和定量相结合的方法。

(三) 实地观察法

实地观察法是观察者有目的、有计划地运用自己的感觉器官或借助科学观察工具,能动地了解处于自然状态下的社会现象的方法。

1. 实地观察法的种类

(1) 根据观察者的角色,实地观察可分为参与观察和非参与观察。

(2) 根据观察的内容和要求,实地观察可分为有结构观察和无结构观察。

(3) 根据观察对象的状况,实地观察可分为直接观察和间接观察。

2. 实地观察的一般原则

(1) 客观性原则;

(2) 全面性原则;

(3) 深入性原则;

(4) 持久性原则;

(5) 法律和道德原则。

(四) 访问调查法

又称访谈法,即有计划地通过口头交谈等方式,直接向被调查者了解有关社会问题或探讨相关城市社会问题的社会调查方法。

1. 访问调查的类型

(1) 根据访问方式的不同,可分为直接访问和间接访问。

(2) 根据访问规范程度的不同,可分为标准化访问和非标准化访问。

(3) 根据访问内容传递方式的不同,可分为小组座谈法、个别面访法、电话调查法和德尔菲法等方法。

2. 访谈程序

访谈过程大体分为三个阶段,即准备阶段、进行阶段和结束阶段。

3. 德尔菲法介绍

德尔菲法是20世纪60年代由美国兰德公司首创和使用的一种调查方法,是一种专家调查法,但它与其他方法的区别在于:它是用背对背的判断来代替面对面的会议,即采用函询的方式,依靠调查机构反复征求每个专家的意见,经过客观分析和多次征询反复,使各种不同意见逐步趋向一致。德尔菲法的实施步骤如下。

(1) 拟定意见征询表。意见征询表是专家回答问题的主要依据,调查机构根据调查目的,拟定需要调查了解的问题,制成调查意见征询表作为调查的手段。

(2) 选定征询专家。选择的专家是否合适,直接关系到德尔菲法的成功与否。

(3) 轮回反复征询专家意见。

(4) 做出调查结论。

(五) 资料分析法

分析法就是在思维中把客观事物分解为各个要素、各个部分、各个方面,然后对分解后的各个要素、部分、方面逐个分别加以考查或研究的思维方法。分析的过程,是思维运动从整体到部分、从复杂到简单的过程。

分析法可分为矛盾分析法、因果分析法、系统分析法、结构—功能分析法。

1. 矛盾分析法

运用矛盾的对立统一规律来分析社会现象的思维方法。主要是分析事物内部的对立和统一,揭示事物发展的内因和外因,认识矛盾的普遍性和特殊性。

2. 因果分析法

探究事物或现象之间因果联系的思维方法。要把握因果联系的先后顺序,考察引起和被引起的联系,把握因果联系的其他特征。

3. 系统分析法

运用系统论的观点分析社会现象的一种思维方法。要求探究系统的外部环境与内在结构。

4. 结构—功能分析法

运用系统论关于功能和结构的相互关系的原理来分析社会现象的一种思维方法。

三、城市规划社会调查报告写作

社会调查报告的撰写没有固定不变的模式和要求,但调查报告的基本结构和基本内容却是大体相同的,基本上由标题、简介、前言、主体、结束语、后记和附录等内容组成。

(一)标题

标题就是调查报告的题目,是能够突出表现主题的简短文字,要能够概括调查报告的主要内容,简明地表达调查报告的主旨。有直叙式、判断式、提问式、抒情式和双标题式。

(二)简介

就是对调查报告主要内容的简要介绍,目的是引起读者的注意和阅读兴趣,写作方式主要有以下两种:摘要式和说明式。

(三)前言

又称引言、导言,就是调查报告的开头部分。前言的内容主要是介绍和说明为何进行社会调查,如何进行社会调查和社会调查的简要结论等,是调查报告的基调,起着总启全文的作用,要紧紧围绕主题介绍有关调查的情况,为正文内容展开打下基础。

(四)主体

主体即调查报告的正文,是调查报告内容重点展开的部分,是调查报告最主要的部分。调查报告主体的内容一般包括情况部分、分析部分、建议部分:社会调查课题研究的社会背景、学术背景及对已有相关研究成果的评价,课题的研究目的、研究假设及研究方案,调查对象的选择及基本情况,主要概念、主要指标的内涵和外延及其操作定义,调查的主要方法和过程,调查获得的主要资料、数据及其统计分析结果,研究问题的主要方法、过程、学术性推论及评价,本调查研究的局限性、尚未解决的问题或所发现的新问题等。正文的格式要求如下。

除正文文中标题外,正文文字内容应为5号宋体,每段起首空两格,回行顶格,行距1.5倍。

正文文中标题:一级标题和标题序号为“一、”,用5号宋体加粗,独占一行,末尾不加标点;二级标题的标题序号为“(一)”,用5号宋体加粗,独占一行,末尾不加标点；三级标题：标题序号为“1.”，用5号宋体加粗，可根据标题的长短决定是否独占一行。如独占一行，则末尾不加标点；若不独占一行，标题后要加句号；四级标题的标题序号为“(1)”，用5号宋体，要求与三级标题相同；五级标题的标题序号为“①”，用5号宋体，要求与三级标题相同。

（五）结束语

结束语是调查报告的结尾部分。应注意简明扼要、意尽笔止，不可画蛇添足、弄巧成拙。

（六）后记

后记是指在结束语之后，对与调查报告的形成、写作、出版等有关的问题进行的介绍和说明。主要的写作内容包括：与调查课题的提出和实施的有关情况和问题、与调查报告的撰写有关的情况和问题、与调查课题参与者和调查报告撰写者有关的情况和问题、与调查报告发表或出版的有关情况和问题等等。

（七）附录

附录是指调查报告的附加部分。附录的内容主要是调查报告正文包括不了或者没有说到，但是又需要进行说明的情况和问题。附录一般包括引用资料的出处、调查问卷及表格、对调查指标的解释说明、计算公式和统计用表、调查的主要数据、参考文献、典型案例、名词注释及专业术语对照表等。

第二单元　地理综合野外实习

第一章　雁荡山地理调查

一、雁荡山地区地理概况

雁荡山主要位于中国浙江省温州市乐清市境内，见图2－1，部分位于永嘉县及温岭市，距杭州300千米。雁荡山系绵延数百公里，按地理位置不同分为北雁荡山、中雁荡山、南雁荡山、西雁荡山（泽雅）、东雁荡山（洞头半屏山），通常所说的雁荡山风景区主要是指乐清市境内的北雁荡山。

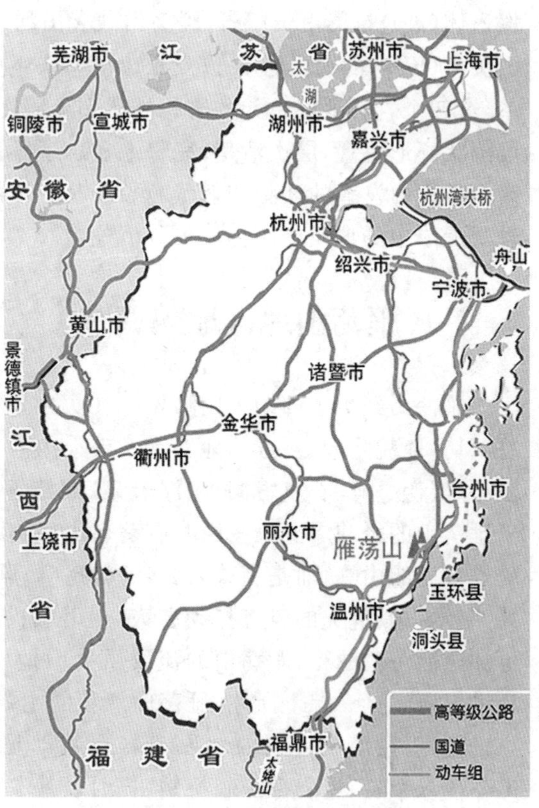

图2－1　雁荡山的地理位置

二、雁荡山地区地质调查

在中生代时期，亚洲大陆板块受太平洋板块低角度斜向俯冲、碰撞，形成了大陆边缘巨型火山（岩）带。由于火山爆发形成一系列的火山碎屑流、熔结凝灰岩和石英正长岩等，经过1亿多年的地壳抬升和剥蚀，形成雁荡山火山。

雁荡山是白垩纪时期最具完

整性、典型性的复活型破火山，其形成过程比较复杂，主要经历了以下几个过程：①火山爆发大量岩浆排出；②岩浆房中出现腾空而塌陷，称之为破火山阶段；③火山再次复活，一般喷溢熔岩或成为岩穹，称之为破火山复活阶段。

雁荡山先后经历了四期喷发，形成由下而上四个岩石地层单元。火山喷发后又有岩浆侵入，构成一个侵入岩单元，这使得雁荡山具有环形和放射状火山的典型构造，火山岩类型较齐全，岩石以流纹质火山碎屑岩和熔岩为主，可据岩性自下而上划分为四个岩石地层单元（K_1y^1、K_1y^2、K_1y^3、K_1y^4），其中第一岩石地层单元（K_1y^1）为低硅流纹质熔结凝灰岩，厚度 688 米，总体上呈环状分布于雁荡山破火山外缘带；第二岩石地层单元（K_1y^2）为岩浆平静溢流形成的巨厚层流纹岩，构成了雁荡山的主要景点，厚度大于 600 米，分布于火山外环，局部有浸出相流纹岩穹；第三岩石地层单元（K_1y^3）为凝灰岩、熔结凝灰岩并夹有流纹岩，厚度 380 米，分布局限于火山内环；第四岩石地层单元（K_1y^4）主要为流纹质熔结凝灰岩，局部见凝灰熔岩，厚度 297 米，主要分布于火山内环，后期岩浆沿原主要喷发通道侵入，构成中央侵入体（Ky）石英正长斑岩，雁荡山破火山的外围地层有磨石山群高坞组（K_1g）、西山头组（K_1x）的火山岩 K 以及永康群馆头组（K_1gt）和朝川组（K_1cc）火山—沉积岩系，这四个岩石地层单元的岩相柱状图见附图 1，并且这四个岩石地层单元依次呈层圈状环形叠置，层次清楚，完整地显示了雁荡山破火山的形成演化历史。伴随雁荡山破火山发育的环状和射状断裂及其充填的岩脉，虽经风化剥蚀，但雁荡山自然景观形成中的地质作用仍然十分清楚。

三、雁荡山地区地貌调查

雁荡山经历了四期火山喷发。在火山形成后的内外力地质作用下，雁荡山沟谷深切，地貌险峻，多方位地展示了破火山内部各种地质要素，由此造就了以“奇峰怪石、层峦叠嶂、石室古洞、飞瀑流泉”四绝著称的火山岩地貌景观，最典型的莫过于雁荡山的峰和瀑。雁荡山共有著名山峰 102 座，大多拔地而起，却又不同于桂林玲珑多姿的山峰，而是高耸入云，气势磅礴；雁荡山有许多瀑布，有名称的就有十八处，基本以其优美的姿态打动游人，最著名的瀑布有大龙湫、小龙湫和三折瀑。而更加难能可贵的是，雁荡山的流纹质火山地质是由嶂、峰、门、洞风景的完美结合，为世界所罕见。综上所述，雁荡山地貌的主要特点如下。

特点一：地貌形成的地质与岩石基础是由火山喷发—侵入形成的流纹质火山—侵入杂岩，受岩性控制特别明显，最基本物质条件是存在巨厚的流纹岩层和熔结凝岩层，可作为流纹岩景观地貌的代表，是我国乃至亚洲大陆边缘流纹岩带地貌中的杰出代表，区别于砂砾岩地貌，包括丹霞地貌(中生代红色砂砾岩)、武陵源地貌(中晚泥盆世褐红色石英砂岩)、嶂石地貌等。

特点二：在地貌形态上，由叠嶂、方石、石门、柱峰、锐峰、嶂谷、V形谷、岩洞、天生桥，以及不同发育阶段的瀑布组成。

特点三：雁荡山地貌空间上呈层圈带状分布格架。"层"是指上下层地貌景观有变化，"圈"指分布呈环状、半环状展布形式。"带"则受区域NEE和NWW向断裂构造控制，景观呈带状分布。从景观地貌上可反映火山构造轮廓和区域构造的叠加作用。

雁荡山为什么会呈现"不类他山"的风光？这主要是由于雁荡山具有两个前提、六个条件。第一个前提是雁荡山是一座由流纹岩喷发的大型破火山，第二个前提是雁荡山处于亚洲大陆边缘海洋气候生态环境。六个条件是：①雁荡山火山岩层保存良好；②巨厚的流纹岩层是造景的主要"材料"；③断裂及沿断裂的溪涧流水是塑造奇景的神斧；④雨水侵蚀、风化剥落、重力崩塌等作用精雕细刻雁荡风光；⑤植被发育与良好保护装扮了雁荡风光；⑥季节、昼夜、阳光、雨水、风力的变化增添了雁荡风光的变换性，最终形成了雁荡山的叠嶂、石门、柱峰、岩洞、瀑潭等被誉为"天下奇秀"的地貌景观，其各自的形成过程各有特点。

(一) 雁荡山的嶂、门、柱的形成

雁荡山自然景观丰富多彩，山体景观中叠嶂、门阙、独柱尤为突出。嶂是经断裂切割、岩块滑移、重力崩塌而成的。门阙则是在嶂的基础上经垂直嶂的另一组断裂切割、岩石破裂、岩块崩落，留下两岩对峙如门。独柱则是嶂经多组断裂切割，其周围岩石均经破裂而崩落，留下孤立的柱峰。

(二) 雁荡山峰的形成

雁荡山的峰是在嶂的基础上演育而成峰丛、峰林与孤峰，由流纹岩、熔结凝灰岩、凝灰岩构成的峰，其形态各不相同，其成因方式以及成因演化过程如图2-2和图2-3所示。

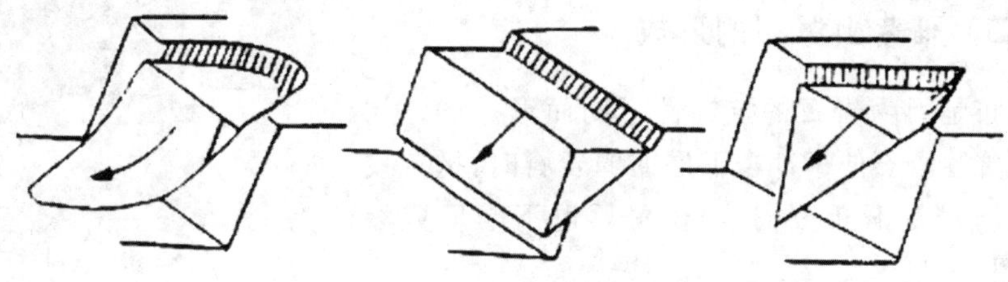

图2-2 雁荡山奇峰自然景观成因方式

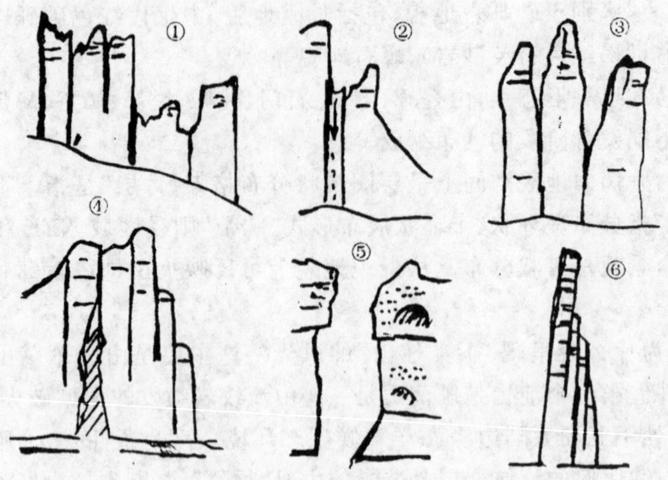

图 2-3　雁荡山奇峰景观成因演化过程示意图

(三) 雁荡山洞的形成

雁荡山的洞穴数量多,形态怪,成因独特,可分为四种:第一种为平卧式巨厚流纹岩层内崩塌洞,由流纹岩流动单元下部角砾状流纹岩崩塌而成;第二种为直立或斜立式裂陷崩塌洞,由断裂切割嶂岩,发生破裂,岩块崩落而成的洞;第三种为流纹岩或凝灰岩内岩石碎块局部剥落而成的洞;第四种为倒石堆积洞,地质灾害的一种类型,倒石流向下崩落,巨大岩块相互架空而成的洞,见图 2-4。

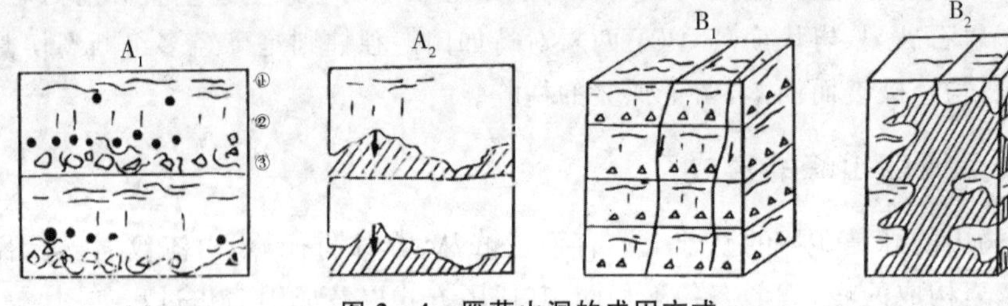

图 2-4　雁荡山洞的成因方式

(四) 雁荡山瀑布的形成

瀑布是因为岩石的抗蚀性不同而形成的。当流水从抗蚀岩石向下冲击下层的弱岩石时,抵抗侵蚀性的弱岩石不断被掏空,位置后退下陷形成瀑布,见图 2-5。

图 2-5　瀑布因岩石的抗蚀性不同而形成

四、雁荡山地区气候调查

雁荡山地处东海之滨，濒临乐清湾，属亚热带海洋性气候，雨量充沛、气候温暖，冬无严寒，夏无酷暑。低温期短，无霜期长，年平均气温16℃，最冷1月平均气温5～7℃，最热7月平均气温27℃。平均年降雨量1935.6毫米，年降雨量高达2127毫米，年平均相对湿度为77%，平均无霜期269天。雁荡山气候宜人，树木葱郁，空气清新，是休闲度假、观光览胜之地。

五、雁荡山地区资源与利用评价

雁荡山是以白垩纪流纹质火山地质地貌为基础的自然公园，有保存良好的地层、岩相、岩石等火山地质景观，奇特秀丽的嶂、峰、门、洞、飞瀑等地貌景观，1200多年历史文化淀积及丰富的人文景观，三者集于一体，使雁荡山享有"天下奇秀、海上名山、寰中决胜"的美誉，成为中国的风景名山、科学名山和文化名山。

（一）地质景观资源

根据相关地质景观的分类系统，并结合雁荡山地质景观的实际情况，把雁荡山的地质景观资源分为六种类型：火山岩底层类、地质地貌类、地质灾害类、水域景观类、生态景观类及科学文化史记类。雁荡山地质公园的地质景观景点共统计260处，其中火山岩底层类33处、地质地貌类167处、（古）地质灾害类2处、水域景观类30处、生态景观类3处、地质文化史记类25处。从不同类型景点所占比例看，雁荡山是以古火山与火山岩地质地貌景观为主，并具有极高科学价值、美学价值和人文价值的综合性地质景观。

根据地质遗迹景观及其他资源分布状况，开辟了4片10区2带地质游览区与生态游览区。南片——地质游览、观光览胜精品片，内含4个景区，即灵峰景区10.2平方千米、三折瀑景区2.3平方千米、灵岩景区6.2平方千米和大龙湫景区4.5平方千米；北片——地质游览及农业观光休闲区，即仙溪景区2.1平方千米、显胜门景区14.3平方千米、仙桥龙湖景区17.2平方千米；西片——地质游览及观光览胜，即雁湖区石梁景区5.8平方千米和筋竹涧景区4.2平方千米；东片——滨海观光休闲，即合作塘滩涂观光休闲区2.3平方千米。

（二）人文景观资源

雁荡山的开发始于南北朝，兴于唐，盛于宋，长达1200多年的历史留下了丰富的人文景观，其中有寺院、亭阁塔、牌坊、墓葬、景观建筑等28处，摩崖石刻400余处和名人山水文化史迹。我国历史上多位地理学家在雁荡山留下史迹，如宋代科学家沈括提出"流水侵蚀"的学术思想；清代施元孚总结了代表我国古代以回归自然为理念的"游山法"，魏源提出的"游山学"也是从游雁荡山受到启发。诗人、文人点评雁荡山诗词5000多首，记述雁荡山自然景观、生态环境与人文历史志书、游记30余部；集文学、书法、石刻艺术于一体的摩崖石刻400多处，题刻与环境相得益彰。雁荡山宗教文化已有千年历史，宋代就有18古刹，现留有13处寺庙，以观音洞、东石梁寺、灵岩寺、能仁寺、白云庵、紫竹林为代表，寺庙与山水环境和谐，特别观音洞中依岩而建的九层阁楼展现了中国古代"藏而不露"的建筑风格。

(三) 生态资源

雁荡山由流纹岩奇峰怪石构成了山岳生态系统和滨海岩岛、滩涂湿地等滨海生态系统。山岳生态系统包含了特有的植物和猕猴、大灵猫、穿山甲等动物和180多种鸟类；滨海生态系统包含泥蛤、梭子蟹等浅海滩涂生物，提供观游海、品海鲜的旅游产品。雁荡山植物区系成分处于华东区系与华南区系的过渡地带，森林植被展现多样性。雁荡山有种子植物1400多种，其中木本植物500多种。雁荡山的古树名木共有261棵，年代比较久远的有桧柏、桂花、樟树、枫香、竹柏。古树名木古朴秀丽，为雁荡山增添了无限神韵。

六、实习路线设计及实习内容

(一) 实习路线1

地质博物馆线实习内容：通过博物馆内相关讲解了解雁荡山火山发生与演化等过程，让学生更好认知雁荡山地质结构及火山放生原理。通过科学性、艺术性、趣味性和通俗性相结合揭示雁荡山生世之谜、雁荡山火山发生与演化雁荡山山水形成的地质作用，雁荡山科学、文化与生态学价值、雁荡山历史与文化，让同学们认识到雁荡山地质遗迹的重要科学价值。

(二)实习路线2

大龙湫景区流纹岩—瀑布—历史文化线实习内容：观察流纹岩(球泡结构)，飞瀑以及摩崖石刻等历史文化景观，大体了解雁荡山流纹岩地貌景观和飞瀑的形成。

(三)实习路线3

上灵岩村—方洞—百岗尖—乌岩尖线实习内容:主要考察雁荡山破火山岩石地层、地层产状,岩相包括溢流相、火山爆发空落相、火山碎屑流相、侵入岩相和地层岩石(岩相)地貌景观,了解各地貌景观的特点。

(四)实习路线4

灵峰景区(峰—洞)实习内容:观察灵峰景区的天冠峰、合掌峰等不同形态的峰,观察各峰岩石流纹的流动构造,注意其变化差异;观察灵峰白天和晚上的景色,感受雁荡山昼夜变幻造景的一大特色。观察灵峰不同成因的洞穴以及洞内古建筑(寺庙建筑结构)的特色与风格,如观音洞、北斗洞以及灵峰古洞,了解不同洞形成的原因,同时比较不同形态洞之间的岩石流动构造等方面的差异。

(五)实习路线5

灵岩景区(瀑布—洞—峰)实习内容:考察和探索大自然塑造流纹岩形成的叠嶂奇洞,了解雁荡山灵岩景区不同形态的洞、峰等地貌景观形成的原因。

(六)实习路线6

三折瀑景区实习内容:观察三折瀑以及其流纹岩层和三个岩流单元,了解三折瀑的形成原因。重点观察下折瀑、中折瀑以及两瀑布的岩壁形状,了解两瀑形成的原因,同时比较它们之间的岩石组成、岩层构造等方面的差异。

第二章　楠溪江实习区

一、楠溪江地理概况

楠溪江位于浙江省温州市北部的永嘉县境内,地理位置为北纬28°10′~28°34′、东经120°35′~121°59′。它东起永嘉与乐清的交界线,西至碧莲石岙,北起四海山林场,南达沙头镇,面积为625平方千米。风景区南距温州市鹿城区仅26平方千米,东与雁荡山风景名胜区相连,西与仙都风景名胜区毗邻,北与仙居风景名胜区相依,见图2-6。

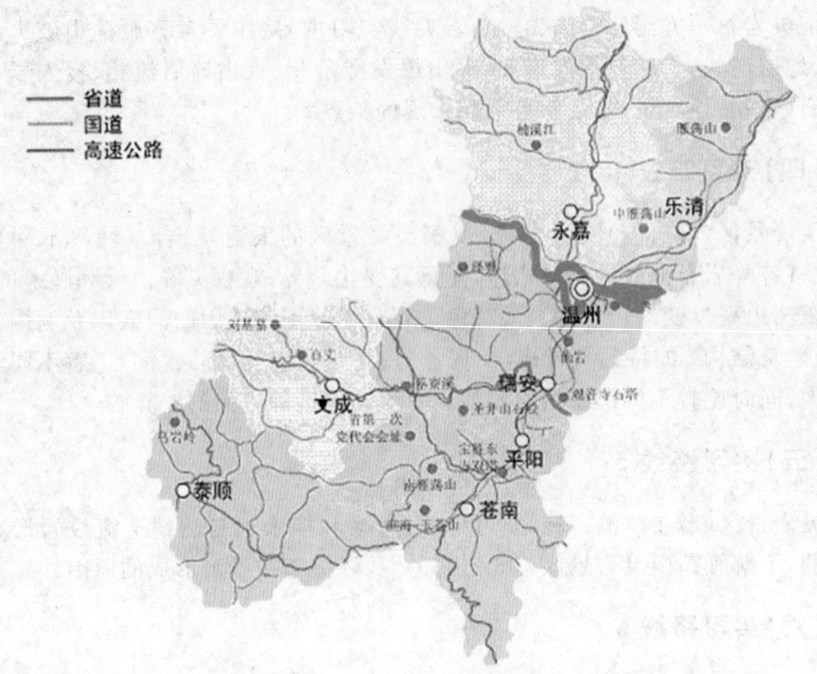

图 2－6　楠溪江的地理位置

楠溪江发源于永嘉县溪下乡大青岗与缙云县乌岭间，干流全长 145 千米，主要支流有大楠溪、小楠溪、鹤盛溪和孤山溪等。景区内的重要河流楠溪江是瓯江下游最大的支流，流域面积 2429 平方千米，被誉为“中国山水画摇篮”，2002 年被国家旅游局评为国家 AAAA 级旅游区。楠溪江风景名胜区总面积 625 平方千米，共分为楠溪江及沿江农村文化（又称岩头景区）、大若岩、石桅岩、水岩、北坑、陡门和四海山七大景区，共计 800 多个景点。楠溪江主流长 139.8 千米，有 36 湾 72 滩。悠悠三百里楠溪江融天然风光与人文景观于一体，以水秀、岩奇、瀑多、村古、滩林美而闻名遐迩，是我国国家级风景区当中唯一以山水田园风光见长的景区。

楠溪江风景区内有两大山系，江东属雁荡山脉，江西属括苍山脉。北部地形为中山丘陵，山高多在海拔 700 米以上，1000 米以上的山峰有 8 座。南部地形为低山丘陵，海拔 500 米左右。风景区内地形复杂、地貌多样，楠溪江上游河谷深切，多峡谷、急流；中游河谷宽阔，多曲流，多级阶地、深潭，括苍山脉和雁荡山脉的中丘、低丘、山间盆地、山顶台地等多种地貌形态构成了丰富的自然景观。

二、楠溪江地区地貌调查

(一)楠溪江地区地质地貌

楠溪江发源于火山岩区。该区与浙江东南部均属于中国东南中生代火山岩带。楠溪江地区在距今1亿年前的白垩纪时期曾是火山大规模爆发的地区。据地质学研究,其东部有大型的雁荡山破火山,其西部有大若岩破火山,而其中部为枫林火山构造洼地。这些大型火山,当年爆发是极其壮观的,既有猛烈的爆发形成各种火山碎屑岩,又有火山喷溢、岩浆溢出形成熔岩,还有一些岩浆没有喷出地表,就在地下冷却结晶成为侵入岩,如鲤溪花岗岩体。这里的火山岩化学成分中二氧化硅含量约在65%~76%之间,岩石学上称为流纹岩类。包括楠溪江在内的整个雁荡山世界地质公园内火山喷发的流纹岩类岩石发育齐全,被称为流纹岩天然博物馆。

距今亿年前的白垩纪时期这里可称"火海",多个火山、多期次的喷发形成巨厚的火山岩层。这种巨厚的火山岩层成为楠溪江水系和两岸风景地貌的物质基础。区域火山喷发大约在8000万年前结束。之后,区域又经历了多种地质作用,包括区域地壳抬升与剥蚀作用,使得原本处于地下约2000米深处的侵入岩体如鲤溪花岗岩体出露于地表,所以剥蚀总体厚度达2000米左右。在地壳总体抬升的同时地面不均匀升降而形成陡峻的山体;还有断裂作用,就是指地壳抬升的同时,受到应力的作用发生断裂,犹如在大地上锯开一条条裂缝,沿一定方向的破裂称为断裂。断裂两侧的山体上升、下降或平移错开,形成复杂的陡峻的山体地貌。区内主要断裂方向有北西向、北东向多组断裂。断裂的作用与断裂的方向是楠溪江孕育和发展的重要地质条件,见图2-7。

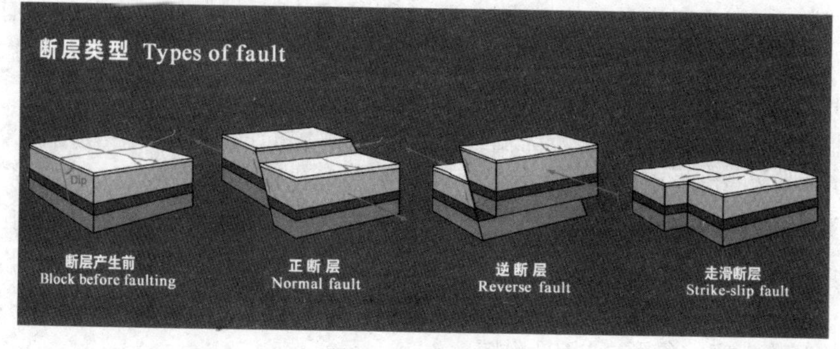

图2-7 断层类型

楠溪江流域岩石均为火山喷发的岩石,大自然塑造楠溪江的同时也精雕细刻周边的火山岩。楠溪江的岩石地貌归纳起来具有以下六方面的特色。

1. 群峰林立，峰丛秀丽

巨厚的流纹质火山岩层，由于其自身发育的垂直裂缝（称节理）或由于受到区域应力的作用产生大型的破裂缝（称断裂），在重力的崩塌和流水作用下形成一簇一簇的山峰称为峰丛，典型者有十二峰、芙蓉三冠。十二峰处于小源溪与陶公洞附近，十二个山峰海拔在 600 米左右，耸立于群山之上，个个山峰玲珑秀丽，各有所似，形象逼真，取名为香炉峰、仙掌岩、石笋峰、宝冠峰、童子峰等。其中天柱峰白山腰凸起，相对高度约 250 米，甚为壮观。

2. 孤峰突起，阳刚气势

流纹岩岩石经多个方向断裂切割，重力崩落与流水侵蚀形成拔地而起的独立峰，石桅岩为其代表。石桅岩直临河曲，三面溪水环绕成峡，状如船桅。该岩相对高度约 306 米，突出于环立的群峰之中，有高峰入云之气势。

3. 石柱岩壁，难得所见

火山喷发的熔岩或火山爆发的火山碎屑岩，它们都是在地表由炽热状态逐渐冷却而成的，在冷却的过程中围绕冷却收缩中心发生规则的裂缝（称为柱状节理），后经流水侵蚀暴露出一根根呈五边或六边形的石柱。无数石柱并列成为石柱岩壁，这种熔岩石柱在玄武岩（火山喷发的一种岩石，其二氧化硅含量在 45%～52% 之间）比较常见，而楠溪江流域的石柱是流纹岩（二氧化硅在 65%～76% 的火山岩称为流纹岩）相对少见。楠溪江百丈坑、孔雀岩（太阳岩）等地石柱岩壁极具奇特，根根排列整齐的石柱酷似人工而成，实际为岩浆在地表冷却的结果。

太阳岩更为奇特，石柱是从一个中心向外呈辐射状排列，犹如太阳光芒四射，又似孔雀开屏。这里的石柱呈辐射状排列是由于黏稠的岩浆从狭小的通道中挤出，成为一个蘑菇状地质体称为岩穹。当岩穹冷却时，其裂缝垂直于岩穹边界排列，而成为由中心向边界的放射式排列。所以太阳岩放射状石柱岩壁不仅有出奇的观赏性，而且地质科学指示这里曾是一个岩穹，更具科学意义。

4. 象形奇岩，浓浓情趣

楠溪江与雁荡山一起被称为流纹岩的天然博物馆。它是各种各样的流纹质火山岩，一次又一次火山喷发而形成的。由于岩石的组成与结构远比一般花岗岩、石灰岩复杂，在风化剥蚀、流水侵蚀作用下，形成似人似物的岩石地貌景观，要比花岗岩或石灰岩象形石更为逼真。楠溪江流域象型石极为丰富，从其取名的奇岩，可见一斑，如狮子岩、博士岩、人头岩、小鸡出壳、朝天龟、生肖岩、仙人抬轿、迎客仙、老僧击鼓等数十座的象形奇岩，见附图 2。

5. 悬崖洞穴，幽深称奇

楠溪江悬崖中点缀着大小不一，形态各异的洞穴。它们在成因上，形态上明显不同于石灰岩或红色砂砾岩中的洞穴。如陶公洞上覆悬崖、下高河谷，洞高约 56 米、宽约 76 米、深约 79 米，为浙南著名的岩洞石室。小若岩洞处于高达百余米的岩壁中，洞穴结构极为怪异。危崖之中的奇特洞穴，远视联想翩翩，无不称奇，近视则别有洞天，幽深称奇。又如四海山的仙人卧室，是在一巨石中有两个洞室，一横一竖如“人形”，横的洞穴高 0.6 米，宽 0.5 米，能仰卧一人；竖的洞穴高 2 米，深 0.5 米，宽 0.6 米，可坐一人。称奇之处还在于横室中天然配置了阶梯和起卧五指状的把手。

6. 高山仙桥，气势非凡

仙人桥，是天然形成的拱形石桥。岩壁受到层内局部崩塌，形成洞穴，如岩壁上形成对穿双通拱形的洞穴，就是天生的石桥。鲤溪仙人桥处于高山丛林之中，石桥长 50 米，桥墩与桥面均由一巨石构成，石拱高达 16 米，桥面宽 6 米，厚 3 米。石桥早在历史上已有记载。

吊船岩亦为天生桥。桥位于岩龙村大坪山巅上，横卧峰顶，桥型小巧玲珑，桥旁有石猴、石佛，互相协调，景色秀美。

(二) 楠溪江地区河流地貌

1. 河流的组成三部曲：上游、中游、下游

河流接近源头称为上游。河流上游多为险峻的山地，所以流速快，河流冲刷带走河底及两岸的土壤，形成 V 型深谷，河面窄，多数缺乏河滩。

河流中游，汇集多条山谷的流水后，水量增多，河面渐宽，深切河曲发育，在流速缓慢的地方出现沙滩。水中石头随水流互相撞击、摩擦，到中游大都变成了圆滑的石子，这些石子称卵石。

河流下游：河面更宽，流速更慢，见图 2-8。

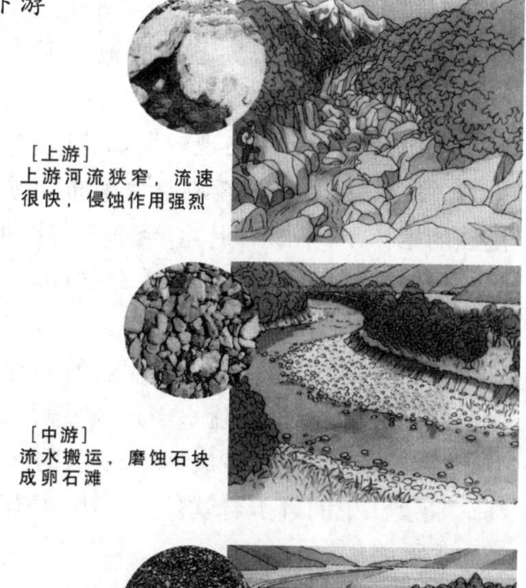

图 2-8 河流上、中、下游演示图

2. 河流形成的三部曲

河流一般沿断裂构造发育，河水从上游流向下游时，水的力量会冲刷掉河底及岸边的沙石（称侵蚀作用）并把这些沙石带走（称搬运作用），变细的沙石沉积在下游（称堆积作用），由于河流的

这些作用造成了许多不同的地形，塑造了不同的景色。

3. 曲流

曲流是一种蛇形弯曲的河流。河流在水平方向上冲蚀河岸，使河岸后退，河谷加宽，并逐渐弯曲，河流凹岸被冲刷的泥沙卵石带到凸岸堆积。

4. 河流与文明发源地

河流给人类带来了水、土地和肥沃的土壤。河流水资源吸引人的聚居，逐渐形成人类的文明。世界古代四大文明都与河流有关。如尼罗河的埃及文明，黄河的黄河文明。人类的文明由河流发展起来的。永嘉、温州乃至浙江东南文明也是与楠溪江有关。

5. 峡谷

河流向下侵蚀坚硬的岩石，当向下的侵蚀破坏力大于侧面的侵蚀作用时，会形成深的河谷，称为峡谷。峡谷横剖面像一个英文字母“V”，所以亦称为V型谷。

6. 急流、瀑布

河流向下侵蚀过程中，或因受地壳抬升，或因河床中岩石软硬程度不一，侵蚀过程中硬岩突出，软岩凹下，河底变得坎坷不平或呈阶梯状。流水由凸出的地方流到下凹的地方形成浪花飞溅的急流，如图2-9所示。

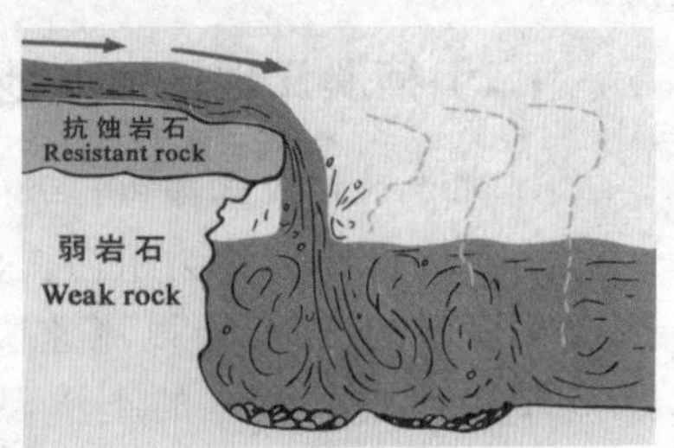

图2-9　瀑布的形成

当山间溪涧河床出现较大梯状陡坎时，水流为直立或近于直立下落则成为瀑布。瀑布流水侵蚀崩塌作用，不断后退，直至消失，这种作用称向源侵蚀。所以瀑布也是有生命的，瀑布下方因水的冲击形成深潭。

7. 岩岛

河床中由于岩石抗侵蚀性能的差异或由于受小型断裂的控制，使流水经过一些岩石时会有残留岩块，在河床中形成四面环水的小岛称岩岛。楠溪江中的狮子岩就是一个小型岩岛，如图2-10所示。

图2-10　狮子岩

8. 边滩、沙洲

河流泥沙在河流的弯曲地段或河流宽阔处沉积形成边滩或沙洲。边滩位于河流一侧，其一端与陆地相连，另一端伸向水中，在枯水期常露出水面，洪水期淹没水中。山区的河流边滩通常由沙砾卵石物质组成，在平原区沙滩由细沙或泥沙组成。

9. 阶地

当地壳发生上升，或由于气候变化、海平面下降，河流下切作用也会加强河床的深度，原来的沙滩、谷底上升到洪水位之上，形成台阶状平地叫河流阶地。阶地通常地势平坦且高于水面，不易被洪水淹没，因此，阶地常作为耕地或林地，有一些城市建于阶地之上。

三、楠溪江地区气候与水文调查

（一）楠溪江地区气候特征

楠溪江属中亚热带季风气候，受海洋影响较大，四季温和，雨量充沛。由于北部山脉阻挡冬季寒流，南部近海，夏季海风沿楠溪江谷地北上深入全区，加之区内山谷风盛行，形成冬暖夏凉的小气候。楠溪江平均年降雨量1702.2毫米，平均气温为18.2℃，极端高温38.2℃，年降雨量1698毫米，年日照1939小时，年均无霜期为280天。

（二）楠溪江地区水文调查

楠溪江是一条完整的树枝状水系，由主流和七条支流组成，见图2-11。其流域面积，为2429平方千米，主流长度139千米。河道比降在1.48‰～3.77‰。溪口以上为上游，称大源溪，流向由西北向东南，河谷狭窄。溪口至沙头为中游，称为大楠溪，流向由北至南，中游河谷较宽阔，峡谷与河谷平原相间分布。沙头以下为下游。支流分布于主流的两侧，西侧支流的流向由西北向东南，东侧支流的流向由东北向西南。楠溪江流域多年平均流量为每秒74.62立方米，最大年均流量为1996年的每秒129立方米，最小流量为1967年的每秒38.36立方米。每年4月至9月为丰水期，10月至次年3月为枯水期。

楠溪江水系具有如下特点：

1. 楠溪江是一条完整的水系

它的主流，干粗根壮；支流，枝盛叶茂；河曲弯曲多姿，河床、阶地、沙滩、岩岛一应俱全。它是发育在距今1亿年前的白垩纪火山构造、巨厚流纹质火山岩的基础之上，具备发育秀丽风景物质的基础。

2. 楠溪江保存了河流作用的典型性与完整性

它经历的河流形成的三部曲：侵蚀作用——对岩岸、河床侵蚀不断加深，拓宽河道；搬运作用——流水将上游破裂的石块，顺流搬运，互相磨蚀形成楠溪江河流中大大小小的卵石；沉积作用——被流水搬运的石块、沙粒在一定地方沉积形成沙滩或卵石滩。随着河床深切，沙滩高出水平面成为梯状陆地称为阶地。河床进一

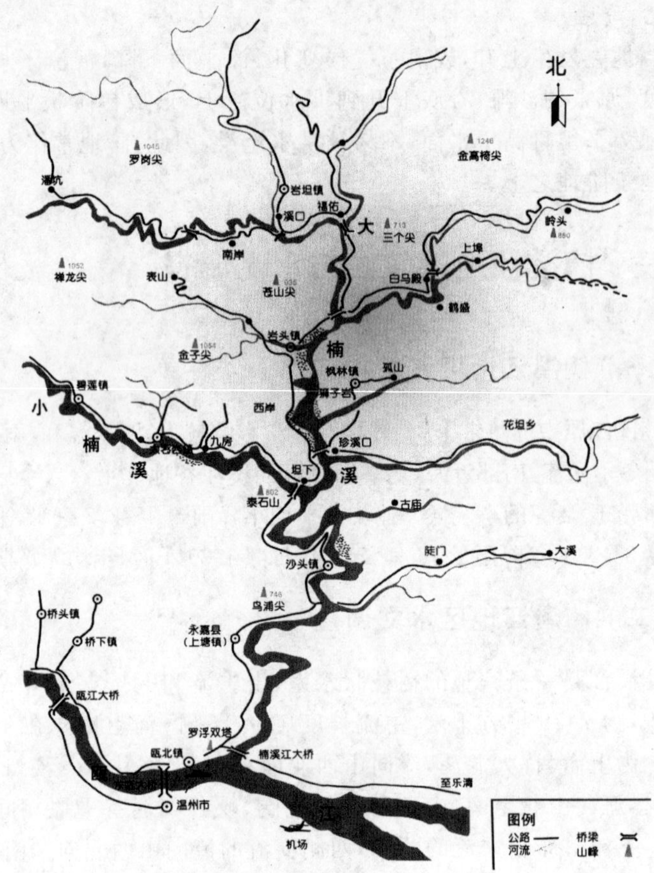

图 2－11　楠溪江水系图

步深切或地壳抬升，海平面变化形成了不同高度的阶地。

3. 楠溪江的形成有很长的历史

根据楠溪江两岸沉积物、阶地的高度和山峰顶高得出剥蚀面，大体可以推断楠溪江水系的成型时代。山峰顶面大体有 1200 米、1000 米、700 米、600 米代表古老的夷平面。阶地有 10 米、20 米、50 米，如 10 米阶地开成于距今 8 万年或 10 万年，50 米的阶地形成于 40 万年或 50 万年，1200 米夷平面形成更早。这些年代为新近纪，这是推断性年代，但可以说楠溪江的形成经历了数百万年。

四、楠溪江地区资源与利用评价

楠溪江风景名胜区是以清、弯、秀、美的楠溪江为主体，其主要特色是水秀、岩奇、瀑多、村古、滩林美，山水风光与田园情趣相融，是供游览观光、休养度假的理想境地，见图 2－12。楠溪江划分为七大景区，即楠溪江及沿江农村文化景区（简称楠溪江岩头中心景区）、大若岩景区、石桅岩景区、北坑景区、水岩景区、陡门景区、四海山景区，七大景区总计有 800 多处景点。至 1997 年上半年止，已经开发了大若岩、楠溪江岩头中心、石桅岩三大景区。楠溪江上游溪深林茂，有大批次生原始森林，郁郁葱葱，风韵独具；楠溪江源头及中上游两岸，有多姿多彩、千奇百怪的瀑布 50 多处；楠溪江两岸有 20 平方千米滩林，葱茏多姿，是全国江溪风景区中绝无仅有的；风景名胜区中还有许多奇峰怪石、神秘幽洞，且人文景观也相当的丰富：有谢灵运、孟浩然、苏东坡等历代文人墨客的足迹和诗句。宋代大文豪苏东坡就有诗句云："自言长官如灵运，能使江山似永嘉。"

图 2－12　楠溪江古村落

楠溪江，美在原始古朴、野趣天然；美在纯净柔和、绝无污染。经检定，楠溪江含沙量仅为每立方米万分之一克，水质呈中性，pH 值为 7，符合国家一级水标准，被专家们誉为"天下第一水"。溪流清荣峻茂，秀丽多姿，随江倒影，水清见底，游鱼碎石，历历在目。如日间泛舟坐筏漂游江上，远眺绵绵青山，近看郁郁滩林，俯赏碧蓝江水，饱览溪光山色，令人心旷神怡，宠辱皆忘；如夜间游江，见渔火点点，闻渔舟晚唱，受江风柔拂，聆淙淙流水，足以尽抒幽情逸致；如歇息滩林，横柯上蔽，草坪如茵，白昼如昏，朦胧幽静，促膝谈心，诗意畚然，此乐何极。

（一）楠溪江风景区自然景观特点

1. 水秀

楠溪江水系干粗枝壮，水量丰富，常年不枯，主干河谷宽阔而收放有致。河流柔曲摆荡，流速快慢与河曲的回环构景美妙，有 36 湾 72 滩，流水畅而不湍，缓急有度，使流速的快慢与河流的回环，构成时间与空间上的巧妙结合，给人以舒畅的韵律感，见图 2－13。清与净，是楠溪江水内在美的主要标志。溪水清澈见底，透明度很高，一条长达数十千米的河流，其河床、河漫滩满铺

图 2－13　楠溪江水色

着大大小小光洁平滑的鹅卵石，尤其是水底卵石，色彩斑斓，十分可爱。楠溪江水质优良，水样分析表明，完全符合国家一级水标准。这是当今世界难能可贵的自然资源，诚所谓“名山易寻，好水难得”。

楠溪江水面宽而浅，一般水深1米左右，少数深潭可达数米。滩有急流而不汹涌，潭水平静而不阻滞，宜游宜观宜玩。根据楠溪江水文水景的特点，十分适宜乘坐竹筏漂流悠游。

2. 瀑多

楠溪江流域位于我国东南部新华夏系次隆起带南侧，断裂构造发达，尤其是各支流上流，山崖险峻，河谷深切，形成多姿多彩的瀑布。据初步调查，具有一定规模、观赏价值较高的瀑布达50多处。楠溪江上游及各支流，流水深切形成涧溪—瀑布—深潭的水景组合，楠溪江可称无溪不瀑，有高达124米的百丈瀑，有瀑水冲击回音的“击鼓瀑”、“打锣瀑”；有阳光折射的横虹瀑等奇瀑，真可称为瀑布天然博物馆了。不过楠溪江瀑布的最大特色在于连续多级的梯瀑与奇石的巧妙结合，如图2-14。

图2-14　楠溪江瀑布

梯级瀑以石门台九漈瀑为典型。九漈瀑是指有连续九级瀑布。一漈，处于溪口，瀑布从30米处凌空跌落。二漈，瀑水由石梁滚落。三漈，穿过密林急流而下。四漈，由崖顶倾泻。五漈，急浪冲潭。六漈，穿岩隙而下，穿越巨石而出山岩。七漈，由50米的翠崖绝壁飞泻入潭。九漈，从三面环合的瀑壁凌空直捣碧潭。潭四面岩壁，水从如象鼻的石门而出，又折流依壁而入八漈。九漈瀑穿行悬崖峭壁，组成楠溪江动感地带。九漈之行犹如享受一部美妙的交响曲。

3. 滩林美

楠溪江河床开阔，平坦和缓。受大水反复搬运，沿江地带形成了几万亩滩地。世代民众为抗御洪患风灾，在洪积沙土上营造滩林。江水一涨一落，不断加厚滩地的沉积土层，林木生长愈加旺盛。莽莽20余平方千米滩林以其独特的姿态展现在楠溪江两岸。

楠溪江滩林美，美在有层次，美在变化，美在和谐。如果说漓江最美的是坐船观漓江峰影，那么楠溪江最美的就是乘竹排看楠溪江滩林了。这绵延数十千米的滩林，如同绿色屏障，遮隐了两岸的村落、田园、荒丘，形成以清流碧潭为中心的河滩、草地、远山、近水、蓝天、白云等层次丰富的景观。它不仅有四季不同的天然野趣，即使是一天中的晨昏昼夜，也同样能感受到它的万般变幻。然而这一切又都那么和谐自然，你会觉得连牧童戏水、水牛沐浴或服饰艳丽的村妇在溪边执槌捣衣裳都充满着诗情画意。坐上竹排，沿江而下，两岸滩林依次映入你的眼帘，让人从不同的方位看它的身姿，感受它的变化，仿佛与山与水构成一幅动态的电影画面。随着竹排缓缓移动，款款而来的滩林时而给荒山秃岭穿上绿色的围裙，时而给奇峰异石抹上浓重的一笔，时而又为礁石浪花、渔舟白帆充当背景。

楠溪江中游及小楠溪、珍溪、鹤盛溪等，现有滩林总数约八十片，规模之大，数量之多，是省内其他风景区所难以企及的，它与水秀、岩奇、瀑多、古村落有机组合，谱写了楠溪江风景名胜区独具魅力的篇章。

4. 岩奇

楠溪江及各支流上游多凝灰岩和流纹岩构成的火山岩山体，垂直节理和柱状节理非常发育，形成了奇峰屹立、峭壁拔地的奇异景观，其造型特征是峰笔立，崖如削，洞悬壁，气势峥嵘巍峨，与柔美亲切的楠溪江水景形成强烈的对照，是一种刚性之美，为探险猎奇者所神往。

石桅岩可谓笔立奇峰之一绝，它三面环溪，一峰拔地，势如船桅，十分壮观。再如大若岩的十二峰，姿态各异，参差笔立，大有破天争空之势，观此景，会使人心神为之一振。至于三三两两耸峙于山谷间如“天柱峰”、“棒槌岩”之类的奇峰异石，为数就更多了，见图2-15。

楠溪江岩石之奇的另一特色就是崖如削。具有垂直节理特性的凝灰岩，经流水侵蚀、崩塌作用，形成许多峡谷、嶂谷、峭壁、悬崖。如崖下库，两侧陡壁高耸，深入山腹，人在谷中，见天一线，谷底跌水三级，构成三潭，上潭四面绝壁，观天如井，飞瀑凌空而泻，声如雷轰。类似这样的峭壁悬崖，楠溪江各支流上游，几乎都有，是探奇寻幽的好去处。

图 2-15　楠溪江石桅岩

（二）楠溪江风景区人文景观资源

楠溪江的人文景观相当丰富，宋明清的古塔、古桥、古牌坊，以“七星八斗”和“文房四宝”布局与五行阴阳风水构想而建的芙蓉村、苍城村，更让您领略到原古的风貌。楠溪江风景区的人文景观始于新石器时期，它反映出楠溪江流域的古老历史文化，同时也展现出风景区范围内的现代生活与文明。这里有着丰富的文物古迹、动人的名人轶事、优美的神话传说、珍贵的文人墨迹和古老的健身之术。丰富的人文景观与美丽的自然景观相融合，形成楠溪江风景区所特有的粗犷美与含蓄美互相交融的风貌，具有浓郁的乡土气息。据查，目前永嘉县境内已发现文物古迹 80 余处，分为古文化遗址（新石器时期）、文化遗址、名胜古迹、古墓葬群、名人墓葬、革命纪念地、石刻、古塔、古桥梁、古建筑、古牌楼、牌坊、古窑址等 12 类。在风景区内主要有古窑址、古建筑与名人墓葬等，例如芙蓉镇的朱直清、方巷的李验马、花坦的朱墨瞿、溪口二戴、蓬溪的谢延循等名人轶事；有岩头的苍山娘娘、岩坦的牧童遇仙、陶公洞边的登仙石等神话传说。

图 2-16　楠溪江古村落

楠溪江风景区曾是古代文化较为发达的地区，区内古村落、古窑址等人文景观资源丰富，古村落不但呈现出楠溪山村的古老风貌，而且映射出了极为丰富的山村历史文化。区内大量的明代古建筑、文化遗迹和一些村落的布局格式，至今还保留着许多传统文化习俗。古建筑是楠溪江风景资源中的重要组成部分，也是人文景观中较为突出的部分，主要的古建筑有民居、宗祠、路亭等，见图 2-16。

人类文明大都与河流有关。楠溪江贡献了水、土地，吸引人的聚居。早在 5000 年前的新石器时代，先民就在此繁衍生息，经千百年的淀积，孕育了瓯越文化，形成了楠溪江文化，楠溪江古村落被称为楠溪江文化的博物馆、史书库。所谓古村落，是指楠溪江中、下游的古村落至今仍保持着比较完整的历史风貌和许多传统文化遗迹。其中最著名的当属岩头、苍坡、芙蓉三个村，见图2-17。这些村落至今仍保持着比较完整的历史风貌和许多传统文化遗迹。在这里，不但可以了解到中国古代社会耕读文化、宗族文化演变情况，而且可以感受到村寨建筑艺术的动人魅力，具有很高的研究价值和欣赏价值。楠溪江流域散布着具有重要历史文化价值的百余处古村落。它是楠溪江文化脉络聚焦，楠溪江文化的精华。楠溪江古村落特点和价值极为明显。

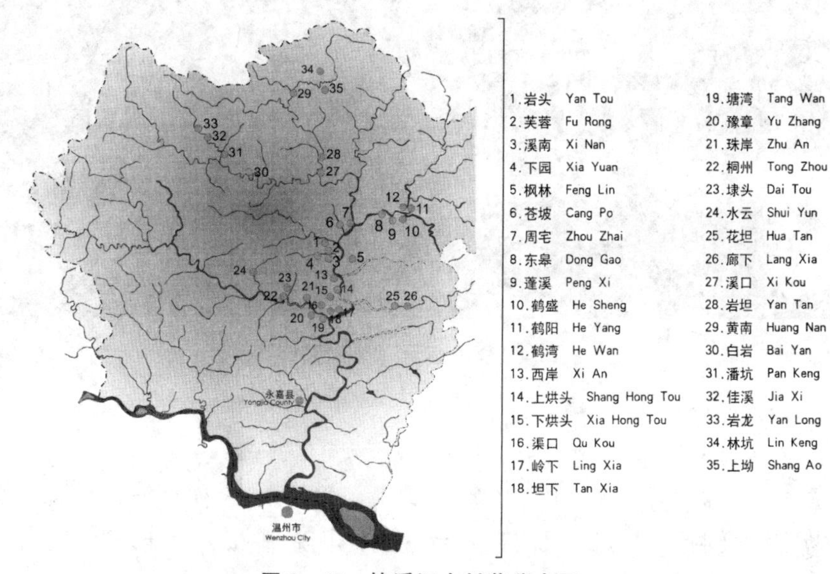

图2-17　楠溪江古村落分布图

1. *历史悠久，文化深厚*

据族谱记载，楠溪江古村落始建年代以唐、宋两代为主，有千年的历史。如晚唐的茗岙村、下园村，五代的枫林、花坦、苍坡、周宅，北宋的芙蓉、廊下、鹤阳、渠口，南宋的岩头、蓬溪、塘湾等。古村落内建筑型制，宗族宗谱，科举成就，田园风光，串联起了楠溪江灿烂的文化，专家们称为“楠溪江古村落是乡土文化、乡土生活的博物馆，史书库”。

2. *选址巧妙，规划严谨*

楠溪江古村落大多选择在中游小型盆地、河流凹岸的沉积土之上，见图2-18，既注重水源又注意了防洪，依山傍水，山环水抱，有意把山水直接引入村里。村落规划严谨精致。凡古村落均有寨墙、寨门、水渠、池塘，街巷布局井然有序，民居、庭

图 2-18　楠溪江古村落建筑

院错落有致、幽雅成趣。

3. 建筑形式多样、丰富

每座古村落多有不同风格的建筑。因地制宜的寨墙，横直街巷与明暗水渠相配而成“活水传村”。亭、桥、阁、轩、戏台、宗祠、书院、牌楼、寺、庙、观、寨门、宅院等建筑类型丰富多样，风格朴素、活泼开放。

4. 风水堪舆，环境和谐

讲究风水术，人与自然和谐。苍坡村主街，因直对村西三座并列的圆锥山峰——笔架山，而称为笔街。笔街旁的水池称砚池，笔架山可倒映于砚池。砚池与笔街之间三块大石条，视为墨锭。笔街以北为整齐的八条小巷，寄意八行笺纸。这一格局体现了笔墨纸砚文房四宝，可谓独具匠心、极有想象力的创意。如芙蓉村背靠三座山峰(芙蓉峰)，古村规划创意为“七星八斗”。“星”指街巷交汇处方形平台；“斗”指水渠交汇处的方形水池。八斗呈八卦状分布，道路与水系构成“星”、“斗”系统。隐喻村寨可纳天上星宿，期望后辈人才辈出如繁星。“星”具有指挥台的功能，而“斗”为储水之用。其功能具有耕读、迎贤、拜祖、拒敌、防火、调节气温等多方面作用。

5. 朴实平易，做工精致

楠溪江古村落建筑所用材料都是本地原木、蛮石和白灰、砖瓦。蛮石就是火山岩经过河流搬运，不经人为加工的石块。就近取来蛮石可以砌筑墙、寨门、街巷、水池。堆砌图案，因石因地而宜，独具匠心，颇具地方性风格。细品建筑，亦不乏精雕细刻之作，如彩绘藻井、石雕基柱、神龛、花窗等。

楠溪江古村落早已引起各界人士的关注，清华大学陈志华教授等对楠溪江古村落作了高度评价，并强烈呼喊："要保护文化的多样性，一种文化的灭绝是更大的损失。"

(三) 楠溪江风景区生态资源

1. 生物多样性

林秀表达了楠溪江生态环境优美，特别是植被生长情况良好。据调查，楠溪江流域具生物多样性。木本植物有 911 种，占浙江省 1300 种的 70%；具有较为丰富的植物区系，它与天目山、黄山植物区系差异较大；有古老残遗物种和珍稀濒危植物 22 种，如长叶榧、红豆杉、南方红豆杉、野大豆、中国台湾水青冈等；国家珍稀濒危保护动物有 30 种，如云豹、黑麂、猕猴、雀鹰、红隼等。凡此均表明楠溪江生态状况良好。

2. 植物群落

楠溪江植物群落，海拔 900 米以上为野生灌丛，900 米以下为常绿阔叶林和马尾松林。植被起着涵养水源，保护水土，防风固沙，调节气候，美化环境的作用。

3. 罕见的滩林

楠溪江植物最具特色的是沿江滩林，尤其在楠溪江中下游河床开阔，沿江有 20 多平方千米滩地。其中不少滩地已经成滩林。滩地经洪水反复涨落不断加厚了滩林地沉积土，使林木生长旺盛。滩林树种有樟树、马尾松、毛竹、水竹、枫杨、银叶柳等。滩林不仅保护河岸，维护水体的清澈，而且对美化两岸景观起着重要作用。滩林成片，延绵数十千米，在同类景观河流中是罕见的。西岸、九丈等滩林已成为重要的景点。

五、实习路线设计及实习内容

(一)实习路线 1

岩头游客中心实习内容：通过对博物馆的参观了解楠溪江水系特点，地质地貌，岩石形成及特征以及楠溪江古村落形成、演变和发展；观察和理解楠溪江古村落在选址、建筑、工艺和文化方面的特点和价值。

(二)实习路线 2

苍坡古村—岩头村—丽水街—芙蓉古村—狮子岩实习内容：①了解楠溪江古

村落的悠久历史，体会其重要的历史文化价值；②了解古村落选址特点，及其规划布局；③了解古村落多种建筑风格及丰富的建筑类型；④了解古村落一些特殊的地质产物，如岩石，地形等等；⑤了解古村落整体景观，引发人与自然如何和谐的思考。

（三）实习路线 3

狮子岩—九丈甸园实习内容：沿楠溪江支流步行，观察沿途水域、地貌及古村落风情和特点。

（四）实习路线 4

青龙湖实习内容：观察青龙湖的山地河流地貌景观，河床地貌，河谷地貌，见图 2-19。

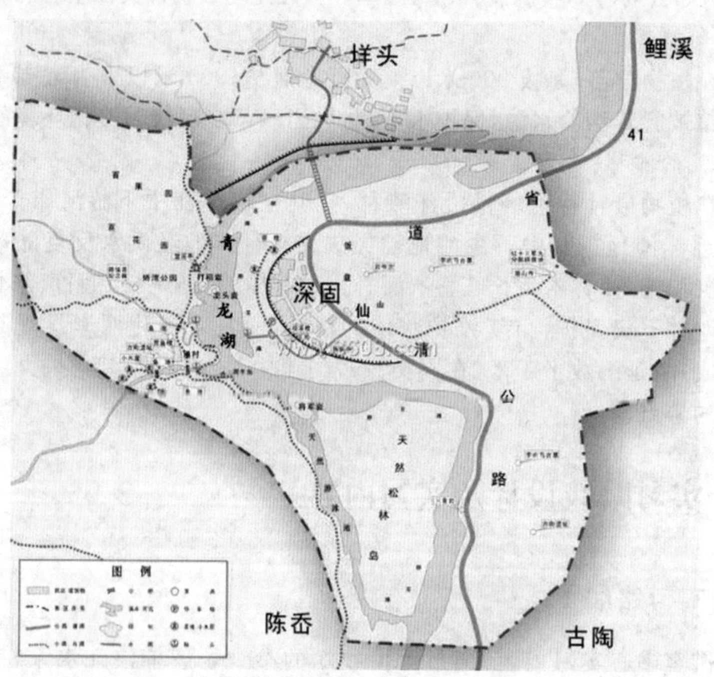

图 2-19　楠溪江青龙湖地理位置

（五）实习路线 5

青龙湖漂流实习内容：观察青龙湖漂流沿路的风景河段景观特色、植被特点及滩林特色、沿岸的风土人情。

(六)实习路线6

石桅岩景区(石桅岩—仙人遗田—水仙洞—小三峡—龙湾潭森林公园)实习内容:①了解火山喷发形成的流纹质火山岩,掌握何为断裂作用;②了解“V”型河谷地貌的形成;③了解火山喷发形成的熔结凝灰岩;④了解瀑布的形成原理。⑤了解旅游生态环境。

第三章　龙王山实习区

龙王山省级自然保护区是目前浙江省的野生植物类型自然保护区之一,是西苕溪、太湖和黄浦江的主要发源地和最重要的饮用水源保护,是长江三角洲地区的一颗明珠。龙王山由安吉县灵峰寺林场管辖,于1985年8月经浙江省人民政府批准,成立龙王山省级自然保护区。

一、龙王山自然地理概况

龙王山自然保护区位于北纬30°23′,东经119°23′,位于浙江省安吉县南端、西天目北侧、浙皖两省安吉、临安、宁国三地交界处。龙王山自然保护区主峰海拔1587.4米,属天目山主峰之一,是安吉乃至浙北第一高峰。保护区面积12.42平方千米,见图2-20。

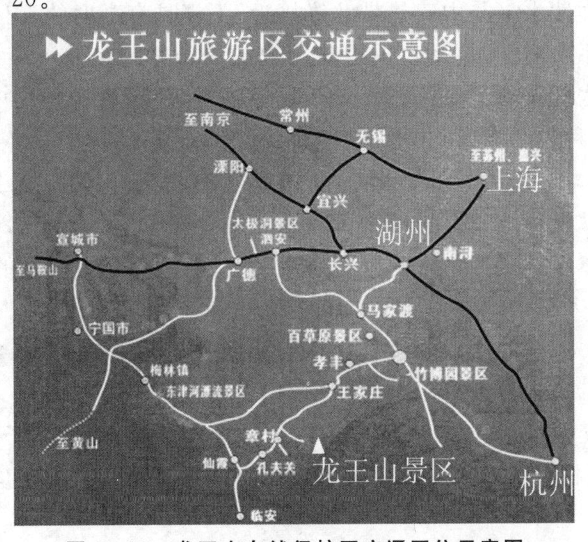

图2-20　龙王山自然保护区交通区位示意图

（一）地貌与土壤

龙王山自然保护区地处天目山山脉中心地区北部，地势险峻，多悬崖峭壁、山洞瀑流、河谷深切。在海拔1330米的千亩田有一面积为6700平方米的山地浅盆沼泽地。

龙王山自然保护区主要是由侏罗纪凝灰岩构成，另有少量的流纹岩。土壤垂直分布规律也体现了亚热带向温带过渡的特征，从山麓到山顶依次有红壤、山地黄棕壤、山地草甸土，局部地方还有零星的山地沼泽土。

（二）气候

龙王山自然保护区处亚热带季风气候，气候温和、雨量充沛、人为干扰少，加上地形复杂造成多种小气候。全年平均气温19℃，最高气温30℃，空气等级一级（优），是理想的观光、休闲、度假胜地。

（三）森林植被

区域植被属中亚热带常绿阔叶林北部亚地带。自然植被系列比较完整，类型多样，垂直分布明显，从长潭（海拔140米）至龙王山顶（海拔1587.4米）依次分布着人工植被、竹林、常绿阔叶林、常绿落叶阔叶林混交林、落叶阔叶林、针叶林及针阔混交林和山地沼泽。植被分为自然植被及人工植被。其中，人工植被主要位于500—900米，包括杉木林、柳杉林、金钱松林、毛竹林等，间种有檫树。

龙王山自然保护区的植物种类多种多样，区系组成较为复杂，具有亚热带与温带成分相互渗透的特点。龙王山自然保护区的维管植物约计156科、645属、1400余种。生物多样性水平与中亚热带北缘接近，不仅具有高度的五种多样性，而且具有相当高的谱系多样性，也反映出进化历史的复杂性。在龙王山自然保护区发现了大量浙江植物分布新记录，如银缕梅、睫毛蕨等；该地资源植物中药用植物有62科、122属、162种，如“七参”、“七皮”、“九子”等，观赏植物龙王山自然保护区约有200种，其中木本观赏植物120余种，草本观赏植物70余种。保护区内存在香果树、银缕梅、鹅掌楸等濒危保护植物23种，见图2-21、2-22、2-23。

龙王山自然保护区植物空间分布格局的多样性，与该地复杂的地形，丰富的小气候类型，以及多态化的各种体系之间的高度异质性生境相一致。这些异质性同样体现在龙王山自然保护区的森林植被分布的垂直地带性方面：海拔500米以下山地及沟谷地带分布常有阔叶林，暖性针阔叶林、海拔500—900米的山谷分布常绿落叶阔叶混交林，海拔900—1400米山地为落叶阔叶林，是龙王山自然保护区目前分布最广、面积最大、林相最为完整的植被。温性针叶林分布在海拔1300—

1450米的山脊;海拔1350米处分布有高位泥炭沼泽,是目前华东地区极为少见,保存较好的高位湿生植被。

图2-21 香果树

图2-22 银缕梅

图2-23 鹅掌楸

(四)野生动物

该地区有野生动物隶属30目、72科、183属、269种,其中有国家一级保护动物6种,二级保护动物22种、浙江省重点保护动物40种、世界稀有种1种,填补了龙王山地区野生动物调研的空白。龙王山自然保护区脊椎动物计29目、55科、185属、273种,两栖类计2目、6科、15属、20种,鱼类约有3目、3科、13属、18种。该地有昆虫23目、216种、1100属、1717种,其中新属9个、新种175个、中国新记录1个、中国新记录属2个、中国新记录种16个,丰富了我国昆虫区系和生物资源宝库,并为昆虫地理学研究增添了新的内容。

(五)水文

区内山涧小溪众多,呈现树枝状依次排列,水质清澈,终年不绝。区域内有东西走向的千亩溪和南北走向的马峰溪,两溪在石坞口汇合后流入大溪,最后至西苕溪。因此千亩溪和马峰溪成为西苕溪主要源头之一。西苕溪经太湖至上海黄浦江入海,故龙王山有"黄浦江源头"之称。

(六)保护区所在社区章村镇

龙王山自然保护区所在的章村镇距安吉县城45千米、湖州113千米、杭州108千米、上海309千米。全镇总面积107平方千米,以黄浦江源第一镇著称。其历史悠久,环境优美,素有"植物王国基因库"之美称。境内山川秀丽,环境优美,生态极具多样性,拥有黄浦江源、双渔竹海天湖、云龙景区、高山人家、畲族风情等旅游资源和显著特色文化。

章村镇以旅游集散中心为重点,突出"二张品牌"产业,做好其特有的"山头、水头、石头”文章,以新农村休闲人居为特色、郎村以畲寨风情为亮点等各具特色的中心村建设,全镇存在近 20 家各类农家乐,用以为龙王山等景区提供住宿、饮食等各项基础设施。

章村镇的生态旅游发展势头良好。该镇以龙王山生态旅游项目开发启动为契机,加大生态旅游基地建设投入,经过对长潭村统一规划,一个集餐饮、居住、购物、停车为一体的长潭综合服务区将带动休闲旅游的发展。通过村庄环境整治,生态人文资源得到进一步挖掘,给章村镇打造黄浦江源第一镇和最佳生态文明镇注入了新的内容。

王章公路线的拓宽拉大了城镇建设框架,成了章村镇经济发展的快车道,给章村的经济发展注入了活力,带来了无穷的希望。

二、保护区性质、类型及保护对象

龙王山自然保护区内旅游资源丰富。区内有险峻雄奇的峰崖岩峡景观、生动清美的瀑潭景观、丰富繁茂的动植物景观及绚丽多彩的气候天象景观等等,构成了龙王山保护区突出的旅游资源。

保护区为省级自然保护区,它是以银缕梅、鹅掌楸等珍稀濒危植物和落叶阔叶林、高山沼泽等特有典型的植被类型分布区,以及安吉小鲵及其栖息地和黄浦江源头水源涵养植被为主要保护对象,集保护、科研、教育、旅游、宣传等功能为一体的小型自然保护区。

(一) 珍稀、濒危植物的原生地

区域内分布着大量的珍稀、濒危植物。根据《中国珍稀濒危植物保护名录》及《中国红皮书——稀有濒危植物》,保护区的珍稀、濒危植物有银杏、金钱松、银缕梅等 27 种。此外还有数量众多的古木名树。

(二) 珍稀、濒危野生动物资源及其栖息地

重点保护好区域内的国家保护野生动物资源,其中属国家 1 级重点保护动物有:梅花鹿、黑麂、云豹、豹、白颈长尾雉 5 种;国家级重点保护动物有猕猴、穿山甲、水獭等 23 种。列入浙江省级重点保护动物的种类有豪猪、狼、狐、大树蛙等 40 种。区域内还分布有世界特有物种——安吉小鲵,是 1992 年被发现的新种,已被中国濒危动物红皮书列为极危物种。

（三）特有、典型的植被类型及生态系统

保护区是黄浦江的源头，森林植被和森林生态系统的保存，对下游生态环境质量的维护具有不可替代的关键作用。保护区内森林植被类型多样，主要有常绿阔叶林、落叶阔叶林、针阔混交林、针叶林、灌丛等类型，生态系统结构复杂，功能广泛。此外，珍稀植被类型也不乏其代表。

三、龙王山自然保护区总体布局

（一）保护区规划原则

1. 有利于保持森林生态系统的完整性，为保护对象创造良好的生存、栖息环境。

2. 有利于自然资源和生态环境的保护和管理，发挥自然保护区的多种功能。

3. 有利于开展生物科学研究，向公众进行环境保护教育。

4. 有利于保护区资源的科学、合理、持续利用。

5. 有利于基础设施的内部联网和与外部的衔接。

（二）规划依据

《中华人民共和国自然保护区条例》第十八条关于“自然保护区可以分为核心区、缓冲区和实验区。自然保护区为保存完好的天然状态的生态系统以及珍稀、濒危动植物的集中分布地，应当划为核心区，核心区外围划定一定面积的缓冲区，只准进入从事科学研究观测活动。缓冲区外围划为实验区，可以进入从事科学试验、教学实习、参观考察、旅游以及驯化、繁殖珍稀、濒危野生动植物活动。必要时，可以在自然保护区的外围划定一定面积‘外围保护地带’”的规定。

《森林和野生动物类型自然保护区管理办法》第十四条关于“自然保护区内居民，应当遵守自然保护区的有关规定，固定生产生活活动范围，在不破坏自然资源的前提下，从事种植、养殖业以增加经济收入”的规定。

林业部《自然保护区工程总体设计标准》第2.1.1条关于“保护区的内部功能分区，必须坚持以保护自然环境和自然资源，拯救濒危物种，积极开展科学研究，普及科学知识为主，适当发展多种经营和旅游活动的原则，通过论证行进合理划分”的规定。

保护区的自然环境与资源状况，特别是主要保护对象的分布；周边社区的社会历史、文化经济发展状况。

(三)功能区划分

本保护区位于安吉县西南部,包括龙王山主峰及周边地区,东至千亩田、桐王山,南至弥方岗,西至龙山岗,北至花坪村,保护区总面积12.42平方千米。根据上述区划依据,将本保护区划分三个功能区,即核心区、缓冲区、实验区。

1. 核心区

根据银缕梅、鹅掌楸等珍稀、濒危野生植物和特色森林植被的分布情况,将自然生态系统保存较完整、动植物种类丰富、集中,并且有典型地带性森林群落的常绿阔叶林和常绿落叶阔叶林混交集中连片分布的地域及高山湿地类型划分为核心区。核心区的范围东至千亩田防火线、南至龙角峰岗,西至石坞口天然林边缘,北至桐王山岗防火线,面积4.039平方千米,占保护区总面积的32.5%。

2. 缓冲区

为了更好地保护核心区不受外界的冲击,根据自然地形地势条件,在上述核心区西面和南面分别划出500—2000米作为缓冲区,核心区的东面因与临安市西天目山国家级自然保护区相连,不再设立缓冲区。

由于受制于自然地形地势条件,核心区北面无法划分缓冲区。根据《中华人民共和国自然保护区条例》第十八条的规定,建议在核心区北面节村镇及报福镇部分集体林范围内设立外围缓冲带。外围缓冲带的范围为:南面与保护区核心区相连,西北面经花坪村与黄泥凸村相连,东北面经黄泥凸村大山岙直上桐王山岗,面积2.416平方千米。该保护小区现状植被良好,也是重点保护对象。银缕梅的主要分布区域,数年前原花坪村已全村搬迁下山。划为外围缓冲带后,区内土地所有权、林权及经营权不变,但在其区域内不得从事对保护区构成冲击与威胁的生产经营活动,带内森林禁止采伐,并不得在带内挖掘开采。

缓冲区面积为1.17平方千米(不包括保护小区面积),占保护区总面积的9.4%。

3. 实验区

除核心区和缓冲区外,保护区内的其他地域划为实验区。实验区面积为7.216平方千米,占保护区总面积的58.1%。实验区是保护区人为活动相对频繁的区域,区内可在国家法律允许的范围内合理开展科学试验、参观考察、野生植物驯化繁殖、合理的资源利用、生态旅游观光等。

四、龙王山旅游开发利用状况

保护区的整个自然生态质量较好,主要表现为生物物种和生态系统多样性,环境质量优良。区内有丰富的野生动植物资源，国家重点保护的珍稀、濒危动植物数十种，是一个野生植物种资源的储存库，也是一个丰富的天然物种资源基因库；区内还拥有多种多样的森林生态系统。此外，区内的环境质量好，据测定，保护区的空气质量级别为Ⅰ级，水质均属国家Ⅰ类标准，符合规定的国家自然保护区、源头水水质要求；经对保护区内噪声监测结果，达到特殊住宅环境噪声标准。大气环境、水环境和社会自然环境均未受到破坏，环境综合质量优秀，符合国家规定的自然保护区环境要求。

自1985年建立保护区以来，在上级各部门的支持下，经保护区广大干部职工的努力，在物种保护、科学研究、资源管理等各方面取得了显著的成绩。整个旅游区生态良好，物种丰富、气候适宜、雨量充沛，森林覆盖率达90%以上，有"物种基因库"、"地质博物馆"之称。

（一）自然旅游资源条件

整个保护区森林覆盖率为96.8%。龙王山旅游区分三个景区：黄浦江源头、药圣谷、千亩田高山湿地。其中黄浦江源头景区内峰峦叠翠、飞瀑成群，且瀑瀑有潭，清瀑的颜色时而翠绿，时而深蓝，随天气状况千变万化，形成一道独特的风景，见图2-24。这当中尤以青龙潭和东龙潭最为神奇，而众多瀑布当中属线带瀑和马峰瀑最为壮观，声如惊雷，水花飞溅，气势磅礴。

图2-24 龙王山观源台

由于独特的环境条件和丰富的自然资源、自然景观，保护区在县内、省内及上海有一定的知名度。由于交通方便、地理位置优越，开发速度快，旅游人数逐年增加，客源丰富；但许多旅游资源尚未被发掘和利用，各种旅游设施还比较落后。

保护区的旅游优势主要有两个方面：交通区位及旅游资源。首先是交通方便，区位优势突出是保护区的一大优势。该区距安吉县城递铺镇50千米，且随着沪杭高速公路拓宽、杭宁高速公路建成开通，交通条件将大为改观。与安吉县天荒坪、竹博园、天赋度假村等其他旅游地相距适中，容易构筑旅游网络，发挥群体效应。其次是旅游资源丰富。保护区内有茂密的森林植被、奇特的岩石景观及多姿的沟谷瀑潭，适宜开展寻幽探险、科普考察、休闲度假、文化览胜和森林旅游等众多的生态旅游活动。

(二) 保护区旅游开发规划

根据保护区内可供旅游区域的风景旅游资源，总体规划在实验区内画出旅游区。旅游区总称为龙王山自然生态风景区，并把旅游区分为黄浦江源头景区、药圣谷景区与千亩田高山湿地景区，见图 2－25。

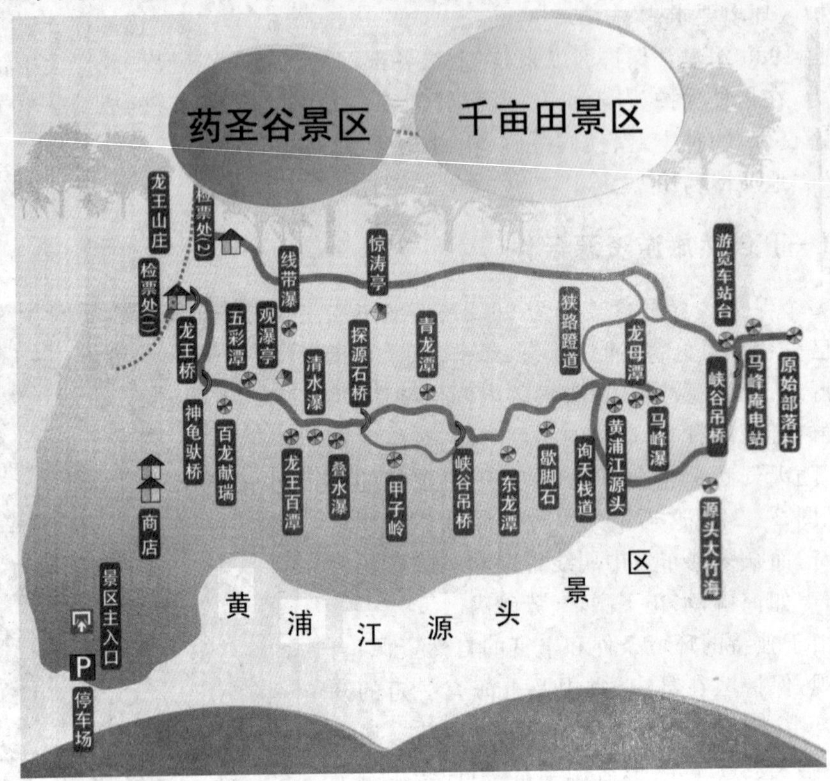

图 2－25　龙王山旅游区景点分布图

黄浦江源头景区于 1999 年 9 月被上海地理学会专家论证确定为黄浦江真正源头，是龙王山自然保护区的精华所在，总面积 0.26 平方千米，区内交通十分便利。保护区从龙王山桥起始至马峰庵遗址沿途分布百龙献瑞、五彩潭、线带瀑等 20 多个小景点。此区以飞瀑、深潭、怪石、稀世古树和成群的野猴著称。

药圣谷及千亩田高山湿地景区又以湿地花圃、千亩杜鹃林、云顶黄花松、问天石林和 10 千米长的幽深峡谷让人叹为观止。其中千亩田高山湿地景区位于龙王山保护区千亩峰、东关至千亩田以及千亩峰至龙王山一线，毗邻核心区和缓冲区，总面积为 0.5 平方千米。

1. 旅游资源开发与利用的原则

(1) 开展旅游项目不得破坏和影响生态环境。

(2) 不进行大型开发、建设工程。

(3) 旅游区应选在交通方便之处,并可形成较完整的景物群体。

(4) 不影响或干扰生物资源的保护管理和科学试验活动。

(5) 地质基础稳固、安全、无消失和变化的可能性。

(6) 有助于教育宣传、普及文化科学知识和科学研究活动的展开。

(7) 有明显的社会效益,对保护管理工作有积极的促进作用。

(8) 各项工程的规划、建设、运行都必须处于保护区管理处管理监督之下。

2. 保护区旅游规划原理

(1) 把保护自然资源放在首位,以科普教育性旅游设施为主,不搞对自然资源有破坏性的建设工程。

(2) 工程建设之前应进行地质评估,防止发生地质灾害。

(3) 坚持适度开发、有效利用。

(4) 以自然为主,充分体现自然的浑厚、开阔、粗犷、雄伟、和谐和气魄。

(5) 工程设施的建筑风格结合乡情民俗,与景观协调。

(6) 充分利用地产材料,发挥地方优势;建筑外观应尽量朴实,与自然景观协调,而内部应舒适典雅,使用方便。

(三) 保护区旅游趋势分析

随着我国新度假制度的实施,周末度假和带薪度假已逐渐成为我们日常生活中的重要组成部分。休闲度假的空间不再热衷于城市,而更向往森林、亲近原野、回归自然,生态旅游已成为旅游发展的方向,保护区生态旅游的开展正是顺应了这一潮流。

从旅游发展趋势、社会经济发展状况、资源特色及旅游吸引力分析,今后来保护区旅游的人数会日益增多。随着安吉县境内交通条件的日趋完善和保护区旅游业的不断发展,凭借保护区在物种保护方面的知名度,还将吸引海外的其他游客。根据旅游客流增长规律,参照其他保护区游客增长情况,结合本保护区实际,以后应注意人员控制,以防止游人过多对自然环境产生不良影响。

五、龙王山保护区存在的主要问题

目前保护区与外界已有长(潭)龙(王山)公路相通,总长度 15 千米;保护区管理处已通电、程控电话和闭路电视。目前存在的主要问题如下。

(一) 资金短缺

保护区始建于 1985 年,虽已有 20 余年的发展建设历程,但由于保护和科研等资金短缺,难以真正发挥它的社会、生态和经济价值,也严重地制约了自然保护区的建设和发展。

(二) 基础设施落后,设备简陋

由于经费短缺,保护区现有基础设施落后,设备简陋,已不适应保护区保护、发展的客观需要。因此,改善区内基础设施,搞好保护站、点的建设,添置必要的防火设备、交通工具和科研设备等,实乃保护区建设当务之所急。

(三) 管理与科研人才缺乏

目前保护区管理处仅有编制 23 名,其中专业技术人员仅 2 名,远不能满足保护管理的需要。

(四) 保护区管理力度不够

保护区旅游资源丰富,每年来保护区旅游的人数正在逐年增加,给管理带来了一定的难度,而目前保护区管理上还不能满足保护的需要。

六、实习内容

龙王山自然保护区实习内容:对自然保护区的自然资源、生态环境条件初步认知与调查;不同类型保护对象;保护区规划管理理论与方法,对照自然保护区总体规划,理解保护区功能分区;保护区旅游发展现状与问题进行初步调查,了解生态旅游产品及游客体验;对保护区周边社区与保护区利益关系进行调查;保护区存在的主要问题分析及对策。

第三单元　资源与环境管理实习

第一章　湖州环太湖实习区

一、太湖流域概况

太湖是我国第三大淡水湖，水面总面积约5551平方千米，是江南的一颗璀璨明珠。太湖流域物华天宝，历史源远流长，文化底蕴深厚，自古以来是国家财赋重地，是著名的江南水乡，被誉为"人间天堂"。流域面积36895平方千米，是我国经济最发达的地区之一，在全国占有举足轻重的地位。

（一）自然概况

1. 地理位置

太湖地处长江三角洲，位于富饶的沪、宁、杭三角地中心，介于北纬30°55′42″～31°33′50″、东经119°53′45″～120°36′15″之间，横跨江、浙两省，北临无锡，南濒湖州，西依宜兴，东近苏州。

太湖南缘位于江、浙两省的分界线上，整个湖面归江苏省所辖。湖岸总长405千米，水位3.14米，南北长68.55千米，东西最大宽56千米、平均宽34.11千米。湖盆呈浅碟形，以湖岸线计算的湖泊面积为2427.8平方千米，去掉岛屿为2338.1平方千米（30年中缩小482平方千米），是中国第三大淡水湖，其中2/3湖面在吴县境内，西山镇所辖太湖水域面积为165平方千米，见图3-1。

2. 地形地貌

太湖流域位于长江下游与河口段的南侧，地跨江浙沪三省市。整个地势西高东低，大致以丹阳—溧阳—宜兴—湖州—杭州一线为界分平原与山地丘陵两大部分。东部为太湖平原，是全流域的主体，面积约占流域总面积的80%，其中上海占12%，

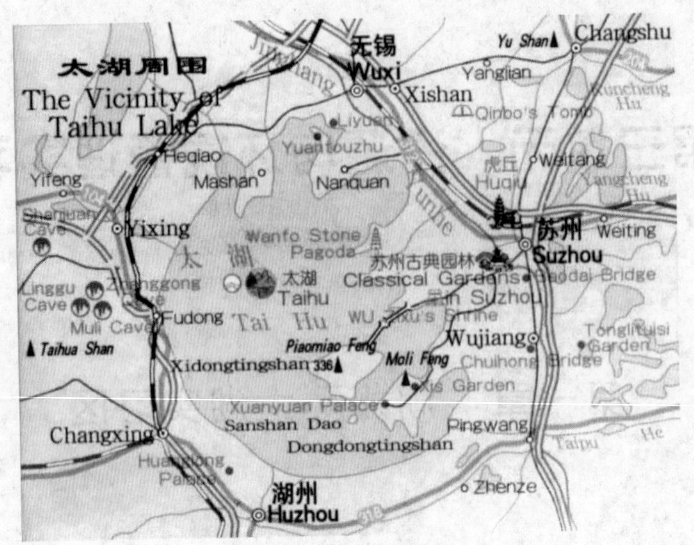

图 3-1 太湖区位图

江苏占 44%,浙江占 24%。西侧为山地丘陵,它构成本流域的分水岭地带和山地丘陵两大部分。山地丘陵面积约占总面积的 20%,其中浙江占 13%,江苏占 7%。

太湖平原范围广阔,地势低平,周高中低成碟形。太湖居中,其周围有众多湖泊分布,东北有阳澄湖群,东有淀泖湖群,南为菱湖湖群,西是洮滆湖群。太湖平原地面高程均在海拔 10 米以下,地势总体上西高东低,南北略高,中部最为低洼。西部平原地势最高,包括洮滆湖之间,武进西部、丹阳一带及丘岗前缘,一般海拔在 5—9 米,大部分在 5—6 米。

太湖流域西部为山丘区,面积 7338 平方千米;中部平原区面积 19350 平方千米,沿江滨海平原区面积 7015 平方千米,太湖湖区面积 3192 平方千米(包括部分湖滨陆地)。平原区河网交织,水流流速缓慢。

3. 气候特征

太湖流域属亚热带季风气候区,雨水丰沛,四季分明,夏季炎热。年平均气温 14.9~16.2℃,年日照时数 1870—2225 小时。多年平均降水量 1177 毫米,多年平均水面蒸发量 822 毫米。

4. 太湖成因

人们对太湖的形成有着不同的认识和争议。主要有构造成湖论、潟湖成因说、陨石冲击坑说等。构造成湖论认为,太湖平原原是一个大的海湾,以后不断为水和沉积物所填充,演化成现在的湖泊。潟湖成因说认为,太湖平原原是一个大的海湾,曾受到广泛的海侵,以后随海水退却形成封闭的湖泊。陨石冲击坑说认为,距今 5000 万年前,一颗巨大的陨石从北东侧方向撞击地面,造成相当于 1000 万颗广岛原子弹爆炸的巨大冲击，留下了2300多平方千米的陨石坑，即现在的太湖。

中国科学院南京地理研究所的专家认为，太湖的底部及整个太湖平原湖泊底部，全部是黄土层硬底，湖水直接覆盖在黄土之上，未发现海相化石及海相沉积物。相反，却发现大量的古代人类生活的文化遗址，因而太湖不属于构造成因的湖泊。同时据南京地理研究所研究，太湖平原除东部上海地区和南部嘉兴以南地区，曾受到过全新世海侵外，整个中部广大湖荡平原区并未受到海水侵袭，因此也就不存在潟湖成因问题。关于陨石冲击坑说，南京地理研究所的专家认为如果湖泊是陨石冲击而成，湖底多少要保存有撞击坑的痕迹，然而太湖湖底却十分平坦，而且湖中尚分布有51个岛屿，在平坦的湖底上，至今尚保存有完好的河道，自西向东穿过。因此，认为太湖的最后形成主要归结为两方面的原因：第一个原因是气候变化引起的洪涝灾害；另一个重要原因是泥沙淤积、人类围垦，引起河道宣泄不畅。太湖是在原河道基础上，因洪泛而扩展成湖，与长江中下游其他湖泊基本类同，如洪泽湖、鄱阳湖等。

5. *湖泊与河流水系*

太湖流域多年平均水资源总量177.4亿立方米，人均、亩均水资源占有量分别为398立方米和727立方米。长江多年平均过境水量9334亿立方米，2005年沿长江口门引水量81亿立方米。

太湖流域河网如织，湖泊星罗棋布，水面总面积约5551平方千米，水面面积在0.5平方千米以上的大小湖泊共有189个，湖泊面积40平方千米以上的6个。主要湖泊特征见表3-1。

表3-1 太湖流域大中型湖泊形态特征

湖泊名称	湖泊面积（平方千米）	湖泊水面（平方千米）	湖泊长度（千米）	平均宽度（千米）	平均水深（米）	总容蓄水量（亿立方米）
太 湖	2425.00	2338.11	68.55	34.11	1.89	44.30
滆 湖	146.50	146.50	24.00	6.12	1.07	1.74
阳澄湖	119.04	118.93	—	—	1.43	1.67
淀山湖	63.73	63.73	12.88	4.95	1.73	1.59
洮 湖	88.97	88.97	16.17	5.50	0.97	0.98
澄 湖	40.64	40.64	9.88	4.11	1.48	0.74

太湖水域辽阔，流域内河道总长约120000立方千米，河网密度每平方千米3.3千米。太湖湖底高程－0.25米，湖底较为平坦，其地势为东高西低，同陆上地形相反；平台山岛西北有一条东南—西北走向的新月形凹槽，为太湖最深处。在多年平

均水位2.99米时，容积44.30亿立方米。太湖河港纵横，河口众多，1967年有进出河道315条，1980年时有220条。现有出入太湖河流228条，入湖水道多源于西部山区，有源于天目山的苕溪水系和合溪，源于宜溧山区的南溪及源于茅山的洮滆水系等。出口河道多集中在太湖东部和北部。太湖主要出水口有沙墩港、胥口港、瓜泾口、南库港等。古代，娄江、东江和吴淞江是引太湖水入海的主要河道，合称"三江"，当前主要出水河道有属于黄浦江和江南运河两大水系的黄浦江、吴淞江、浏河、白茆河、太浦河、梁溪河等。

(二) 社会经济概况

1. 基本情况

2005年全流域人口4533万人，人口密度每平方千米1000人左右。流域内分布有上海、苏州、无锡、常州、镇江、杭州、嘉兴、湖州等8个大城市，城镇化率达73%。

全流域国内生产总值21221亿元，约占全国GDP的11.5%；人均生产总值达4.7万元，是全国平均水平的3.4倍；全流域财政收入6609.1亿元，约占全国的22.1%；单位国土面积经济收益约为全国平均水平的57倍。流域总耕地面积约1.47万平方千米，人均耕地近333.33平方米，约为全国人均水平的35.7%。

2. 产业结构

(1) 第一、二、三产业结构状况

2005年太湖流域综合治理区生产总值11883.9亿元，第一、二、三产业所占比重分别为3.7%、61.3%和35.0%，见表3-2。太湖流域涉及的各市2005年、2006年产业结构比例，见表3-3。

表3-2　太湖流域综合治理区产业结构情况

治理范围	第一产业	第二产业	第三产业	合计
江苏省部分(亿元)	208.6	5324.0	2857.1	8389.7
产业结构(%)	2.5	63.5	34.0	100.0
浙江省部分(亿元)	213.0	1784.5	1296.8	3294.3
产业结构(%)	6.5	54.2	39.3	100.0
上海市部分(亿元)	12.6	187.4	—	200.0
产业结构	—	—	—	—
总计(亿元)	434.2	7295.9	4153.9	11884.0
产业结构(%)	3.7	61.3	35.0	100.0

表 3-3　太湖流域各地区第一、二、三产业比例

城市名称	2005 年	2006 年
镇江	4.4∶60.6∶35.0	4.1∶60.4∶35.5
常州	4.3∶61.1∶34.6	3.8∶61.0∶35.2
无锡	1.6∶59.7∶38.8	1.6∶59.7∶38.8
苏州	2.0∶66.8∶31.2	1.9∶65.4∶32.7
嘉兴	7.1∶58.9∶34.0	6.4∶60.0∶33.5
湖州	8.6∶57.2∶34.2	8.6∶57.2∶34.2
杭州	5.0∶50.9∶44.1	4.5∶50.6∶44.9
上海	0.9∶48.9∶50.2	0.9∶48.5∶50.6

(2) 工业结构现状

据江苏、浙江两省发改委提供的不完全统计数据，综合治理区内共有工业企业 20.95 万家，其中江苏 10.40 万家，浙江 10.55 万家；工业总产值为 24395 亿元，其中江苏 15144 亿元，浙江 9251 亿元。

六大重点污染行业的企业共计 5.57 万家，其中江苏 2.46 万家、浙江 3.11 万家，六大重点污染行业企业总产值 6149 亿元，其中江苏 3937 亿元，浙江 2212 亿元，占本省工业总产值比分别为 26% 和 24%，见表 3-4。

表 3-4　太湖流域六大重点污染行业情况

省份	行　业	企业数（个）	占省工业企业总数比例（%）	产值（亿元）	占省工业总产值比例（%）
江苏省	纺织业	13075	12.57	1476	9.75
	造纸及纸制品业	2506	2.41	232	1.53
	石油加工、炼焦及核燃料加工业	408	0.39	266	1.76
	化学原料及化学制品制造业	7264	6.98	1421	9.38
	医药制造业	602	0.58	200	1.32
	化学纤维制造业	789	0.76	342	2.26
	江苏合计	24645	24.00	3937	26.00
浙江省	纺织业	21515	20.40	1100	11.89
	造纸及纸制品业	2523	2.39	176	1.90
	石油加工、炼焦及核燃料加工业	115	0.11	59	0.64
	化学原料及化学制品制造业	5975	5.66	468	5.06
	医药制造业	477	0.45	146	1.58
	化学纤维制造业	461	0.44	263	2.84
	浙江合计	31066	29.00	2212	24.00

(3) 交通

太湖流域是我国交通运输最繁忙的地区之一,现拥有铁路、公路、水运、航空等多种运输方式。沪宁、沪杭铁路和沪宁、沪杭、宁杭、沿江等高速公路初步形成了流域快速交通网络;京杭运河贯穿南北,沟通长江和钱塘江航运;内河航运网络通航里程达1.2万千米,内通三省市、外联长江。此外,航空事业也有一定的基础。

二、太湖流域水环境状况

(一) 污染源现状

根据地方上报污染物排放数据汇总,2005年流域水环境综合治理区废污水排放总量为33.1亿立方米。其中:江苏省25.6亿立方米,占77.1%;浙江省7.5亿立方米,占22.6%;上海市1150万立方米,占0.3%,见表3-5。

表3-5　2005年太湖流域水环境综合治理区废污水量统计（单位:万立方米/年）

行政分区	工业废水	生活污水	合计
江苏	179404	76119	255523
浙江	35965	38710	74675
上海	143	1007	1150
总计	215512	115836	331348

(二) 水环境状况

1. 太湖水质现状

2005年太湖水质综合评价为劣Ⅴ类,污染物中总磷东部沿岸区为Ⅲ类,其余湖体均为Ⅳ类或Ⅴ类;总氮除东部沿岸区为Ⅴ类外,其余湖体均为劣Ⅴ类,见表3-6。

表3-6　2005年太湖各湖区水质类别评价结果　（单位:毫克/升）

湖区名称	高锰酸盐指数		TP		TN	
	浓度	水质类别	浓度	水质类别	浓度	水质类别
五里湖	6.3	Ⅳ	0.14	Ⅴ	5.6	劣Ⅴ
梅梁湖	6.0	Ⅲ	0.11	Ⅴ	4.7	劣Ⅴ
西部沿岸区	5.5	Ⅲ	0.10	Ⅳ	3.8	劣Ⅴ
湖心区	4.4	Ⅲ	0.06	Ⅳ	2.2	劣Ⅴ
东部沿岸区	4.5	Ⅲ	0.05	Ⅲ	1.7	Ⅴ

2. 河流水质现状

2005 年太湖流域 12 个省界断面中，Ⅴ类和劣Ⅴ类占 66.7%，见表 3-7；在 28 个环湖河流监测断面中，Ⅴ类和劣Ⅴ类占 42.8%，见表 3-8。主要污染物为氨氮、石油类、COD。梁溪河、直湖港、武进港、京杭运河、丹金溧漕河等河流水质污染严重。

表 3-7 太湖流域省界水质类别统计

断面类别	个数	比例(%)
Ⅳ	4	33.3
Ⅴ	2	16.7
劣Ⅴ	6	50.0

表 3-8 太湖流域环湖河流断面统计

断面类别	个数	比例(%)
Ⅲ	5	17.9
Ⅳ	11	39.3
Ⅴ	2	7.1
劣Ⅴ	10	35.7

3. 饮用水水源地水质现状

2005 年，太湖流域 26 个主要地表水集中饮用水水源地中，有 14 个达不到监测点水质要求，超标指标有高锰酸盐指数、五日生化需氧量、溶解氧、氨氮、石油类及大肠菌群等。有 7 个饮用水水源地水质为Ⅴ类或劣Ⅴ类，其中 6 个分布在嘉兴市，1 个在苏州市。

4. 水质变化情况

从 20 世纪 80 年代初期至 90 年代初期，太湖平均水体水质由以Ⅱ类水为主下降到以Ⅲ类水为主；从 20 世纪 90 年代中期至今，全湖平均水质综合评价下降为劣Ⅴ类。太湖的富营养化程度不断加剧，已由 10 年前的轻度富营养化水平升至中度富营养化水平。中度富营养化面积 2005 年比 1998 年增加近 1600 平方千米。

1998—2006 年环太湖地区河流入湖水质平均浓度均为劣Ⅴ类，常州河流入湖水质最差，无锡次之，苏州、湖州河流入湖水质较好。直湖港、武进港、漕桥河、太滆运河、陈东河、南溪等河流入湖水质最差，带入太湖的污染物量较大，是今后治污重点区域。

从近年环太湖地区河流水质变化趋势来看，常州地区河流各项水质指标均呈恶化趋势；无锡地区河流总磷浓度略有下降，高锰酸盐指数和总氮相对稳定，年际间略有波动；苏州和湖州地区河流各项水质指标在年际间略有波动，高锰酸盐指数和总磷基本在Ⅲ类水质标准范围内，总氮有恶化趋势，见图3-2。

图3-2　太湖水体富营养化现象

5. 2007年无锡发生供水危机的原因分析

自20世纪90年代以来，太湖流域污染状况没有得到根本改变，富营养化趋势不断加强，蓝藻几乎年年不同程度暴发。每年春末至秋初期间，湖中的藻类数量超出了自来水对高藻水的处理工艺标准，对自来水的供应屡屡产生影响。

长期以来，太湖有机物和营养物质的积累，为蓝藻大规模繁殖提供了有利条件，一旦气象、水温等条件成熟，蓝藻随时可能暴发。但是在2007年以前，从未发生过水质黑臭现象。2007年无锡蓝藻暴发引起的生态灾害，有当年气温偏高、光照充足、降雨偏少等偶然因素，再加上出现严重缺氧的污水团因素，最终导致水质黑臭，形成供水危机。由此可以认为，导致2007年无锡供水危机的内因是蓝藻暴发，诱因是污水团，根本原因是长期污染。

三、环太湖环境管理规划

太湖流域位于长江三角洲地区腹地，人口稠密，经济发达。20世纪90年代以来，江苏省、浙江省、上海市加大流域水污染治理力度并取得了一定成效。但水环境恶化趋势未得到有效遏制，已严重影响到当地人民群众的生产生活和社会经济的可持续发展。如在2007年5月底的太湖蓝藻暴发事件导致了无锡市水源地水质污染，严重影响了当地近百万群众的正常生活。

根据国务院要求，2007年6月，国家发展改革委会同科技部、财政部、国土资源部、建设部、交通部、水利部、农业部、国家环保总局、国家林业局、国务院法制办和中国国际工程咨询公司等部门，以及两省一市启动了《太湖流域水环境综合治理总体方案》的编制工作，历时半年，完成了该方案。

《太湖流域水环境综合治理总体方案》确定的综合治理区范围包括：江苏省苏州、无锡、常州和镇江 4 个市共 30 个县(市、区)；浙江省湖州、嘉兴、杭州 3 个市共 20 个县(市、区)；上海市青浦区的练塘镇、金泽镇和朱家角镇等，总面积为 3.18 万平方千米。

1. 规划的指导思想

坚持综合治理、科学治理，着力调整产业结构与工业布局，着力加强工业点源、农村面源、城镇污水以及内源污染治理，着力加强生态修复，着力完善监测体系和加大执法力度，着力建立健全流域水环境管理体制与运行机制，努力形成流域生态系统良性循环，恢复太湖山青水美的自然风貌，确保饮用水安全，实现流域经济社会和环境协调发展、人与自然和谐相处，为全国湖泊治理提供有益经验，为流域经济社会发展提供切实保障。

2. 规划的基本原则

(1) 以人为本，科学发展。把维护流域内广大人民群众的根本利益作为基本出发点和落脚点，以解决群众最关心、最直接、最现实的水环境保护问题为重点，转变发展观念，创新发展模式，更加重视生态文明建设，加快建设资源节约和环境友好型社会，走科学发展道路。

(2) 统筹规划，综合治理。依据太湖流域水环境容量，统筹考虑经济社会发展和流域水环境保护。采取工程与非工程措施相结合、污染治理与生态修复相结合、湖泊治理与河网治理相结合、水环境治理与产业结构调整相结合等综合措施，明确治理思路，实现科学治理。

(3) 远近结合，标本兼治。立足当前，放眼长远，先易后难，分步实施。既要抓紧解决危及群众饮水安全的突出问题，确保城乡居民生产生活用水安全，又要采取治本之策，从源头上加强污染防控和治理，切实控污减排，从根本上扭转水环境恶化趋势。

(4) 突出重点，分类指导。整体把握太湖流域水环境存在问题及成因，明确治理重点和难点，从实际出发，因地制宜，针对流域内污染源的结构和区域分布，分别采取不同的治理对策，有计划、有重点地推进水环境治理工作。

(5) 依靠科技，公众参与。加强太湖流域水环境问题综合研究，科学合理制定水环境综合治理的技术路线，加强水环境治理集成技术研究和应用推广。加大宣传教育力度，倡导节约资源、保护环境和绿色消费的生活方式，保护和调动社会公众参与治理工作的主动性和积极性。

(6)创新机制，落实责任。建立跨行政区域的太湖流域水环境综合治理协调机制，加强区域间、部门间协作，合力治污。建立市场经济条件下水污染治理投融资机制和运营机制。落实地方各级政府水环境治理责任，建立健全目标责任制、评估考核制和责任追究制。加强监测体系建设，建立定期公告制度，接受社会舆论和公众监督。

3. 水环境治理的基本思路

太湖流域水环境综合治理与国内其他湖泊、流域相比，具有典型性和复杂性，必须高标准、严要求，全面、系统、科学、严格地进行长期不懈的治理。因此，水环境综合治理的基本思路是：综合治理、标本兼治，总量控制、浓度考核，三级管理、落实责任，完善体制、创新机制。

4. 水环境治理的总体目标

(1) 近期目标(2007—2012)。太湖湖体水质综合评价由 2005 年的劣Ⅴ类提高到 2012 年的Ⅴ类，其中高锰酸盐指数和氨氮达到Ⅱ类，总磷达到Ⅳ类，总氮达到Ⅴ类。东部沿岸区水域水质由Ⅴ类提高到Ⅳ类；富营养化恶化趋势得到遏制；主要饮用水水源地及其输水骨干河道水质基本达到Ⅲ类；河网水域水质控制单元水质有所改善，达标个数由现状的 18.6%提高到 40%左右，见表 3-9。

表 3-9　太湖近期水质目标　　（单位：毫克/升）

水质		高锰酸盐指数	NH_3—N	TP	TN
基准年(2005 年)	浓度	4.90	0.47	0.08	2.95
	类别	Ⅲ	Ⅱ	Ⅳ	劣Ⅴ
近期目标年(2012 年)	浓度	4.50	0.46	0.07	2.00
	类别	Ⅱ	Ⅱ	Ⅳ	Ⅴ

(2) 远期目标(2013—2020)。2020 年，太湖湖泊水质综合评价从 2012 年的Ⅴ类提高到Ⅳ类；富营养化恶化趋势得到遏制并有所改善，河网水域水质控制单元水质达标个数占总数的 80%左右。

主要的治理任务如下：

《太湖流域水环境综合治理总体方案》以污染物总量控制为核心，保障饮水安全，通过污染源治理，提高太湖流域水环境容量，生态修复及建设，节水减排建设，能力建设等措施，实现预期的水质目标。第一实施污染物总量控制：水质的优劣决定于污染物总量。《太湖流域水环境综合治理总体方案》在分析水环境容量(纳污能力)的基础上，提出了污染物排放总量控制方案。两省一市综合考虑不同地区水环境质量、经济发展水平、削减能力，将污染物排放总量分解并逐级落实到市、县(市)。各级政府对本行政区出境断面的水质和排放总量负责。第二保障饮用水安全：保障饮用水安全是当前最紧迫的任务。进一步优化水源地布局，完善多水源供水体系，加快自来水厂深度处理工艺改造，确保饮用水安全。近期要加强供水危机的防范和蓝藻暴发应急事件的处置工作。第三强化工业点源污染治理：有效控制工业污染。2008年6月底前，凡不能达到现有排放标准的企业，一律停产整顿。在推行新标准的基础上，2008年年底前，工业污染源要做到全面达标排放。第四加大城乡污水和垃圾处理：提高城镇生活污水处理率和垃圾无害化处理率。2012年和2020年，城市污水处理率分别达到80%和90%，建制镇污水处理率不低于60%和70%；城镇生活垃圾无害化处理率分别达到75%和100%。逐步实现太湖流域村镇生活污水相对集中和分散处理、资源综合利用。第五防治农业面源污染：优化农业种植结构和布局，发展绿色农业；畜禽养殖业采用干清粪作业，修建固体废弃物发酵池，实现综合利用；逐步取消太湖围网养殖，发展生态养殖。第六加强生态修复及建设：恢复和保护湿地；对太湖流域部分岸线堤防进行改造；建设生态隔离带，有选择投放草食性动物群、种植水生植物；实施太湖主要入湖河道和其他淤堵严重的河塘清淤。第七提高太湖流域水环境容量：遵循“先治污，后调水”的原则，增加流域水资源供给，加速水体循环、提高流域水环境容量（纳污能力），适当扩大“引江济太”规模。第八调整产业结构：加大调整产业结构，积极发展第三产业，优化工业布局。2010年，高新技术产业增加值占工业增加值的比重要达到40%，第三产业比重力争达到40%左右。第九节水减排建设：全面推进节水型社会建设。优化农业种植结构，制定节水灌溉定额；健全工业用水定额体系，鼓励循环用水，推广废水处理回用；推行节水型器具，对漏损严重的供水管网进行改造，建设污水再生利用和居民小区中水利用工程。第十制定严格的标准与制度：提高污染物排放标准，建立、健全工业企业环保准入制度，制定农业面源污染控制标准，提高排污费、污水和垃圾处理费征收标准。第十一强化科技支撑作用：提高太湖流域污染治理的科技含量。围绕太湖流域水环境综合治理迫切需要解决的关键技术，重点推广、研发先进适用、针对性强和应用前景好的技术。第十二完善监测和执法体系：加强太湖流域水环境监管力度。构建太湖流域统一的水环境监测体系；建立县级农业面源污染监测站（点）；建立水环境预警的指标体系和预警等级划分及预警；加强省市水环境行政执法队伍建设。

5. 太湖流域水环境治理的主要成效及问题

（1）近10年主要治理成效和经验。太湖流域两省一市经过10多年的水污染防治工作，取得了阶段性成果，积累了一些经验。治理的主要成效有：

①污染源得到一定程度的控制；

②工业点源污染防治取得明显进展；

③城镇生活污染源治理取得一定成效；

④农村污染源治理开始启动；

⑤“引江济太”工程效果明显，扩大了水环境容量，改善了水质；

⑥生态修复取得一定进展，部分湿地功能得到恢复，生物多样性得到一定程度提高。

治理的主要经验有：

①调整产业是减少污染源的重要举措；

②综合治理是防治污染的基本途径；

③科技进步是推进水环境综合治理的主要支撑；

④经济杠杆是减少污染排放量的有效手段；

⑤合力治污是治理工作取得成效的基本保证。

(2) 存在的主要问题：

①环太湖地区饮用水安全形势严峻。目前太湖流域部分饮用水水源地尤其是河网地区水质远远达不到国家标准。

②污染物排放总量不减反增。太湖水污染治理仍然滞后于流域经济增长，水污染排放量远远超过水环境容量。

③产业结构及布局不尽合理，重污染企业在村镇一级工业中仍占较大比重。

④工业点源污染治理水平不高，相当数量的工业企业不能做到废水稳定达标排放，总氮等污染指标还未纳入污染治理和控制范围。

⑤农村面源污染治理严重滞后。太湖流域耕地平均化肥施用量和农药施用量远远高于全国平均水平；畜禽养殖量大，粪污处理率低；生活污水和垃圾污染严重。

⑥水环境监测和预警应急能力不强。现有的环境在线监测、监控设施不足，覆盖率低，未建立统一的水环境污染监管和预警体系。

⑦法规不完善，执法不严。目前尚没有针对太湖流域管理的专门法规，有法不依、执法不严现象较为突出，环境违法处罚力度不够。

⑧部门分割管理，缺乏相应的合作机制。太湖流域水污染治理涉及众多部门和两省一市，缺乏统一管理，治污工作难以达到预期目标。

四、太湖浙江段的环境保护管理

(一) 太湖浙江段水质监测状况

从 1998 年 5 月起，为了更好地了解和掌握太湖浙江段水质状况，有关部门在杭嘉湖地区东西苕溪、泗安溪、运河和杭嘉湖河网共设立了 42 个监测点进行定期跟踪监测，2001 年增加至 44 个断面，其中国家级水质监测点为 12 个。

（二）太湖浙江段水质变化状况

根据监测结果，太湖流域浙江段平均水体水质在1998—2005年间仍以Ⅴ类及劣Ⅴ类水为主，太湖的富营养化程度很严重。在2002—2005年间，水体的富营养化程度呈加剧的趋势。然而与太湖流域其他地段相比较，浙江段水质还属于较好区域。由此可见，整个太湖流域的水质污染还较为严重。表3-10是历年度断面水质类别个数及比例情况记录。

表3-10 太湖流域湖州段水质变化情况

年份	断面数	断面水质类别（个）			所占百分比（%）		
		Ⅱ、Ⅲ	Ⅳ	Ⅴ、劣Ⅴ	Ⅱ、Ⅲ	Ⅳ	Ⅴ、劣Ⅴ
1998	42	12	8	22	28.6	19.0	52.4
1999	42	11	12	19	26.2	28.6	45.2
2000	42	15	5	22	35.7	11.9	52.4
2001	44	16	6	22	36.4	13.6	50.0
2002	44	16	8	20	36.4	18.2	45.4
2003	44	16	8	20	36.4	18.2	45.5
2004	44	13	10	21	29.5	22.7	47.8
2005	44	14	7	23	31.8	15.9	52.3

（三）太湖浙江段环境保护与治理措施

为保护和综合治理太湖浙江段水质，浙江省有关部门根据国家相关规定制订了以污染物总量控制为核心，保障饮水安全，通过污染源治理，提高太湖流域水环境容量，生态修复及建设，节水减排建设，能力建设等保护和治理措施以期实现预期的水质目标。

依照国家发改委、环保总局以及太湖管理局等相关部门制定的《太湖流域水环境综合治理总体方案》的投资规定，太湖浙江段共计投资470.03亿元，作为改造和治理该地区的太湖水质。

1. 建立饮用水安全保障体系

太湖流域水环境综合治理最紧迫的任务，就是要做好饮用水安全保障工作。鉴于饮用水安全的重要性和急迫性。太湖浙江段将现有水质污染严重的河网水源地（特别是嘉兴地区）逐步转移到水量充沛、水质相对较好的地区，合理配置长江、钱塘江、太湖、太浦河和山区水库等水源地。做好多水源供水系统和区域应急水源工程建设，制定地下水水源井的应急供水方案。加强水质监测，依法强化饮用水源地保护。

2. 建立农业面源污染监测体系

太湖浙江段以县(市、区)为建设单元，完善太湖流域农业面源污染监测体系，建立了县级农业面源污染监测站和田间面源污染定位监测点，监控太湖流域农田氮、磷流失状况，为太湖流域农业面源污染防治提供依据。

(1) 建立田间面源污染定位监测点。按照《全国农业污染源普查技术规定》，建设面源污染定位监测点。近期，浙江省在太湖流域建设田间面源污染监测点64个。

(2) 建立农业面源污染监测站。按照农业部《全国农业环境监测条例》，在太湖流域分别建立县级农业面源污染监测站，改造实验室，购置相关仪器设备、流动采样车，开展现场监测，监控太湖流域农业面源污染状况和变化趋势。

3. 改造和完善城镇污水处理和垃圾处理

(1) 改造现有污水处理厂。对已建和在建城镇污水处理厂，进行以脱氮除磷为主的工艺技术改造，以确保排入水体的水质达到《城镇污水处理厂污染物排放标准》一级A要求，见表3-11。

表3-11　新、扩建污水处理项目情况汇总

省　市	地级市	处理厂数量(个)	处理规模(万立方米/天)
浙江省	嘉兴市	8	45
	杭州市	10	29
	湖州市	7	66
小　计		25	140

(2) 建设和完善污水收集管网，加强城镇污水处理厂配套管网工程建设，提高城镇污水处理率。

(3) 生活垃圾处理项目，进行城镇垃圾处理处置项目的建设和技术改造。

4. 进行生态修复

良好的生态环境对提高水体自净能力具有重要作用。通过湿地恢复与重建、河湖岸线治理、生态林建设、水生态修复和科学清淤等措施，改善生态环境。

(1) 生态保护带及水源涵养林建设和改造。在浙江省环太湖周边300—500米范围内，主要水源保护区城北、城西水厂等地区周边1.5千米范围内，长兜港、小梅港、入湖河道上溯5千米两侧各50米范围内，实施河岸道路绿化，进行生态保护带建设。

(2) 水体生态修复。包括太湖及入湖河道水生态修复工程以及流域其他河湖水生态修复工程。

(3) 湿地监测能力建设。为提高太湖流域的湿地保护、恢复以及管理水平,必须加强湿地资源调查、监测、研究等建设。

5. *环太湖河道整治及河网清淤工程*

(1) 苕溪清水入湖河道整治工程。

(2) 杭嘉湖地区环湖河道整治工程。

(3) 浙江省杭嘉湖东部平原河网整治。

(4) 太嘉河(太湖—嘉兴)工程。太嘉河工程实施后,可加快太湖水体交换,改善杭嘉湖地区平原水环境。

6. *改善产业结构,减少废水、废气以及固体废物对太湖水质的污染*

2005年太湖流域浙江段第一、二、三产业的比重为6.5∶54.2∶39.3,第二产业的比重过高。经济发展与资源、环境的矛盾突出,是太湖流域水环境恶化的重要原因。因此,转变发展方式,调整产业结构,优化城乡布局,统筹城乡发展,成为了浙江省改善太湖流域水环境综合治理的重要举措。

(四) 流域治理的主要问题

1. *太湖流域的经济发展与水质污染之间的矛盾*

太湖流域污染严重,虽然浙江省政府及有关部门采取一系列治污措施,但治理力度远远低于经济高速发展造成的污染加剧趋势。应遵循科学发展观的要求,转变经济发展方式,在太湖流域必须确立经济社会和环境协调发展,人与自然和谐相处的新发展模式。治理思路要吸取历史教训,把控制污染物总量作为治理的重要指标,总量与浓度一并严格控制。

太湖流域水环境问题依然严重,边治理、边污染的现象依然存在,水环境恶化的趋势还在发展,湖泊面积减少,湿地严重萎缩,生物多样性锐减,生态功能退化,特别是水污染事件时有发生,严重损害了人民群众的健康和环境权益。

2. *太湖流域三省一市责任不明、缺乏协调*

太湖流域涉及三省一市,而从行政区划而言,整个太湖流域归江苏省所有,浙江省的湖州市对于南太湖沿岸的水面具有使用权,而不是所有权。太湖流域治理必须对流域内三省一市统筹规划,同步实施。

此外,太湖治污更为艰难之处,在于污染成因复杂,各个不同部门的协调很难。国家环保总局的实际调查研究表明,现在水污染形成的原因基本来自工业排放、生活污水排放和农业化肥农药排放。大量化肥的施用,实际上已经成为水体氮、磷超标的重要原因。但是，这涉及了分管农业的农委、分管污水处理厂建设的建设局等部门，仅仅环保和水利部门合作，问题也并不能有效解决。

由于没有跨区域的协调机制发挥作用，太湖成为了各方不必负责的"公地"。三省一市环绕在太湖旁，缺乏全流域的高层次协调机制，因此水污染就难以得到根本治理。

3. 太湖污水倒灌内河的威胁

2000 年之后，为了解决太湖水量过低的问题，同时为了稀释日益严重的污染，"引江济太"逐渐成为每年的经常性工程。但超过 50%的太湖水为 V 类及劣 V 类水质，引江的结果就是太湖水位的抬高。作为太湖上游的浙江省湖州市的河流上游，如果雨水不丰沛，就会发生太湖污水倒灌湖州内河的情况。

按照湖州的监测，2000 年"引江济太"以来，太湖水位被平均推高了 30—50 厘米，已连续 7 年，以平均每年 20 亿立方米的水量倒灌东苕溪以及平原水网地区。近年来，太湖平均倒灌湖州水网的时间，达到每年的 2/3 以上。长期倒灌，导致湖州市河网水质与太湖水化学指标相近，水体富营养化程度明显提高。

近 10 年来，处于太湖上游的湖州市严格执行了国家标准，对区域内的污染企业实行了严格的关、停、并、转等措施，对于污水排放等指标严格控制，因而在改善了本地区的水质标准的同时也不断提高了本地企业的环保成本，削弱了地方产业竞争力，从而影响了地方的经济发展。然而，由于太湖流域周边地区造成的水质污染问题又通过太湖水倒灌内河而造成其辖区内的河网污染，致使湖州市对于地方的环保努力徒劳无功，严重影响了地方环保治理的积极性。

五、太湖环境保护及利用：太湖度假区案例

为了更好地利用太湖天然的旅游资源，太湖上游的湖州市在湖州的太湖沿岸建立了湖州太湖旅游度假区。该度假区是国家 AAAA 级旅游区及国家级水利风景区，也是省内唯一依托太湖资源优势而开发的省级旅游度假区。度假区于 1995 年设立，1999 年与湖州经济技术开发区合并，2005 年 6 月，根据市委、市政府提出的加快南太湖旅游开发的战略部署，度假区从开发区分设单立，见图 3－3。

度假区以回归自然为形象主题，体现真山真水的自然风貌、悠久的历史文化积淀和浓郁的水乡民俗文化，形成以湖山览胜、寻古探幽、石林野趣、梦里水乡为鲜明特色的、四季皆宜的南太湖康乐度假区，并塑造太湖旅游度假区"湖、农、山、水、古"的总体旅游形象，尽得太湖自然风光之神韵。

(一) 度假区概况

1. 地理位置

太湖旅游度假区位于湖州市区北部,太湖南岸,距市中心8千米,陆地面积220平方千米,水域面积300平方千米,湖岸线约60千米。度假区东距上海150千米,南距杭州68千米,北距无锡、苏州分别为110千米和99千米,西北距南京220千米,处于长江三角洲地区及大上海经济圈的中心。

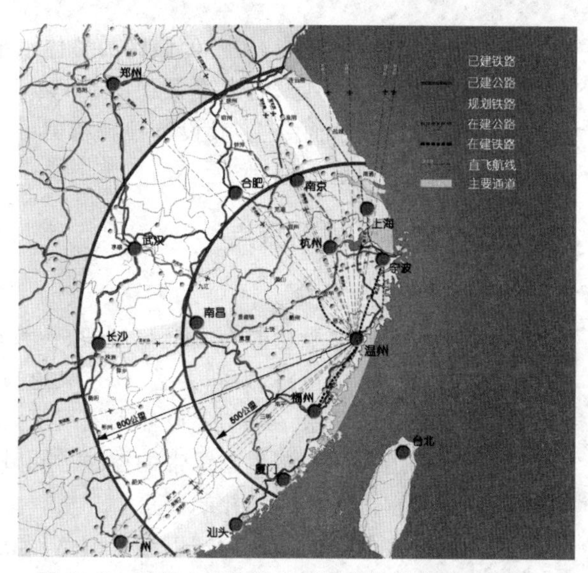

图 3-3　湖州太湖旅游度假区在湖州市域区位图

2. 度假区交通区位

申苏浙皖高速公路贯穿区域南部,杭宁高速公路贯穿区域西部,318国道、104国道分别穿过度假区的南部和西部,见图3-4。

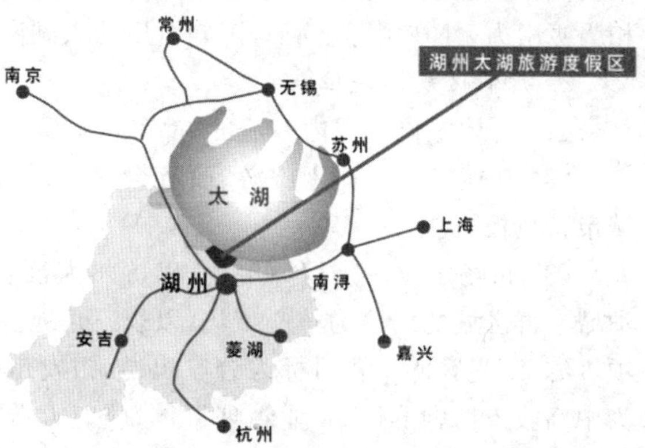

图 3-4　湖州太湖旅游度假区交通区位图

3. 度假区自然特征

太湖旅游度假区集山、水、湖、湿地等重要旅游资源于一地,这在全国是罕见的。太湖是度假区重要的资源,这里岸线长,水面开阔,滨湖区几乎是环太湖最后一块未被开发的处女地。度假区西南是植被丰茂的弁山山脉,风景秀丽,山峦起伏,溶洞众多,奇石嶙峋,构成了山水清远的自然景观。度假区中央是7平方千米、保持原生态的湿地,水生植物和鸟类资源丰富。度假区内天然河道纵横交错,河荡水漾星罗棋布。乡村居民逐水而居,粉墙黛瓦,或耕或渔,与原始的自然环境和谐结合,韵味无穷。是典型的江南水乡,是梦的现实版,是长三角地区天然的中央公园。很多资源具有开发价值。

4. 度假区基础设施

度假区现有太湖山庄、哥伦波城堡、太湖乐园等10家旅游企业,24条街餐饮船,在建的五星级酒店1家。总床位1000个,餐位7000个。为了进一步强化度假区的旅游、休闲、度假功能，提升度假区的整体水平，度假区 2005 年规划太湖之舟、太湖明珠、国际会展中心、温泉度假中心、邱城小镇、渔人码头等一大批项目，其中太湖明珠建在太湖水面之上，其设计独特精美可与著名的迪拜七星酒店相媲美，建成后将成为太湖的地标性建筑。

(二) 度假区规划特点

1. 度假区主要功能

太湖度假区的主要功能为"旅游、度假、会议、水上娱乐"。度假区在交通上通过南北向四条道路杨丘路、太湖大道、长东大道、长高路与城市连接，设长兴二通道加强城市与长兴的联系。规划建设环太湖风情大道，主要沿太湖大堤设置，同时提出基础设施廊道和环太湖生态绿带的控制。同时对于度假区内小梅港、长兜港、大钱港两侧绿带提出了相应的控制要求。

太湖旅游度假区的定位为："以湖光山色、湿地河港、人文古迹为主要观光旅游资源；以生态保护、城乡统筹为建设发展的前提条件和基础；以和谐美好的创新滨湖度假生活模式为特色；集聚会展、娱乐、商务、运动等城市功能，在长三角区域有相当吸引力，并在国际上有一定知名度的太湖南岸的旅游度假胜地。"

2. 度假区规划定位

(1) 总体定位。国内一流的"都市生态型"滨湖休闲度假胜地。

(2) 功能定位。休闲旅游、商务会议、康体运动、度假居住等功能复合发展的城市特色板块。

(3) 市场定位。①目标市场：以杭州为核心的浙江省居民为基础市场，以苏、沪城市群区域的居民为核心市场，以长三角地区的中转旅游客源为机会市场；②专项客源：观光客源主要目标为合家出游、银发市场及其他市场，度假客源主要目标为中高收入白领群体、企业管理群体、政府人员群体以及商务与公务客源等；③重点城市：主要为上海、杭州、苏州及无锡市场。

(4) 形象定位。①旅游主题形象定位：生态南太湖，活力养生地；②空间特色形象定位：长三角腹地 "享受慢节奏"的滨湖生态度假之地；环太湖地区最具多元文化的活力之地；南太湖突显"湿地、邱城、溇港"品牌的特色之地；湖州市最具魅力、功能完善的娱乐休闲之地。

3. 度假区规划范围

太湖旅游度假区从规划范围及深度上主要分两个层面展开。

(1) 规划区。太湖大堤以南，弁山山脊线以东，大钱港以西，以及杨丘线以西高尔夫球场用地以北、太湖路以西杨白线以北、太湖路以东高速公路以北区域。总面积约为 40.5 平方千米。规划主要技术经济指标均针对本范围进行统计。同时，考虑到建设管理的实际情况，高速公路以南的建设用地属于“仁皇山分区”范围，故不计入度假区建设总规模指标的最终平衡。

（2）协调区。依据上层次规划，并考虑到与相邻地区的协调，本次规划将下列两个区域作为协调区。①高速公路以南，太湖路以东，长兜港以西，白雀大桥以北区域。②位于太湖旅游度假区西侧《湖州南太湖旅游度假区总体规划》规划范围内的图影片区。协调区总面积约为23.5平方千米。

4. 度假区总体发展策略

（1）以“水”为中心，加大核心生态环境保护力度。水环境的保护应作为度假区一切建设的前提。并且，各项设施设计建设应注重与自然环境完美协调。

（2）多样化复合发展，构建以旅游为核心的休闲产业链。未来应注重旅游产业与旅游地产的联动发展、旅游与乡村经济共生发展，构建旅游休闲产业链，形成各产业良性互融、相互促进、彼此支持的格局。

（3）集中开发策略推进，为不确定性需求预留弹性发展空间。应制定出近远期的开发规划与建设重点，不要急于在近中期将所有可建设用地开发完；近期宜集中成片开发，且远期规划不宜规定过死，宜给实际建设留有一定弹性。

（4）兼顾当地村民利益，保护和利用地方特色历史文化。度假区内的原有的村庄不一定都要搬迁，其中部分村庄可以利用良好的区位条件或特色风貌与旅游结合发展。既可保留乡土文化，又能更具吸引力。

（5）引入国内外一流品牌，并寻求政府的大力支持。

六、实习线路设计及实习内容

（一）实习路线1

太湖湖州段沿岸—太湖水质监测点—湖州市环保局实习内容：考察太湖周边地区水质基本状况，并观察和学习太湖水质监测站的水质取样方法；了解太湖浙江段水质监测和管理办法和相关保护措施；太湖沿岸企业类型对于太湖水质的影响。

（二）实习路线2

太湖旅游度假区实习内容：考察太湖旅游度假区，了解太湖水环境资源现状并分析其旅游价值；参观太湖旅游度假区并考察和学习度假区的功能区划和土地利用规划。

第二章 温州生态园实习区

一、温州地区概况

(一) 温州地区自然概况

1. 地理位置

温州地处中国大陆环太平洋岸线(约 1.8 万千米)的中段,浙江省东南部。全境介于北纬 27°03′~28°36′、东经 119°37′~121°36′。东濒东海,南与福建省宁德地区的福鼎、柘荣、寿宁三县毗邻,西及西北部与丽水市的缙云、青田、景宁三县相连,北和东北方与台州市的仙居、黄岩、温岭、玉环四县(市)接壤。温州陆域面积 11784 平方千米,海域面积约 11000 平方千米。其中市区 1187 平方千米,见图 3-5。

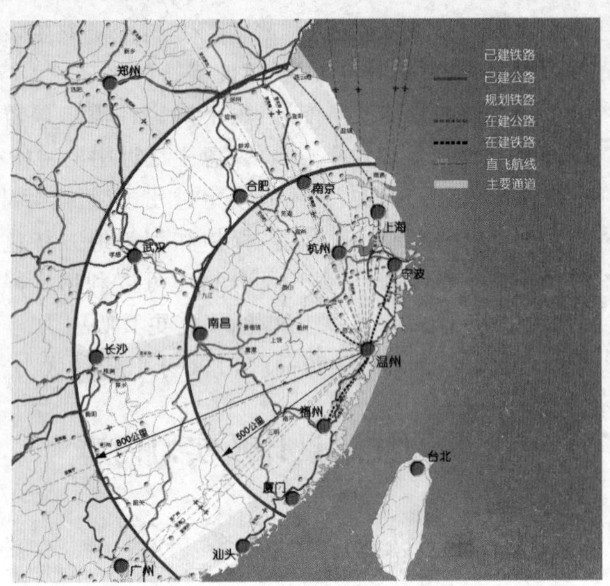

图 3-5 温州地区的地理位置

2. 地貌特征

温州地势从西南向东北呈梯形倾斜,绵亘有洞宫、括苍、雁荡诸山脉。泰顺的白云尖,海拔 1611 米,为全市最高峰。地貌可分为西部中低山区,中部低山丘陵盆地区,东部平原滩涂区和沿海岛屿区。温州海域辽阔,岸线绵长曲折,从乐清湖雾至苍南云亭共 355 千米,形成磐石、乐清湾等天然良港。

东部平原地区,人工河道纵横交错,密如蛛网。温州陆地海岸线长 355 千米,有岛屿 436 个。海岸线曲折,形成磐石、乐清湾等天然良港。山脉之间的溪流,大都由西向东注入东海。东部平原地区,主要有温瑞平原、瑞平平原,其间人工河道纵横交错。河流较长的有瓯江、飞云江、鳌江。其中瓯江曾称永宁江、永嘉江、慎江，为浙江第二大河，干流长 388 千米。梅岙以下，河床逐渐增大、宽 500—3000 米，近河口区形成三角港，左纳楠溪江入海。温州陆地海岸线长 355 千米，以琵琶门为界，北为泥岸，间有岩岸，南为岩岸。有岛屿 436 个，多为雁荡山脉延伸部，海岸线曲折，形成磐石等天然良港。因为地处温峤岭南，“虽隆冬而恒燠”，故名温州，见图 3-6。

图 3-6　温州市区图

3. 气候特征

温州以气候温和而得名，属中亚热带季风气候区，冬夏季风交替显著，雨量充沛，光照丰富，四季分明。年平均气温约 18℃，年平均降水量 1500—1800 毫米，年平均无霜期 275—280 天。温州为中亚热带季风气候区，冬夏季风交替显著，温度适中，四季分明，雨量充沛。年平均气温 17.3～19.4℃，1 月份平均气温 4.9～9.9℃，7 月份平均气温 26.7～29.6℃。冬无严寒，夏无酷暑。年降水量在 1113—2494 毫米之间。春夏之交有梅雨，7—9 月间有热带气旋，无霜期为 241—326 天。全年日照数在 1442—2264 小时。

4. 自然资源

温州兼有山海之利，各种资源较为丰富。土地资源除耕地外主要有海涂、三江

(瓯江、飞云江、鳌江)淤滩和2000平方千米山地。水资源总量为141.13亿立方米。海洋资源主要有沿海及东海大陆架海底铁锰结核以及石油、天然气等;东部沿海养殖虾、蟹、蛤等。南麂列岛有贝、藻类490余种。林特产资源主要有经济作物柑橘、茶叶、枇杷等160余种。乌岩岭亚热带常绿阔叶林原生植被,是浙南绿色宝库。矿产资源中金属矿有锌、铜等30余种;非金属矿有明矾石、利石、叶腊石、高岭土、萤石、石英岩、花岗岩等,其中明矾石矿储量占全国储量的80%,有"世界矾都"之称;花岗岩储量及产品质量、花色品种均居全国前列。

温州山、水、海交融,旅游资源得天独厚。有国家级风景区3个、国家级自然保护区2个、省级风景区7个,市级风景区8个,旅游景区面积占全市土地面积的1/5。北雁荡的峰峦、楠溪江的溪流和洞头岛的海色;南雁荡山的洞壑、南麂岛的波涛和乌岩岭的古林,在全市一北一南组成以山、水、海和山、海、林为特色的两个旅游"金三角"。江心孤屿、中雁荡山、仙岩梅雨潭、文成百丈漈等诸多景区亦享誉海内。温州现有蒲壮所城、玉海楼等7处国家级文物保护单位,有千年古刹江心寺等40处省级、40处市级文物保护单位。

(二)温州地区的社会概况

1. 区位特色

温州,位于浙江省东南部,是浙南地区的经济、文化、交通中心,是全国首批14个沿海开放城市之一,是全国首批13个农村改革试验区之一,是全国18个港口城市之一,是全国创建文明城市工作先进城市,是中国综合改革和金融体制改革的试点城市,也是国家以信息化带动工业化的试点城市之一。

2. 人口状况

温州市是浙江省人口最多的城市,根据2010年全国第六次人口普查数据,温州市常住人口为912.12万,同2000年的第五次全国人口普查755.80万相比,10年共增加156.41万人,增长20.69%。其中市外流入人口284.22万人,占全市常住人口的31.16%。

3. 社会经济发展

温州综合经济实力的增强,使得城乡居民收入水平迅速提高,城市居民实现了从温饱向小康生活的历史性跨越,进而向富裕的生活迈进,农村居民生活总体上迈入小康。2004年城市居民人均可支配收入17727元,居全省各市的首位;农村居民人均纯收入6202元,高于全省的平均水平。2004年城乡居民储蓄存款1004.04亿元,城乡居民人均储蓄余额13441元,民间财富实力雄厚。城市人均住房使用面积为21.9平方米,农村居民人均生活用房面积39.4平方米。1978年到2004年,全市生产总值从13.2亿元增加到1402.92亿元,翻了近7番;财政总收入从1.35

亿元增加到143.17亿元，翻了近7番。温州在全国率先进行市场取向改革，率先导入民营经济机制，据测算，非公经济比重已占80%左右。

4. 交通运输

温州位处我国黄金海岸线的中部，交通运输发达，是全国45个公路主枢纽城市之一，也是全国18个港口城市之一，拥有航空、铁路、水运、高速公路构成的立体交通网络。温州海岸线长达355千米，港口条件优越，是一个集河口港、海湾港于一体的综合性天然良港，为浙南、闽北货物进出的咽喉。是全国20个主枢纽港之一。温州机场已开辟60条国内航线，并开通了与中国香港、中国澳门的地区航线。温州火车站是我国第一条股份制合资建设铁路——金温铁路的终点站，旅客列车可直达北京、上海、南京、杭州等国内主要城市。温州市公路运输四通八达，104国道和330国道贯穿南北，黑龙江同江至海南三亚高速公路温州段正在建设之中，见图3-7。

图3-7 温州市高速公路

二、温州生态园区建设概况

(一) 温州生态园区建设背景

温州市地处长江三角洲地区和闽南厦漳泉三角洲地区两大经济圈的结合部，是浙江南部沿海经济核心区，北距上海市500多千米，距长江三角洲地区南部中心城市杭州、宁波300千米，南距福州市420多千米。温州辖区总面积11784平方千米，到2002年底市域总人口755.80万人，主城区人口达到135万人，主城区建设用地规模达到125平方千米，市域城市化水平提高到53%，已发展成为我国东南沿海重要的对外开放工业、商贸、港口城市，浙江南部的经济、文化、金融、交通中心。中心城市形态正在由封闭型的团块状发展走向粗具规模的开放性的沿江跨江带状发展的综合型大城市，并成为联系长江三角洲、闽东南、赣东、皖南的区域交通枢纽、区域中心城市，见附图3。

1. 温州城市发展战略的转变

温州目前已经跻身于全国24个最具有竞争实力的城市行列，国民经济一直保持快速增长。温州现状经济密度和人口密度高，专业市场和个体私营经济发达，股份合作制发展快，民营企业活力强，已初步完成了资本原始积累，经济进入“起飞”阶段。在全球化、区域经济一体化、中国经济高速发展、城市竞争不断激烈的背景下，面对机遇与挑战，2003 年 4 月，温州市政府对城市发展战略进行了重新定位，提出了“一港三城”的城市发展战略目标，力争在长江三角洲和珠江三角洲地区之间再建一个“温州经济圈”。

温州经济圈建设的核心战略体现在“一港三城”的建设，见图 3-8。

图 3-8　温州城市面貌

(1) 东南沿海大商港。通过构筑四通八达的交通枢纽港、人气兴旺的商贸港、资本活跃的金融信息港，使温州成为区域性的人流、物流、资金流、信息流的集散中心。

(2) 国际性轻工城。按照走新型工业化道路和浙江轻工基地的要求，把温州建成世界轻工产品的重要生产基地、集散基地和创新基地。

(3) 最具活力的开放城市。通过改革创新，争取在思想上、在发展民营经济上高人一筹，在建设市场机制上快人一拍，在对外开放上后来居上，使温州成为机制活、商机高的创新之城、活力之城。

(4) 滨海山水城市。以建设现代化大城市为目标，实现城市发展从“瓯江时代”走向“东海时代”，同时利用丰富的山水资源和厚重的文化沉淀，搞好生态城市和历史文化名城建设，使温州成为宜经商、宜创业、宜人居的地方。

2. 温州区域生态环境保护形势日益严峻

改革开放以来，随着经济高速发展，温州城市化进程不断加快。地处温瑞平原的中心城区已从孤立的城市向组团式的多中心特大城市群转化。规划未来 20 年在温州的沿海城市核心区将形成由温州、永强、瑞安三大组团人口规模将达到 400 万人以上的温州大都市区，沿海形成 300 万人以上规模的密集的城镇带。

(1) 温州山多地少，河流众多，“八山一水一分田”，人均耕地面积明显低于全国平均水平；同时由于多年来零散建设，造成了目前缺乏大片成规模的用地以便开发，使得未来城市发展过程中城市用地结构整合的任务很重，城市发展和产业发展面临着严重的资源制约。目前,温州的现状人均耕地仅240平方米,不到全国平均水平的1/4。城市的密集开发,侵占或破坏了部分山丘,填没了部分河道;市区向西部已经开始"侵入"山地,不利于保护植被山林;中心市区新开发地段建筑密度普遍偏高,缺少绿化空间。

(2)瓯江北岸乐清境内和瓯江南岸的瓯海与瑞安境内,沿国道两侧已分别形成连绵达数十千米长的城镇带,已成为生态脆弱地带。城市内部环境污染严重,环境保护与生态建设任务严峻。目前江河水质污染严重,瓯江城市河段的水质为3级,全市内河河网及部分水源污染严重低于5级标准。

3. 长江三角洲地区各城市纷纷启动城市生态核心区建设

目前同样地处长江三角洲地区的宁波、绍兴、台州等温州周边城市都不约而同地开始了城市生态核心区的建设。究其原因,在21世纪初,浙江沿海各大城市都提出如此相似的空间发展战略对策,基于城市生态建设、环境保护、城市新兴产业发展、城市空间拓展等综合原因。

21世纪城市间竞争更多地来自生态环境的竞争。温州建设区域中心城市和国际性城市,必须在城市生态建设上高瞻远瞩。温州山多地少,老城区、工业区、城镇密集区的生态改造难度大、时间长、见效慢,而大罗山和三垟湿地的生态建设则可以在现有基础上,在较短时间内打造温州城市生态的名牌,为城市生态系统的整体建设奠定基础。

未来中国发达地区城市产业升级都需要将城市服务业,特别是旅游度假休闲产业作为发展重点,需要相对应的发展空间,生态园区无疑是一种最佳选择。它既提供了生态产业、度假休闲产业发展的空间,也提供了一种新管理模式,打破了风景区、森林公园的传统管理模式。地处城市密集地区的长江三角洲的空间发展走向大都市区(Maga City Region)模式,各人城市逐步走向区域城市、走向大城市地区,连绵带状组合、多中心发展的格局是其必然选择,这就需要有良好的自然生态系统作为人工城市生态系统的依托。

各个城市的土地资源短缺现象都很突出,而城市居民人居环境改善的要求也在不断加强,郊区化成为21世纪城市必然的社会现象。所以,郊区的山地、滨水地区土地资源逐步成为绿色人居发展的新空间。

4. 温州自然与人文景观资源亟待整合

温州控山带海、利兼江河,土沃物丰,气候温和。具有丰富的风景名胜、自然生态、历史文化、民俗风情、工艺美术、社会经济、都市魅力等旅游资源。

(1)自然、人文资源数量多、级别高,温州向有"东南山水甲天下"之美誉,人文内涵深厚,旅游资源丰富,拥有雁荡山、楠溪江2个国家级风景名胜区,乌岩岭、南麂海洋2个国家级自然保护区和6个国家级森林公园,风景名胜区、森林公园、自然保护区面积占全市国土总面积的 22.23%。仅就国家级、省级风景名胜区而言，数量居全省地市之首。

(2) 社会经济资源别具一格，“温州模式”、农民城市，使温州进一步走向世界。

(3) 各类旅游资源之间差异明显，又颇为协调，北、中、南雁荡山脉濒临东海，山海形胜，江山如画。

但是，温州市旅游业的总体水平还比较低，旅游资源优势尚未转化为产业优势，其制约因素主要有以下几方面：缺乏科学统一的旅游总体规划，宏观调控不力；旅游投入机制，政府主导、全社会投入办大旅游的格局有待进一步营造；旅游产品、商品开发滞后和宣传投入不足；温州旅游行业管理还是小旅游格局，未涉足到以接待国内旅游者为主的社会旅店、餐饮业，行业管理有待理顺；旅游交通等基础设施有待进一步改善。

(二) 温州当前城市发展面临的挑战

1. 区位的限制——东南一隅和区域竞争的加剧

温州境内多山，交通条件一般，居于长江三角洲和夏漳泉三角洲地区的过渡地带既为温州城市发展带来机会，也带来了挑战。以上海为核心城市的长江三角洲国际大都市区的基本形成推动了区域范围内中小城市的发展，其在区位、基础设施、土地资源供给、政策扶持方面已通过其强大的影响力对温州构成竞争优势。上海国际航运中心、大小洋山港的建设，加上宁波、舟山等港口，也将改变温州作为沿海 20 个主枢纽港之一的腹地和货源。此外，来自邻近区域内的城市竞争，如宁波在工业发展上的优势、台州作为新兴城市在土地资源、交通条件以及政策上的优势等也给温州的发展带来挑战。

2. 产业结构的限制

温州城市产业结构低层次化，产业空间分布不合理。目前温州的整体产业结构层次偏低，传统产业比重过大，半成品初加工的产品得不到突破，新兴产业特别是高新技术产业发展缓慢。传统的劳动密集型产业多，资金和技术密集型产业少，工业附加值低。这一低层次产业结构与人才资源相对不足、科学技术水平偏低等状况互相关联，相互影响，呈恶性循环之势，限制城市的整体发展。

此外，市域范围内传统小型轻加工业在各地区间呈现趋同现象且分散分布，造成城镇空间建设用地和工业用地严重不合理以及市区建设用地分散、功能混杂。生活环境质量较差，城市整体环境得不到有效改善。

3. 资源不足的限制

受城市资本供给不足，温州城市劳动力水平低与土地资源的限制，2000 年以来，在完成资本积累后，温州民间资本大量外流，同时又因地价过高、工业结构不合理、基础设施建设开放不够等原因难以大幅度吸引区外资金和外国直接投资进入温州，使区域经济发展呈现资本短缺现象，外商投资主要集中在传统的制造业，在新兴产业投资较少。

4. 生态环境的限制

温州城市生态问题凸显，城市人居环境质量下降。改革开放30多年来，温州城市经济迅猛发展，另一方面却带来生态环境的严重破坏。由于城市基础设施系统不完善，生活生产上产生的废水、废物、废气无限制排放，使市区内外水网遭到不同程度的污染；城市密集开发、无序扩张，侵占或破坏了自然地貌，毁坏了部分自然山林，填埋了部分河道；城市用地向东、南、西三面扩展，形成集中式的城市布局，不利于城市环境质量的改善和交通的组织；资源利用不合理，重复利用、低效利用问题严重；旧城区密度过高，城市绿化和公共空间严重不足；部分地段城市生态环境相当脆弱。

上述问题阻碍并限制着城市的进一步发展，生态园区作为温州市区范围内一项重要的建设项目，其整体定位的准确性与否在一定程度决定着温州未来的城市发展。因此，综合分析上述问题，并在生态园总体规划中适当加以解决很有必要。

（三）温州未来城市空间发展方向

在中国城市规划设计研究院编制的温州市最新版城市总体规划中，根据温州市“倚江、负山、滨海”的自然地理形式，提出城市未来发展方向的八字方针为：“西拓”、“东移”、“南联”、“北接”。

因中心城区西部以山体和农田保护区为主，“西拓”要适当控制，只能局部拓展少数建设用地。

中心城区东部基本无任何限制条件，故“东移”成为未来城市发展的主要方向。

“南联”主要有两个发展方向，其一是通过大罗山、吹台山之间的狭长通道，沿国道向南与瑞安相连，形成一条区域内的重要交通和生态廊道，温瑞塘河由此通过；其二是围绕大罗山东侧、南侧沿海发展。

“北接”主要通过滨海高速公路，跨瓯江向北，使南北片区产生便捷的交通联系。

城市空间发展战略为：旧城疏解与新区拓展相结合。逐步降低旧城密度，调整产业空间布局，改善城市整体面貌，创建舒适的人居环境。

从温州城市整体空间发展分析，温州生态园区的发展将对城市的东拓、整体功能的整合、整体生态系统的创造，对城市整体发展产生重大影响。

（四）温州生态园区建设的目的

通过以上对区域、城市发展背景的分析，温州生态园提出建设集生态教育、旅游度假和绿色生态人居为一体的大型生态园区，其主要目的如下。

1. 改善生态环境，提高城市竞争力

温州作为中国经济发展最具活力、最具特色的城市，正在全球一体化的浪潮中走向一个国际性城市。改善生态环境，改变粗放发展模式，提高城市竞争力成为温州未来城市发展的重要手段，而温州生态园区的建设将是这一进程中的重要步骤。

2. 有效引导民间投资，探索生态建设的新经验

"温州模式"作为当代中国最具特色的社会经济发展模式之一，永嘉学派的务实精神无疑起着强大的推动作用。温州在城市土地资源管理、城市行政管理等方面都曾领全国风气之先，成为当前全国多种经济模式共存的典型城市，成为全国各地争相学习的典范。在新时期建设生态型城市的进程中，还没有成熟的经验可供学习，而一个生态型的城市和地区需要强大的体制支持、完善的法规体制、地区居民的良好意识和积极的社会参与。温州市政府本次提出建设生态园区，希望整合现有生态资源，通过整体保护，避免多头管理的矛盾，探索生态型城市的发展道路，将为我国其他城市同类生态园区的建设积累经验。

3. 为城市旅游休闲产业提供发展平台

温州目前还处于工业化的中期，第三产业的发展将是未来产业升级的重点，生态园区的建设为温州城市旅游业、度假休闲产业和绿色人居产业提供了良好的发展平台，为温州的城市经济发展注入新的活力；同时，可以大大改善温州城市 GDP 的结构，更大地提高温州绿色 GDP 的比例，使温州成为一个可持续发展的城市。

三、温州生态园区现状条件

温州生态园——大罗山及三垟湿地地处温州市东南部，西距市中心仅 12.5 千米，东与温州港、机场近在咫尺，区位优势突现；生态园由仙岩、瑶溪、天柱寺、茶山和三垟水网——"四景区一水网"构成，集山、水、田、濒海于一体，是温州旅游资源特点的区域浓缩。其中，大罗山占地面积 114 平方千米，位于瓯江和飞云江之间，濒临东海，中间隔瓯海下河乡平原和瑞安市塘下平原水网地带，温瑞塘河自南至北 35 千米襟带边沿，东临永强海滨平原。地理坐标介于东经 120°39′56″～120°48′16″，北纬 27°50′12″～27°56′38″。其最高山峰称百岗尖。

大罗山风景区内有古寺（塔）、摩崖石刻、遗址等文物 48 处，自然景观以仙岩景区为代表，景点多、组合性好、质量高，旅游开发价值大。三垟湿地与大罗山相连，内部水网密布，由 160 余座岛屿组成，峰峦叠翠，山环水绕，自然风光十分秀丽，属于冲积平原。总面积为 11.41 平方千米，陆地面积约占区域总面积的 70.9%，水域面积为 3.32 平方千米，占 29.1%。

由城市空间发展来看，大罗山与瓯北罗浮群山、景山、吹台山、瓯江等水系构成了温州三面环山一面濒海的山水城市格局。在这个框架里大罗山是绿色都市生态网架的核心，也是今后城市东拓的空间中心，城市将环大罗山发展，疏导、协调旧城区的功能。大罗山和其他绿色组团将有效地控制城市建设蚕食绿色空间，有机地组织各区片的建设，形成“高密度中心加大绿化”的生态城模式。大罗山作为温州市未来的“绿心”和“绿核”，三垟湿地作为温州之肾，对改善市区的大气污染、水污染、噪声污染状况及调节城市小气候环境意义重大。

（一）自然条件

温州生态园位于温州大都市区的中心区，由大罗山和三垟湿地组成，总面积约为132平方千米。该区域属于亚热带海洋性季风气候区。冬暖夏凉，光、热、水资源丰富，年均降雨量1611毫米。7—9月气温较高，台风频繁，系降水高峰期。全年以西北、东南为主导风向。

1. 大罗山

大罗山为台岗型山地，属浙闽丘陵地带，系雁荡山脉大罗山支脉。分布区位于东经120°39′56″～120°48′16″，北纬27°50′12″～27°56′38″，占地面积120平方千米，由仙岩、瑶溪、天柱寺和茶山四个景区组成。

由于火山活动和地质年代的构造运动，造成海进、海退的侵蚀、风化剥蚀作用，形成现今的地质景观。出露地层属燕山运动晚侏罗纪时期形成的火山岩系，山体岩性主要为花岗岩，其次为青灰英安质玻屑熔结凝灰岩，流纹质晶屑凝灰岩等。

全山地势南高北低，山体西北坡较为平缓，逐渐过渡至平原区，东南坡多由悬崖峭壁直接与平原相连，西南部为古海湾内河口地带的冲积海、冲积平原。内河水系发达，纵横交织。海拔高度20—700米，最高峰百岗尖海拔706.9米。境内断裂构造十分发育，溪涧纵横，放射状向东南西北分流，主要溪流有仙岩溪、卧龙溪、大岙溪、长坑溪、郑岙溪等。并有依自然地形筑坝兴建的中小型水库，包括金河水库，丰台水库，白水水库，天河东、西水库，秀垟水库，双岙水库等。主要水体水质，除了天柱寺水库，基本都可以达到Ⅱ类水水质标准，是区域重要的水源地。

大罗山土壤多为红壤。分布在700米以下低山丘陵，是富铁铝化土壤，土层溶厚，土体红色，微团聚体发育，疏松通透性好，质地以轻黏土为主。成土母质为坡积物、残积物，土壤类型为山地红土壤，山地表层有黄泥土和乌砂土两种。平原河网地区靠近山边的较为沙性，远的则较黏性，表层一般青色，腐殖质含量高。地表下层2—3米青紫泥，沿山地伸延则有黑炭泥，系古海湾沉积物所致。

山脊、山顶，特别是东部迎风面多裸岩分布，其分布面积约占总面积的8%。区域土地除了村落、主要景点建设用地外，在海拔350米以下，通常被人工开垦，用于栽种经果林和薪材林，地带性亚热带常绿阔叶林分布仅局限于较小区域。海拔350米以上多马尾松和灌草丛。

2. 三垟湿地

三垟湿地由地质时期河口潟湖发育演变而成，属于M型内陆河流湿地。区域总面积为11.41平方千米，由160多个岛屿状地块组成，陆地面积为8.09平方千米，占区域总面积的70.9%，水域面积为3.32平方千米，占29.1%。三垟湿地西面为温州市重要水系温瑞塘河，东南紧接大罗山，北面与瓯海化工区邻接。区域水体基本与周边水体贯通，受周边环境条件影响较大。区域中陆域已基本被开发利用，区域城镇建设用地面积为1.23平方千米，占陆地面积的15.2%；农业用地为6.86平方千米，占区域陆地面积的84.8%，其中50%以上栽种瓯柑。自然植被主要以各种杂草为主。

三垟湿地地形沟坎较多、水陆相杂，根据《拉穆萨公约》的湿地分类系统，它属于M型湿地，即内陆永久性河流湿地。

(二) 社会经济状况

1. 大罗山

大罗山山地主要居民区都分布在大罗山的西侧背风面，居民区面积约为大罗山的1%。村落的规模由几户至几十户不等。目前除了在区域景点及其邻近地区村庄中还有一定数量的居民居住外，大部分原自然村的居民都已搬迁至山外居住，部分村落中只有两三个老年人。村落的大部分住房都已经废弃。村落中的民居具有典型的山乡风格，基本建筑都取材于当地，用大型的石材堆砌而成，并辅以木梁、楼柱等内部结构。一般都为二层建筑。在房前屋后通常有庭院，或者在周边栽种材用乔木，如柳杉、杉树等。环大罗山谷地村庄人口较为密集，许多区域，特别是瑞安片区有较多的工业企业分布，对环境影响较大。

2. 三垟湿地

三垟湿地片位于规划区范围内总人口1.7万人。1999年人均收入约6000元。根据调查，主要经济作物是瓯柑（各村均有），其中樟岙有部分杨梅；养殖的主要动物为猪和鸭（丹东村），张严冯村有一部分淡水养鱼。

(三) 基础设施条件

园区内目前基础设施建设还处于起步阶段，由于以山地、水体为主，整体基础设施水平明显低于市区，供水、电讯、电力等技术设施缺乏或低水平；教育、医疗服务等社会基础设施缺乏。

1. 交通系统

生态园北、东、南三个方向与新旧城区毗邻，园区外围基本构筑起立体交通网络，公共交通还不完善。山地前伸平原地带河流纵横，舟楫往来方便。生态园区周边规划有南塘大道、瓯海大道、滨海大道、环山南路等四条快速路环绕。

2. 供水系统

现有的水利设施中秀垟、天河东、天河西、丰台、金河、双岙水库的库容量在100万立方米以上，山门坑、白水、天柱、龙王寺等水库较小。

3. 供电系统

大罗山地区现有多座小型水电站，总装机13台，357千瓦，年发电量为53.6万度，仅能满足山区居民用地和山脚下部分乡村用地的生活用电需要。未来规划在大罗山周边形成多座220千瓦以上变电站，为温州都市区服务。这些电站包括位于郑岙的500千瓦温东变，位于园区北部大王山下的220千瓦永强变、位于前岩山的220千瓦瑶溪变，位于南白象镇的220千瓦南白象变，位于南部瑞安西岙的220千瓦场桥变。规划温东变至永强和南白象变220千瓦高压走廊要横穿大罗山核心天河景区和天柱寺、丰台景区，南白象至蒲州、上田变220千瓦走廊要横穿三垟湿地景区。将对生态园区内部景观造成严重破坏。

4. 其他

目前生态园区内有垃圾卫生填埋场一座，位于园区东部丰台山脚下。规划在龙湾区度山建一座日处理能力为600—900吨的垃圾焚烧发电厂。目前尚没有污水收集和处理系统，大罗山区大部分生活污水和农业污水未经处理直接排入山溪，进入水库或山下河流，三垟湿地内工业污水和生活污水则直接排入湿地水体，使得水体整体质量恶化。

四、温州生态园规划

(一) 规划范围与功能定位

1. 规划范围

温州生态园由三垟湿地和大罗山地区组成，涉及瓯海、龙湾、瑞安两区一市。是温州大都市区“两江一河一山”(瓯江、飞云江、温瑞塘河、大罗山)整体生态骨架的精华，这一山水组合在全国城市中是独具特色的。它对于整个都市圈生态质量起着决定性作用，生态园区的建设将促进都市圈自然生态系统和人工生态系统的进一步整合。

规划地域范围包括三垟湿地13.5平方千米，大罗山风景区116.8平方千米，总计 130.3 平方千米。加上扩大到周边缓冲区域控制区(向外延伸 1 千米)范围，规划研究范围达到 190 平方千米，见表 3 - 12。

表 3 - 12　温州生态园区基本情况一览表　　(单位:平方千米)

		大罗山		三垟湿地	生态园区合计
		山地	平原	平原	
总面积		102.9	13.9	13.5	130.30
其中	瓯海区	36.08	1.3	11.5	48.88
	龙湾区	52.12	9.1	2.0	63.22
	瑞安市	14.7	3.5	0	18.20
涉及行政村		64		18	82
其中	瓯海区	7	14	15	36
	龙湾区	1	35	3	39
	瑞安市	7	0	0	7

本次规划的范围分为两个层次:生态园建设保护区和生态园协调区范围。

第一层次:生态园建设保护区范围。以环大罗山的规划山路、瓯海大道、南塘大道和山体为界(高教园区、瓯海区仙岩镇建成区用地除外)，总用地面积 130.60 平方千米。其中，三垟湿地 12.43 平方千米，大罗山山地 99.38 平方千米，大罗山谷地 18.79 平方千米。

对于仙岩镇城区属省级风景名胜区控制范围部分，是生态园的重要组成部分，应作为旅游城镇统筹规划建设管理。

第二层次:生态园协调区范围。东到永强大道、新川路、滨海大道、东海，南至韩田大河、凤凰山，北以温州大道、瓯江、炮台山为界，西抵龙霞路、新 104 国道，是生态园和城市建设用地之间的协调过渡区域，协调区范围面积达 75.15 平方千米。

2. 功能定位

温州生态园是以生态为主题，山水为特点，地域文化为内涵，集生态教育、旅游休闲、绿色人居为一体的大型综合生态园区。

(二) 温州生态园区发展目标

1. 发展目标

根据上述功能定位，从温州未来城市发展的需要出发，规划提出到 2020 年的生态园区战略目标，包括以下四大目标。

(1) 资源保护目标。充分保护生态园区内的自然生态资源和人文资源。

(2) 生态建设目标。发挥生态优势，形成以循环经济为核心的生态经济体系、可持续利用的自然资源保障体系、山川秀美的生态环境体系、人与自然和谐的人口生态体系、科学高效的能力支持保障体系，建设城市生态核心区、示范区。

(3) 产业发展目标。整合城市职能，建设温州大都市圈的休闲度假、旅游服务中心。

(4) 社区发展目标。改善社区发展条件，建设温州大都市区最具特色的绿色人居示范区。

具体目标包括：

(1) 规划期内园区实际生态服务价值恢复到理论价值的 80%。

(2) 带动旅游休闲产业发展，规划期内园区年接待游客达到 200 万人次，其中节假日高峰游客占 70%，离峰日达到 30%，接待游客总量超过全市的 15%。

(3) 在生态优先条件下，规划期内各种服务设施总量观光度假旅馆房间数达到 1 万间(包括农家乐旅舍、旅游地产)，主题游乐园 2 平方千米，高尔夫球场 2—3 座。

(4) 发展生态型产业，创造就业机会，规划期内园区 GDP 达到每年 70 亿元，占全市旅游总收入的 20%以上，提供 5000 个以上就业机会。

2. 生态园区发展策略

大罗山、三垟湿地拥有丰富的历史文化底蕴和民间文化传统，这是温州建设国际性都市最为宝贵的财富。经过 20 年的高速发展，温州的历史文化、民居村落、民间风俗遭到了巨大的冲击和破坏，大罗山和三垟湿地内部人为建设相对较少，文化遗存较多，就更显得弥足珍贵。生态园区应作为建设“文化温州”的核心战略之一。

发挥本地山水、寺庙、民俗的丰富内涵，在生态园西部与温瑞塘河文化带、温州大学园区的建设相结合，建设“温州城市文化带”，形成“九州文化区”，成为温州城市传统文化的集中展示区。发挥生态农业观光、文化观光产业，建设文化生态观光产业；在生态园区东侧与滨海产业园区建设相结合，引入外来文化，体现温州的国际性，形成多元文化交流区。

3. 社会发展战略

生态园区未来将发展成为温州都市圈内最具特色的绿色人居、绿色产业发展地区，成为都市圈核心社区。现有生态园区人口 2.5 万人左右，主要居于大罗山周边山岙和三垟湿地。规划未来通过近 10 平方千米的生态住区的开发，园区规划人口增加到 5 万人。如果加上三垟湿地异地搬迁的居民，则总人口为约 6 万人。除了生态建设的需要必须外迁的社区外，基本保持社区的原有社区结构。

4. 产业发展战略

(1) 生态恢复产业。生态园区是温州市生态产业发展的核心区，以恢复初级生产力为主的生态恢复产业将是生态园区的主导产业之一，包括湿地保护与修复、山体保护与修复，是全市的生态产业发展的试验田。

(2) 旅游产业。旅游服务业发展是生态园区的另外一个主导产业，作为园区内土地利用和空间布局的主要考虑依据。旅游业及相关产业收入占到生态园总收入的 50%以上。

(3) 绿色人居产业。结合旅游地产概念，基于生态优先的原则，采用生态材料、建设技术，在生态园区发展一定规模的绿色人居产业，包括湿地型生态住宅、山地型生态住宅等。

(4) 文化产业。在生态园区产业发展中，大量宗教文化、民俗文化资源的合理利用应是与生态建设同步发展的重要产业基础，在生态园文化产业发展中，应重视树立生态园区文化品牌。

(5) 生态农业。未来园区内的农业应结合生态建设、生活景观、生态保育等功能，向观光农业转化，提高产业的附加值。以杨梅、桂花、茶叶等特色农产品为主题，开辟农业观光园区，设置农产品加工厂和展售中心，同时可开辟农产品博物馆，配合节庆活动安排展示活动；辅导农民通过合作组织，结合餐饮、住宿、休闲，发展休闲农庄、观光茶园、有机农场等，同时可规划将生产加工过程作为观摩学习区。

(6) 新兴产业。咨询软件产业：生态园区可以利用本地区优美的居住环境，吸引高科技人才进入生态园区，同时可以利用这些技术加强生态园区内部信息网络建设。教育科研产业：结合本地区的生态教育主题，依托温州高教园区的资源优势，可以引入湿地研究、生态能源研究、青少年地质气象教育基地等。

(三) 园区功能分区与规划布局

1. 生态园功能分区

(1) 生态建设分区。根据生态建设理念与原则，结合生态园生态现状，通过对敏感因子和敏感区域的分析，温州生态园的生态功能区划分为生态自然保育区、生态保育建设区、生态景观建设区、生态产业区和生态人居区。

(2) 地形地貌分区。根据不同的地形标高、地质地貌特征，生态园从外围到内圈形成圈层式地貌分区，即湿地区、谷地区、陡坡区和高台区。

(3) 风景名胜分区。从景点和潜在景点的景观效应及旅游开发角度出发，按景区特点分为仙岩潭瀑、化成洞幽、天河浩淼、千佛塔影、瑶溪钟秀、天柱古刹、峰台碧水、茶山果香、香山日月、三垟水乡 10 个景区。

(4) 综合功能分区。规划综合生态园的地形地貌、生态功能、风景名胜资源、旅游休闲开发、视觉景观、土地利用设想、城市功能等要求，生态园分为三个大功能区，多个功能小区。

三个大功能区指三垟湿地区、大罗山山地区和环大罗山谷地区，面积分别为

12.425平方千米、99.3822平方千米、18.7928平方千米。

多个功能小区分别指：三垟湿地区包括城市过渡区、生态展示区、保护游赏区三个功能小区，面积分别为0.816平方千米、0.998平方千米、6.034平方千米。其中保护游赏区包括湿地景观区、生态人居区、旅游服务区和可持续发展区。

大罗山山地区包括生态保育区、景观建设区两个功能小区。其中生态保育区含有风景游赏区、生态展示区和可持续发展区等，景观建设区包括旅游服务区、可持续发展区和风景游赏区等。

环大罗山谷地区包括生态人居区、旅游服务区和可持续发展区三个功能小区，面积分别为6.9901平方千米、1.1386平方千米、4.0601平方千米。

2. 空间结构

生态园规划空间结构概括为“三片四轴、五廊十景”。

(1) 三片：三垟湿地片、大罗山山地片、环大罗山谷地片。

(2) 四轴：古村寻源景观轴、湿地探幽景观轴、湖光山色景观轴、峡谷风光景观轴。

(3) 五廊：山—山生态廊道(大罗山—吹台山)；山—城生态廊道(大罗山—三垟湿地—中心城市)；山—江生态廊道(大罗山—瓯江)；山—堡—海生态廊道(大罗山—永昌堡—东海)；山—海生态廊道(大罗山—东海)。

(4) 十景：仙岩潭瀑、化成洞幽、天河浩淼、千佛塔影、瑶溪钟秀、天柱古刹、峰台碧水、茶山果香、香山日月、三垟水乡。

五、实习路线设计与实习内容

(一)实习路线1

大罗山实习内容：对大罗山地区的自然资源生态环境条件初步认知与调查；山地地貌观察与辨识；大罗山地区生态环境现状与问题分析，对照生态园总体规划，理解生态园的定位及空间结构。初步运用城市规划社会调查方法实践，记录生态园资源与环境现状，了解农村人居环境及经济社会情况。

(二)实习路线2

三垟湿地实习内容：初步认知与调查湿地自然生态环境，了解分析现状与问题；将三垟湿地现状条件与规划定位及空间结构总体布局对比分析；湿地生态资源保护与利用；三垟地区村落分布及新农村建设相关内容。

第三章 湖州水口乡实习区

一、长兴县概况

(一) 长兴县区位与区划

长兴县位于浙江省北端,东临太湖,西南与东南与浙江省安吉县、湖州市区相接,西临安徽省广德县,北接江苏省宜兴市。处于北纬 30°43′～31°11′,东经 119°33′～120°06′。

长兴县所属地级湖州市共辖一区、三县,即湖州市区、德清县、安吉县与长兴县。至 2003 年 4 月,长兴县辖 16 个乡镇,其中 10 个建制镇,6 个建制乡,县政府驻地雉城镇。

(二) 自然环境概况

1. 地形地貌

长兴县位居浙北低山丘陵向太湖西岸平原过渡的地区,三面环山,一面靠湖(太湖),是杭嘉湖平原的一部分。全县东西长 53 千米,南北宽 52 千米,境内海拔较低,地势呈西北和南部高,中间和东部低平的特征。东西向泄洪水系为西苕溪流域,周坞山、野山(山峰高 500 余米)等丘陵区是东天目、莫干山山脉之延伸;西部为泗安溪上游,是冈峦起伏的黄土丘陵区,高度 50 米左右,树木稀疏,较干旱;中部为泗安溪、箬溪的中游,有以虹星桥为中心的长泗平原,河道纵横;北部为箬溪和乌溪的中、上游,为低山丘陵区,山峰大多高 300—500 米;东部为城东平原,是各水系的下游,濒临太湖,地势较低。据估算,全县平原(海拔 100 米以下)占总面积的 73%(包括高平原 29%),丘陵占 27%,低山(海拔 500 米以下)约占 0.2%。据全县第二次土壤普查综合资料,全县土壤分为 4 个土类,9 个亚类,32 个土属,65 个土种。

2. 气候

长兴县属亚热带东亚季风气候区,四季分明,雨量充沛,日照充足,雨热同季,但年际多变。全县多年平均年降水量为 13.9 毫米,多年平均年径流总量为 7.287 亿立方米。降水主要集中在 3—10 月,占全年降水量的 84%,以春季连阴雨和 6 月黄梅雨为主要特征。夏、秋季时台风、龙卷风,雷雨天气经常出现,易造成洪涝灾害;而当受副热带高压控制时则出现高温干旱。

3. 水文水系

长兴县主要河流均发源于西部山区,由西向东,分别由干流和溇港流入太湖。境内干流由北向南,共分两大水系,水系网络由溪涧、河湖以及太湖溇港组成。

北部干流水系有合溪新港、长兴港、泗安塘等 31 条涧港,全长 417.4 千米,流域面积约 1735 平方千米;南部水系有西苕溪等 5 条港,全长 59 千米,流域面积约 2275 平方千米。境内有通水溇港 20 条,有盛家洋等湖泊 20 个,面积约 6 平方千米(不含太湖)。长兴多年平均年降水量为 1309 毫米,多年平均年径流深为 500—700 毫米,多年平均年降水总量为 18.75 亿立方米,多年平均年径流总量为 7.28 亿立方米,其中地表水 6.52 亿立方米。境内河流的水文特征主要受季节雨量分布不均的影响,洪枯期分明。

(三)社会经济概况

改革开放以后,特别是近年来,长兴县的国民经济保持稳定增长,综合实力进一步增强,荣获全省"小康县"、国家级科技先进县和全国综合实力"百强县"等称号。长兴城乡居民的生活水平不断提高,2001 年城镇以上单位职工年人均工资达到 11521 元,农村居民年人均可支配收入达到 4753 元,城乡差别低于湖州市与浙江省的平均水平。2002 年国内生产总值完成 92.5 亿元,比 1990 年增长 6.63 倍,年均增长 16.9%,在湖州市三个县中,处于优势地位;2001 年人均 GDP 达到 13268 元,是 1990 年的 6.54 倍,年均增长 16.94%;2001 年全县财政总收入达到 5.01 亿元,其中地方财政收入 2.88 亿元,财政收入占国内生产总值的比重达到 6.1%,总体上经济发展水平迈上了新台阶。

城市基础设施建设投入逐年扩大,5 年累计投入 16.2 亿元,中心城市框架进一步拉开,相继建成城市垃圾处理厂、管道液化气站、污水处理厂等一大批公益事业项目,增强了城市综合功能,改善了人居环境。

交通建设突飞猛进。近 5 年来累计投入 17.5 亿元,基本完成境内国道、主要省道、航道和铁路的改造,初步成为浙苏皖边际的重要交通中心。其中公路通车总里程 5 年来的增幅达到 22.4%,在湖州地区中处于领先地位,也超过全省的平均水平。

科技事业发展成效显著。建立了与一批国内著名高校长期全面的合作关系,以获得智力支援;2001 年专利申请数为 73 项,居湖州市首位,占全市的 48.03%;教育事业得到了长足的发展。2001 年义务教育学龄人口入学率达到 99.99%,居全市领先水平,高出全省平均水平,但是高中段教育入学率还有待进一步提高。

区域信息化建设进展迅速。专门成立了信息化工作领导小组，近年来完成投资3亿元，为“数字长兴”的超速发展奠定了扎实基础。电子政务工程取得了突破性进展，政府部门内部可以利用网络信息技术实现办公自动化，同时政府部门与社会各界可以利用网络平台充分进行信息共享与服务。在电子政务日趋完善的同时，企业信息化、农业信息化也取得了突破性的进展。截至2002年底，全县近200家企业引用了CAD、ERP等单功能及多功能的信息管理技术，县重点骨干企业80％实现宽带上网，见图3－9。

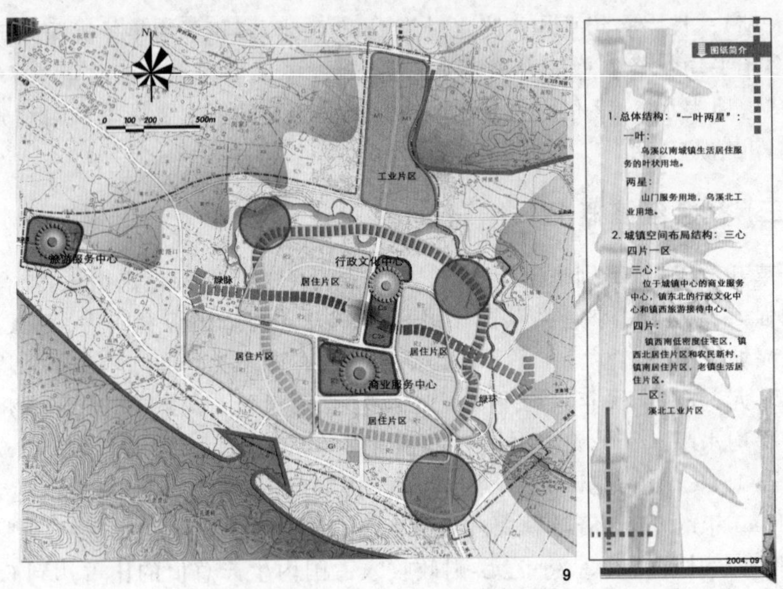

图3－9　长兴县功能结构图

（四）人文历史

长兴属杭嘉湖“文化之帮”，文人辈出。其中著作宏富、贡献较大者有唐代徐坚、明代顾应祥；诗人有陈叔宝、钱起、皎然、沈贞、徐中行、沈无咎等；在佛教学上贡献突出的有僧道宣；在方志学方面有独到见解的有徐坚、施宿、顾应祥；在戏曲方面贡献卓越的有臧循；在经史上留下鸿篇巨制的有吴铳；清代张度、近代王修等浙西“三名士”，在中国文化史中有一定的影响。

长兴古文化遗址有20多处。馆藏文物达3700多件，有不少精品，曾多次送国家级展览会和国外展出。唐代茶文化的见证——摩崖石刻有三组八处之多；明代归有光、吴承恩两位文学家篆刻的两块碑，至今保存完好。

二、生态型村庄规划范例——水口新农村生态规划

(一)村庄基础环境特点

1. 自然环境优越

长兴县自然环境优美,气候宜人,拥有极富特色的自然资源和文化内涵。三面环山、东临太湖的地理位置,赋予了水口山清水秀的良好自然环境,是生态型村庄的典型。

长兴县属中亚热带常绿阔叶林,北部亚热地带青冈、苦槠栽培植被区,除农作物外,主要有次生草本、竹类植物及人工栽培的用材林、经济林和"四旁"绿化树木等,植被覆盖面70%以上。三个植被区分别是低山丘陵竹、木、灌、草复合林区,水网及斗区平原栽培植被区以及滩地、水面植被区。水口乡内植被茂密,森林覆盖率达76.6%。顾渚山风景名胜区森林覆盖率最大,面积为50平方千米,重点保护的野生紫笋茶树大都生长在此环境中。

2. 生态环境敏感

长兴县生态环境敏感性综合评价结果如表3-13所示:

表3-13　生态环境综合敏感性空间分布格局

敏感性等级	面积:平方千米(占全市面积比)	分布地区
极敏感	92.48(6.47%)	零星分布于白岘乡西部与东部、煤山镇北部、小浦镇西部、槐坎乡南部、雉城镇西部、泗安镇北部和南部、二界岭乡北部、林城镇西北部和南部、吴山乡南部、和平镇南部、李家巷镇东部和洪桥镇南部
高度敏感	121.12(8.47%)	零散分布于白岘乡西部与东部、煤山镇北部、小浦镇西部、槐坎乡南部、雉城镇西部、泗安镇北部和南部、二界岭乡北部、林城镇西北部和南部、吴山乡南部、和平镇南部、李家巷镇东部和洪桥镇南部
中度敏感	188.57(13.19%)	主要分布于白岘乡西部与东部、煤山镇北部、小浦镇西部、槐坎乡南部、雉城镇西部和中部、泗安镇北部和南部、二界岭乡北部、林城镇西北部和南部、吴山乡南部、和平镇南部、李家巷镇东部和洪桥镇南部

续表

敏感性等级	面积:平方千米 (占全市面积比)	分布地区
轻度敏感	203.29 (14.22%)	分布于白岘乡西部与东部、煤山镇北部、小浦镇西部、槐坎乡南部、雉城镇西部和中部、泗安镇北部和南部、二界岭乡北部、林城镇西北部和南部、吴山乡南部、和平镇南部、李家巷镇东部和洪桥镇南部
一般地区	824.54 (57.66%)	广泛分布于县域中部大部分地区,包括雉城镇、夹浦镇、水口乡、小浦镇、洪桥镇、李家巷镇、吕山乡、虹星桥镇、林城镇、泗安镇、二界岭乡、吴山乡、和平镇的部分地区

3. 旅游环境形成

长兴县西倚天目、东临太湖,形成了山水相间的优越自然环境,加之以丰富的自然、人文景观形成了良好的旅游环境的基础。全县拥有旅游资源单体 263 个,其中优良级(三级以上)单体 35 个,五级资源单体 4 个。其资源特色主要表现为:山水形势上佳,生态环境优良;资源品位高,稀缺性强。境内主要有中国扬子鳄村、四座文化名山、太湖度假区、朱家祠堂、陈武帝故宫、仙山湖景区、顾渚茶文化景区、古银杏长廊、"金钉子"国家级地质遗迹自然保护区、新四军苏浙军区革命旧址群等景点。特别是"金钉子"地质遗迹保护区、十里古银杏长廊和扬子鳄保护区这三个上亿年的珍稀自然遗产,为全球罕见;此外,绵延 34 千米的太湖湖岸线,也为旅游开发提供了广阔的空间。

长兴县水口乡营造旅游环境突出的一点是集中布点的农家乐,通过村庄规划形成片区,其空间布局结构为"树枝状"结构,以顾渚村为源头,由山地到平地,以后坟为终点,组织重心突出,层次分明,集中布点农家乐,"吃农家饭、住农家屋、干农家活、享农家乐"为主要内容的"农家乐"特色旅游项目的乡村旅游。水口乡以四个抓手促进农家乐快速健康发展,一是以行业组织建设为抓手,引导发展。成立水口乡农家乐协会,全乡 40 家农家乐全部入会,通过协会统一规划和引导。二是以审批办证为抓手,规范发展;坚持"紧入"原则,严把新开关,同时健全已有农家乐的相关证照办理,从规范完善软、硬件建设来增强发展动力。三是以"四统一"管理为抓手,强化发展。出台证照、价格、服装、标牌"四统一"管理制度,提高农家乐服务质量和服务水平,使整个行业形成"一体化、一色化",不断增强影响力和竞争力。四是以人员培训为抓手,推动发展。以服务礼仪培训为切入点,立足"茶文化"特色和"农家乐"本色,切实抓好农家乐服务人员的培训工作。

（二）村庄规划特色

1. 利用自然环境

水口丰富的自然资源为其“生态立乡，旅游兴乡”的发展战略提供坚实的基础。“立”乃“兴”之本，旅游开发建立在良好的生态环境基础之上，对自然资源确立“保护第一”的思想。在遵循可持续发展原则的基础之上，对各类自然资源进行合理开发。加大古茶园、天然毛竹林保护力度，鼓励各类农产品生产，在不破坏自然景观前提下对休闲娱乐设施进行合理布局。

长兴县充分利用自然环境、区位优势和现有的旅游资源，壮大已有相关服务性产业，进一步完善产业结构；大力发展现代农业，以建设现代化农业为方向，坚定不移地推进农业结构战略性调整，切实推进产业化经营；结合风景旅游城镇的建设发展，合理吸纳长兴县部分适合水口自身特点的工业扩散，同时通过招商引资积极引进新的工业企业，注重工业经济效益，不一味追求工业经济量的扩张。

2. 保护生态环境

作为生态型村庄规划，保护生态环境是促进村庄可持续发展的基础，因此在规划的过程保护生态敏感地区，合格管理科学规划，真正用生态理念来塑造水口新村庄。

加强自然景观资源开发与保护，山体为严加保护风景区内的山体、岩石，禁止开山采石、挖沙取土等经营活动；建立植树绿化、封山育林、山林防火和防治病虫害等规章制度，不得随意砍伐树木，古树名木应采取必要的严格保护措施；加强水土保持，保持一定数量的植被面积，现有植被不得随意改种其他植物，防止破坏生态平衡。

制止可能导致水体污染、破坏的活动和过度的采用，对现有的污染源应限期治理或搬迁；风景区内水资源利用应统筹安排，不得随意围、填、堵、塞或作其他改变；对饮用水水源地，应按国家有关规定加强保护和管理。

调整风景区内生活能源结构，应尽量使用电能、液化气等，减少空气污染；风景区内有污染企业应马上搬迁；控制风景区内汽车密度，统一设立停车场，对尾气排放超标的汽车以及噪声干扰严重的拖拉机等应控制进入风景区。

自然保护区维持其原始生态系统，严禁破坏野生动物、植物资源；严格控制游人密度，合理组织游览线路，核心保护区内应避免游客频繁穿越和滞留，使保护区旅游资源得到可持续利用。

3. 开发旅游环境

积极发展旅游业，开发良好的旅游环境。以顾渚风景区的建设开发为契机，加快水口的城镇建设，完善各类旅游服务功能，形成一个与顾渚风景区品牌相匹配的旅游服务城镇。同时在村镇建设当中，注重镇区内部涧泉的开发和建筑外观的装饰，提高镇内生活休闲的氛围；开发镇区内工业和苗木园区的观光旅游；保障耕地面积，引接周边地区景点，保持水口镇区周边田园特色，形成水口乡休闲旅游格局，见图3－10。

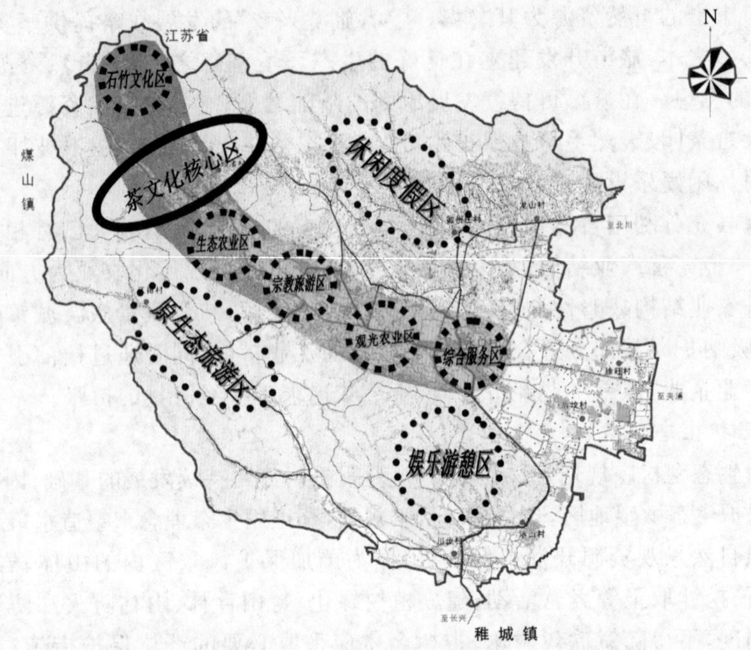

图3－10　长兴县水口乡旅游空间布局规划

(1) 自然生态观光区。自然生态观光区主要分布在顾渚风景区最西部，景点有唐宋摩崖石刻、霸王潭和境会亭等。应严格控制少量必需服务性的建筑物和构筑物的建设。

(2) 综合性旅游娱乐区。综合性旅游娱乐区主要分布在水口镇区中。规划镇区内设有明清文化街、茶文化街、茶文化公园或者纪念广场，优化镇区居住环境，在一些临水或景点周边提倡建设一些茶室、茶楼、茶凉亭等品茶建筑小品和明清风格建筑。

(3) 休闲度假区。集中在顾渚风景区的东部，主要景点有：陆羽山庄、陆羽茶室、金沙泉、寿圣寺、贡茶院遗址以及拟建的金沙泉山庄。开发度假区的建筑不能过密，不能破坏固有的自然景色。严格控制建筑高度、密度、容积率、体量、立面形式和建筑风格等各类指标。

4. 构建人文环境

保护村庄特殊的人文景观，包括特殊风俗习惯、民族风俗，特殊的生产、贸易、文化、艺术、体育和节目活动，民居、村寨艺术及手工艺成就等丰富多彩的风土民情和地方风情。一个有内涵的村庄除了得天独厚的自然条件外，还有赖于地区内独特的人文活动、劳作习俗、不同的村寨民居形式、节日活动等。

保护人文景观，切实保护好各级文保单位，保证各类设施与环境相协调；对濒危古建筑进行抢救性修缮和保护，使历史遗产得到延续；对有观赏、文化、科学价值的历史古迹，应维护其原有风貌；对地形地貌、道路标高、水网状况、建筑风格、环境风貌等不随意改变。

水口乡是茶文化的发祥地，保护和传承茶文化是构建水口人文环境的基础。水口乡以顾渚茶文化为底蕴，以贡茶院为背景，以举办国际茶文化研讨会为契机，突出特色，做好做足"茶文化"这篇文章，全面提升水口乡村旅游品牌，构建水口人文环境。

5. 建设基础设施

结合老镇区改造和新区扩张，改善景观质量，塑造全新的富有特色的城镇形象。加快乡域基础设施的建设，优先发展交通网络的建设，同时逐步完善镇域排水、电力、电讯等基础设施的配置。

(1) 排水排污设施建设。水口加快建设城镇污水管网，与城镇建设同步。景区内农家乐的生活生产污水排放都采用了人工湿地——生态池的排放方法。通过村庄规划，居民点集中分片给生态池的打造提供了一定条件，完善景区沿河环湖和水库地区及农家接待点的卫生设施和排污系统。

(2) 河道、水源综合整治。按时清除淤泥和垃圾，严禁向河道内倾倒生活垃圾，控制水域的养殖污染，开展河道的综合整治工作，改善水环境质量。

(3) 交通设施建设。对外交通，拓宽夹水公路，镇区内部道路，东西向对外交通由新建的夹水公路从镇区中央通过，西至顾渚风景区，东连 104 国道。南北向过境交通保留原来的长水公路进行路面拓宽，优化线形。规划在城镇南入口处设置一汽车客运中心，占地面积为 7000 平方米。为了打开江苏市场，建议通过规划建设与江苏直接相通的公路，并且与中心联系道路。规划一条半环形回路与十字交叉主干道骨架相环通，使各个片区与城镇中心相通，以此适应满足未来交通机动化与组团式布局城镇要求。

水口主要的景点内部实现大环线贯通，贯通贡茶院、金沙泉、寿圣寺、霸王潭、有机茶园、农家乐片区的无障碍贯通，并在入口以及主要道路节点设置景点指示牌。

以"体现地方特色，坚持可持续、高起点、适度超前发展"为原则，大力开发水口乡专项特色旅游产品，重点开发形成以茶文化为主线的旅游线路，集合各个景点的效应，统一品牌，提高知名度。逐步形成生态观光旅游、历史文化民俗风情旅游、历史文化旅游、森林生态探险旅游、休闲度假旅游等专题旅游线路。

三、实习路线设计及实习内容

(一)实习路线1

长兴水口—顾渚村—圣寿寺—休闲度假区—霸王潭—自然观光区—贡茶院实习内容:考察水口乡顾渚村的特色环境及文化内涵;通过对顾渚村及周边景点村庄的学习,了解乡村规划理念在水口乡的具体体现。

(二)实习路线2

古茶山—金沙泉—望归亭—陆羽山庄—水口乡实习内容:了解长兴县水口乡生态型村庄规划特色,以及生态型村庄旅游开发与生态保护的关系。

第四单元　区域与城市规划实习

第一章　江南古镇实习区

一、江南水乡古镇概况

（一）风貌特征

图 4-1　水乡风貌

"小桥、流水、人家"是江南水乡的风貌写照。这里有纵横交织的河道，枕河而居的人家，古意盎然的古桥。江南古镇特色的再认识建立在对"小桥、流水、人家"的字面解读之上，见图 4-1。

江南水多地少，人们善于经营有限的土地资源，向水、向天借资源。城镇空间特征可以"小"概之，小街小巷宽度很窄，小得亲切。

江南水乡地区，水网纵横，桥成为联系陆地沟通的必然。桥不仅是重要交通设施，更是宝贵的景观要素。它集功用与美观价值于一体，体现了江南人的格调不凡。

江南古镇的形成和发展是时间的自然力、社会力的结果，内部秩序的生长呈动态加法原则，因此也营造了充满生活张力的公共空间与生活空间。

水是江南水乡的命脉，是古镇的生长点，择水而居，由水兴市，由水成镇，以水为街。江南城镇的形态与水有着密切的关系,水是江南城镇的形态主题。

江南多才子佳人,也是"环境造人,人造环境"很好的说明。江南的水环境以秀美恬静著称,所哺育的江南人也附带水的性格。这里有的是民风淳朴和知书达理,有的是苍老遒劲的昆曲艺术,悦耳动听的越剧艺术,丰富多彩的庙会活动。

家是安身立命之处,水乡人家多枕水而居,诗意地依偎在一起。建筑伴随着人类生活需要而生,江南人的柔美温和的性格投射于住居之上,显出家的闲适、平和、安宁、亲切。

(二)建筑、规划、园林的亲水性特色

1. 水网决定古镇形态

纵横交错的水网使得江南兼得灌溉之利和舟楫之便,并成就了城镇经济的发展。城镇形态特征的演变与水网关系很大,河道是一些古镇形成的主要因素之一,因河网的不同而呈现不同的城镇形态。古镇因水网而择址,因水运而兴经贸,又因水势而成水乡风貌。无论从实用或者景观来看,水系在古镇中都具有不可替代的重要意义。

2. 水系决定古镇结构

由于水在城镇中负有重要作用,它对城镇结构有决定性影响,在街坊、道路、水路关系上出现了河、宅、街相关并联的布局方式,构成了诗意栖居。水巷和街巷是江南城镇空间系统的骨架,是人们组织生产、生活、交通游憩的主要脉络。水巷既是水上交通要道,城镇与农村、城市联系的纽带,也是人们日常生活中洗衣、洗菜、聚集、交流的主场所。临水居民轻巧简洁、虚实有致、粉墙黛瓦,极富传统文化韵味,正像清代人邹一桂在《小山画谱》中言:"实者逼肖,则虚者自出"。

3. 选址多靠水系

江南古镇大多以商贸兴镇,而水运是当时最主要的货运形式,因此,江南城镇多选址于大路河道或旁山临水的山冈丘阜之旁。常有城镇巧妙因水构筑,相地经营,形成风格鲜明的江南理水园林景观。江南名园胜景甚多,"南宋以来,园林之盛,首推四州,即湖、杭、苏、杨,向以湖州、杭州为尤"。这些名园无不与水息息相关。

(三)可持续发展的一般对策

1. 保护并延续古镇农业社会聚落的质朴性特征,强化古镇时空异化过程

江南水乡古镇具有典型的农业社会聚落特征。首先,在保护利用中,可利用当地木结构建筑的艺术性、古镇完整性和水乡文化的丰富性,挖掘其中蕴涵的历史和文化内涵,历史背景与古镇发展紧密连接,将历史时期古镇景观的原貌保护并延续

下来，使之成为特殊形式的历史博物馆，张扬古镇农业社会聚落的质朴性，保护质朴传统的景观特征。其次，古镇是农业社会聚落发展的产物，与工业化、城市化、现代化和时尚化的社会发展相背离，时空异化是彰显古镇遗产价值的核心，因此应强化古镇的原真性和时空异化过程。

这种异化感觉正是古镇旅游的灵魂所在，游客从中可以获取不一样的时空感受。

2. 规划景观遗产隔离廊道，保护江南水乡区域景观的完整性和连续性

城市化和现代化对古镇的侵扰不可避免，但又是必须加以控制的，是保护古镇原貌的关键。古镇生活、市场功能的延续可能牺牲现代人享受现代化成果的权利，因此将现代生活与古镇完全协调融合无法办到。可以林地、农田为景观要素建设古镇遗产隔离廊道，将传统古镇与城市化、工业化和现代化的景观相对隔离；并通过遗产廊道将分割的古镇连接，在区域上形成连接网络，保持区域连续性和完整性，避免孤岛化现象的产生。

3. 保护古镇水乡文化的原真性，营造和谐的整体人文生态系统体验

古镇整体人文生态系统完整性保护具有重要意义。通过社区教育，建立多种社区参与及相应保护和利益机制，提高居民对古镇本身遗产价值的认同感和自豪感，激发其保护原真性的积极性，调动参与古镇旅游的积极性，避免古镇空心化发展。同时，营造古镇整体人文生态系统完整的体验。从现有的游客偏好调查来看，高达49%的旅游者喜爱“小桥、流水、人家”的自然风貌，48%的游客对古镇独特的人文风情感兴趣，而36%的旅游者认为古镇现有的产品缺乏亮点和特色，13%认为与古镇本身的特点相差甚远。由此可见，古镇整体人文生态系统的原真性是人文生态旅游体验的核心。

4. 合理调控环境容量，再现诗意生活场景

容量、人口密度和流动强度、服务设施与发展规模是衡量古镇城市化、工业化和现代化倾向的重要指标，也是传统文化景观与现代文化景观本质的区别之一。为了再现江南水乡古镇“小桥、流水、人家”的安详静谧的社区生活场景，可以严格控制现代工业，拆除和整治保护区和传统民居风格不协调的建筑，保护传统空间格局；恢复古镇传统手工制造工艺，严格限制人口的大规模聚集和商业的大规模发展。

（四）古镇的类型

商品经济是江南古镇兴起的根本原因，古镇依赖于所从事的农副业生产，并形成其专业生产和销售，这些市镇之间分工协作，互相竞争，互相依存，形成一个市场经济网络体系，所以每个镇成为某类产品的特色专业市场。如丝绸市镇南浔、乌

镇、菱湖、震泽等，绸业市镇盛泽、双林、濮院等，棉布业市镇罗店、七宝、朱家角等，刺绣业市镇、光福镇，制笔业市镇、善琏镇，榨油业市镇、桐乡石门镇，砖瓦窑业市镇、千家窑、陈墓镇等，"花果之乡"东山和西山镇。在江南古镇经济中尤以棉布业和丝绸业最为突出，形成了"日出万匹，衣被天下"的局面。

还有一种市镇，凭借其优越的地理条件及方便的运输以集中和经营、转运某种或几种商品为职能。其中以粮食业城镇最具代表性，宋代江南地区是全国最大的粮仓，这里出产的稻米除运入京都之外，还远销各地。到明代发生了很大的变化，"苏湖熟，天下足"包含了这一历史嬗变的丰富内容。由于耕地改种经济作物，出现了"仰食四方"的现象。商品粮的大量输入，形成了以苏州为中心的米市、首屈一指的粮食业古镇是枫桥，"大都湖广之米辏集于苏郡之枫桥"(乾隆《苏州府志》卷十九《乡都·市镇》)，仅次于枫桥的米市有平望镇、同里镇、新市镇等。

市镇的专业分工，反映了生产分工的多样性，显示了农村商品经济的发达及地区性特色行业的兴起与发展，既有分工又有竞争，既呈现其专业协作的优势，又促进了技艺的进步，因而有力推进了江南地区经济的整体发展，成为"百货骈聚、商贾云集"的城镇群体。

所以按"古镇在整个城镇体系中的职能性质"这个分类原则来进行我们的研究。镇的职能性质决定了镇的功能分区以及分区之间的联系和组织，因而决定了江南地区的镇的布局形态。同时，这是一个开放的城镇网络体系。

(五) 古镇保护更新

进入 20 世纪 80 年代，传统的江南古镇面临着经济发展所带来的严峻挑战，以传统的水系统为主的交通方式，三合院、四合院等低层居住形式，石板街，店铺等渐渐地被冷落；快捷的公路交通、多层新式公房、新型娱乐设施等现代化的城市生活方式吸引着城镇居民。这种替代正以"推倒重来"的方式进行着。20 世纪 80 年代后期，它开始受到建筑界人士和有关部门的关注，并制定了一些保护法规。进入 20 世纪 90 年代，当大城市的人们突然涌入古镇去寻找一份远离喧嚣的宁静时，一些城市的有识之士为配合旅游业兴建了包括江南古镇这一个微缩景观的仿古建筑群，而本土的古镇却一个个被推倒了。这种现象蕴含着一个深刻的问题：对一种生存环境和生活方式的肯定和否定。古镇的格局是宜人的，但生活设施相对落后。它是否只是一种逝去的生活方式缠绵地留在我们的记忆中？我们需要对现存条件采取不同的保护形式。

1. 完全保护型

1964 年的《威尼斯宪章》规定："文物建筑在其存在过程中所获得的一切有意义的东西都应该保留。"因此对于那些综合价值评价较高，具有较强的历史文化内涵，同时环境形态的完全性也相当高的古镇，应该采取完全保护的措施，保护其生活环境、景观环境、规划布局结构、造型及色彩形象等。这种保护形式除了在文化价值方面，例如考古、审美以及建筑借鉴具有资源性的保护外，更是为了积极地用其本身的资源来实现其使用价值，包括功能的延续，旅游开发等，以镇养镇，使得城镇的传统成为其新的生命源泉。这种“活的博物馆”的数量是极为有限的。

2. 局部保护型

此类城镇分布面广，情况复杂，它们往往具有一定数量和质量的有价值的单体，并有一些比较明显的地方特色，但是分散而不成气候。如许多历史巨镇：南浔、乌镇、震泽、千灯、陈墓等。在这些古镇里现代的生活要延续，新旧关联的问题尤其突出，除了在形象、结构、空间上的新旧关联外，使用功能性关联更具有现实意义。

3. 整体更新型

对环境形态破坏严重，或者历史价值不高，年代不悠久，风格不突出的古镇，可以采取整体更新的方法，使其尽快地跟上地区经济发展的进程。但是，规划和设计仍有如何保持江南水乡城镇特色的要求。我们要研究富有本地区特色的城镇空间布局手法、造型手段、技术工艺手段以及细部装饰手段、色彩肌理等，也就是对传统建筑语言符号的提炼和运用，并与现代的科学技术相结合，创造一个既有地区传统特色，又适合现代人居住的理想城镇环境。

江南古镇的形成，究其核心是“天、地、人”的和谐和秩序的完满统一，它所折射出的整体形态、思维方法及综合功能的价值观，无疑是前人留给我们的一份宝贵财富。我们应该珍惜它，并从中寻找出一套如何保护古镇，建立城镇网络新格局的合宜模式。

二、南浔古镇资源保护及利用模式

（一）南浔古镇概况

1. 地理区位

南浔作为历史悠久、名人辈出的江南名镇，其重商崇文的传统理念、中西交流的包容思想、吴越传承的民俗文化是江南地域文化的典型体现和物化写照，具有较高的历史文化价值，见图 4-2。

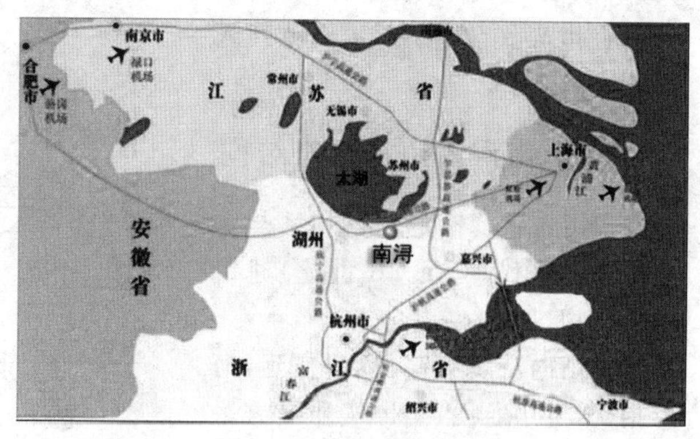

图 4-2　南浔区位图

南浔位于长三角地区杭嘉湖平原北部，湖州市东部，地理区位上具有优势。其东与江苏省吴江市震泽镇接壤，西距湖州市区 30 千米，陆路至上海市区 120 千米，至嘉兴市 96 千米，至杭州市 124 千米，至苏州市 97 千米。历来是江苏与浙江边贸城镇之一，又系湖州至上海水陆路主要通道。镇境平畴沃野，现镇区东西宽约 112 千米，南北长约 212 千米；镇域总面积 34127 平方千米，其中镇区为 2 平方千米。

2. *人文历史*

南浔建镇于南宋理宗淳祐末年，距今已有 750 多年的历史。南浔是中国近代史上罕见的一个巨富之镇，孙中山就职临时大总统的第二天，就曾正式宣布南浔镇升级为市。在这个熙熙攘攘的古镇上，有着号称“四象”的江南四大首富。又有类如《红楼梦》中宁国府、荣国府那样八家公爵似的，号称“八牯牛”的大富之户，以及拥有充满了民间嘲讽意味的，号称“七十二只金黄狗”的豪门、财主。

南浔镇是江南水乡名镇之一，也是驰名中外的“辑里湖丝”的故乡，文化悠久，人才辈出，风景优美。现总面积 34.27 平方千米，其中镇区为 3.2 平方千米。常住人口 4.4 万多人。镇上名园古迹甚多，历史上最盛时期有大小园林 20 余座，现存有小莲庄、颖园和嘉业堂藏书楼等，明代百间楼风貌奇特，清代张石铭和张静江故居别有情致。江南水乡的南浔不单外美，而且内秀，富有浓郁的文化气息，是旅游小憩之胜地。

南浔古镇以其格局独特、风貌完好、文化深厚、民风淳朴而成为江南水乡众多城镇的典范和代表。南浔镇政府从 1982 年开始着手对古镇进行保护性开发，使大批的古民宅、民居、园林等古建筑得以保存。2003 年，古镇南浔与乌镇、西塘联合申报世界文化遗产，并已被列入预备清单。

（二）南浔古镇的形态结构

南浔古镇现有的河网体系与街巷格局是宋代（公元 13 世纪）建镇时的产物，见图 4-3。

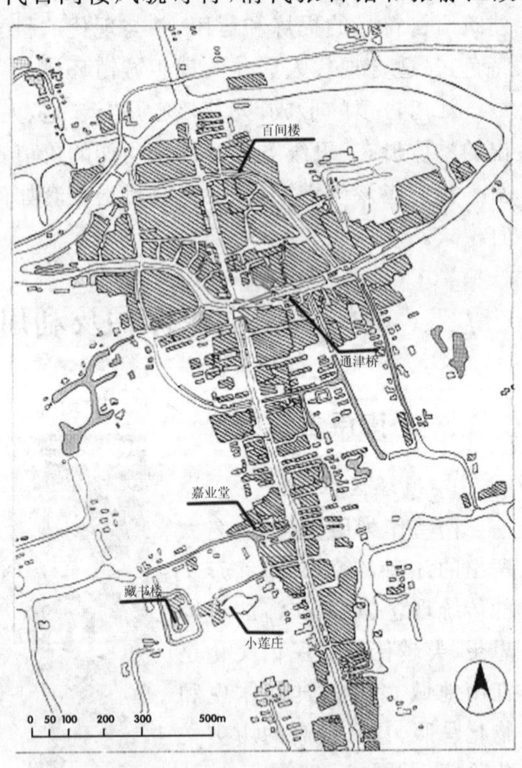

图 4-3 南浔古镇平面形态图

古镇内浔溪穿镇，运河横延，河街相交，桥梁通便，整体气质灵秀平稳。历史上南浔因水成街、因水成市、因水成镇。南浔古镇有自西向东的运河与自南而北的市河相交，构成十字港，古镇的形态与河道密切联系，故形成了“十”字型城镇。镇区以水路为脉络，外环内绕，历史街区、传统民居都临水而建，石拱桥桥拱高大，小桥流水和历史街区、传统民居融为一体。古镇在清末达到了空前的繁荣，并以其独特的格局、完好的风貌、浓厚的文化、淳朴的民风，成为江南水乡众多城镇的典范和代表。

规划恢复宝善河，重构南浔古镇有自西向东的运河与自南而北的市河相交，构成十字港，体现古镇形态及其与河道的密切联系。宝善河、南市河、东市河、西市河构成古镇区的主干河；主干河可航行 3—4 条船，两干河相交成十字或丁字口，并有较多的公用码头分布于两岸，支河宽度约在两条船的宽度，并保留局部地段供停船和船只交汇用的回旋空间。

（三）南浔古镇的风貌元素

1. 水系

江南古镇都远离喧嚣的城市，位于水网交错的水乡，水乡文化是古镇最大的特色。古镇因水而生，河溪迂回曲折，纵横交错；湖泊静如明镜，绿波荡漾。“夕阳斜照，渔舟唱晚”的独特景观是吸引游客的主要因素，作为江南古镇之一，水资源同样是南浔的主要自然旅游资源。江南特殊的地理环境、经济和人文因素构成了独具一格的“水乡文化”。“小河穿市过，人家尽枕河”是江南水乡独有的情趣。民居沿河展开形成百间楼，水埠和河边的市场成为居民公共活动和日常生活的主要空间，而整个古镇的形态从十字形转变为团型也是围绕水系发展的，见图 4-4。

图 4-4　南浔市河

2. 建筑

江南古镇的建筑大多为明清建筑，类型多样，蕴涵丰富，具有极高的历史文化价值和艺术观赏价值。“小桥、流水、人家”的规划格局和建筑艺术在世界上独树一帜。水巷和街巷是江南水乡城镇整个空间系统的骨架。建筑布局随意简练，造型轻巧简洁，色彩淡雅宜人，轮廓柔和优美，而且建筑刻意亲水，前街后河，临水构屋，甚至水巷穿宅而过，形成了人与自然和谐的居住环境。江南的传统民居也独具风格，传统民居区指的是清代遗留下来的民居建筑，这些民居大都保存完好，梁、柱、门、窗上的木雕和石雕十分精湛。小莲庄为南浔景致之最，原系清光禄大夫刘镛的家庙和花园。园内湖光潋滟，曲径通幽；苍松翠柏，楼台、亭榭、假山时隐时现，一派清幽景象,是江南园林中的佳作。

值得一提的是,南浔百间楼一带的古民居很有特色,其集中的一段是从莲花桥到长桥,特别是河东岸一侧,房屋较为整齐,密密麻麻地布满了河岸,白墙、青瓦、沿廊、水埠、花墙、券门,河水流淌,船只往来,呈现了一派水乡古镇特有的风光。此段河道本是运河,通湖州和苏州,故沿河大多为货机、店铺。沿岸筑有整齐的驳岸,水埠林立。沿河是条长街,沿街房屋大多为前店后宅形式。屋门临街多搭有廊房,立有廊柱,跨街铺盖瓦面屋顶,遮雨遮阳,方便店铺作业、顾客购货。也有跨街建屋成骑楼式者,或有一侧山墙落地上开券门。住宅大多是包含一个天井的雨进房屋,并建有楼层;有些大户人家的住宅可达三至四进。整条街房舍连排,侧墙相接,顺河岸蜿蜒延伸。房舍间山墙高耸,有做成云头三曲的,有做成观音兜的,也有做成甩三叠马头墙式的,高低错落,白墙、披檐,铺一屑黑瓦柱廊、券门,再下是水埠,层次分明,轻巧通透,洋溢着水乡特有的灵气和雅致,见图 4-5、图 4-6。

图 4-5　南浔百间楼

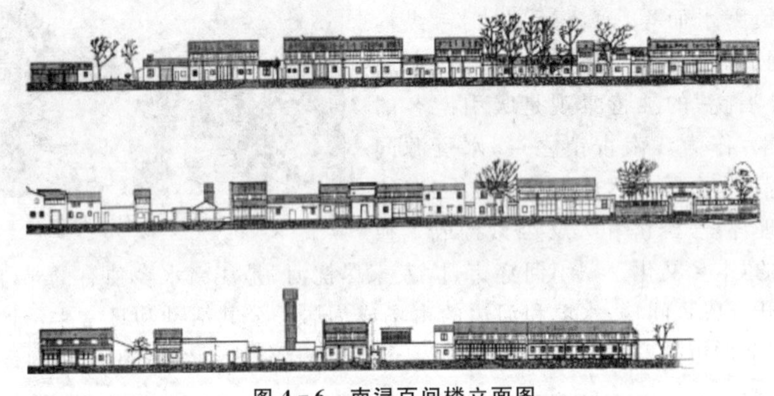

图 4-6　南浔百间楼立面图

3. *石拱桥*

南浔石拱桥非常有特色,拱的弧度特别大,古镇河流纵横,密如蛛网,民间有“三步一拱,五步一桥”之谚。其中至今被称为南浔三古桥的是广惠桥、通津桥和洪济桥。广惠桥位于镇南栅商会原址附近,横跨市河,为单孔石拱形。其始建年代已失考,清代两次整修。桥长 18 米,宽 3.3 米,拱矢高 5.3 米,上下各有踏步 24 级,拱券石采用纵联分节并列砌置法。桥堍还有一对精妙的石狮子。通津桥北面为东大街西端,桥南堍为下塘东街,位于十字形水系的交叉点。“通”是通往之意,“津”

即水也。因明清时期南浔丝市盛况空前，通津桥畔成为丝市中心，闻名遐迩的“辑里丝”由此通过水路运往上海，销往海内外。通津桥始建于宋代，系单孔石拱桥。清代经3次整修。现桥长28米，宽4米，拱矢高7.6米，上下各有踏步33级，拱券石采用纵联分节并列砌置法。洪济桥位于镇东栅，俗称新桥。桥南堍在下塘东街，北堍在东大街。明万历年间《湖州府志》已有此桥记载，清嘉庆十年(1805)重建。桥为单孔石拱桥，长28米，宽3.5米，拱矢高7.2米，上下各有踏步33级，拱券石采用纵联分列砌置法，见图4-7。

图4-7　南浔单孔石拱桥

(四) 南浔古镇的保护规划特点

1. 古镇保护框架

南浔的古镇保护规划采取整体保护的规划思路，保护规划的重点为：从城市整体层次上保护古镇的传统风貌，缓解古镇的人口、交通和建设的压力；强化历史地段和文物古迹的保护力度，以历史街区和重要文物古迹的抢救和保护为载体，保护、恢复、展示南浔古镇的传统格局和风貌；注重有形历史遗存保护和无形历史遗存的结合，延续、弘扬南浔的传统文化。

(1) 城市整体层次的保护。保护古镇、建设新区，规划重点为结合城市用地功能的调整，通过设立新的城市中心，疏散古镇区人口密度和分解古镇承担的城市职能，建立、完善古镇外围的城市交通系统和城市主干道系统，从根本上缓解古城的压力，协调古城保护与城市发展及城市现代化建设的矛盾。

(2) 古镇整体保护。考虑到古镇区内传统风貌保存较为完整，历史地段集中连片，南市河、百间楼、东市河、西市河、新开河等传统风貌保持完好的街区相互连接，其间街巷、水系、传统建筑连成一体，体现出较为完整的整体风貌格局。规划将古镇区作为一个完整的历史地段实施整体保护。古镇整体保护重点为突出和恢复古镇区城水相依的格局和传统的水乡风貌，加强古镇区建筑的保护与整治，注重古镇空间历史氛围的营造和重要地段、界面的保护，改善古镇绿化、生态环境和市政设施。

(3) 文物古迹的保护。加强文物古迹的保护、修缮和可持续利用，进一步挖掘文物古迹和新增、提升文物保护单位，发挥历史文化遗产的综合效益。规划重点为按照《文物保护法》的要求，明确文保单位及其建设控制地带的保护要求，并合理确定文保单位的可持续利用。

2. 古镇保护模式——“点、线、面”

南浔的保护模式采取了整体分层保护的原则，这样层层深入的保护模式能够保护和延续古镇历史格局与风貌特色的同时，能够承袭传统的生活气息，更好地促进南浔的有机更新，值得同类古镇保护学习借鉴。

以点带线，以线促面，构筑“点、线、面”相结合的整体保护和展示系统：

点——节点：标志性历史景观。包括自然景观类，如河汊、水泊、洼塘、树木等；建筑物类如园林、民居、茶楼、名人故居等；构筑物类如古桥、水埠、船坞、埠头、门券、牌坊等。南浔的历史空间节点有：古桥上、水溪边、街市里等。

线——轴线：历史风貌带，是人们组织生活的主要通道和方向，亦是人们体验和游览古镇的主要通道。南浔具有多条沿水系的反映水乡特色的风貌带，如百间楼河地段、南市河地段、东市河地段等。南浔也有反映水乡民居特色的传统街巷风貌带，如唐家兜、花园弄等。

面——区域：古镇区(历史地段)。依据古镇范围，划定南浔历史文化保护区重点保护区和风貌协调区的范围，对区内的建筑高度、建筑风貌进行整体控制，使古镇的风貌特色得以完整保存。

规划将具有历史文化内涵的要素通过点、线、面的结构组织起来，采取构筑系统方法，以增强其整体性，具体体现古镇区整体历史风貌和文化特色。

以“河”串“点”，以“河”串“面”。通过保护东市河、西市河、南市河等古镇区水系和“一河一路”、“一河两路”、“有河无路”的沿岸水乡风貌带，把古镇内近80%的文保单位和古镇区历史地段串联起来，形成一个能够反映、代表南浔古镇历史文化特色的总体形象。

(五) 南浔古镇旅游开发的思考

1. 保护和继承城镇的“水脉”

南浔水网密集，历史上形成的村镇空间布局，街巷设计及建筑形成都与“水乡”这一独特地理环境有关。镇内是河街相邻、前街后河、水陆并行的空间格局。在景观设计时一定要因水而宜，保持“水乡”特色。要保护好与水乡村镇历史发展密切相关的河湖水系，通过疏浚等整治手段调整原有水网，明确不同河道的社会生活功能，增设各种服务设施，加强水污染治理，使传统景观文化的基质——水的功能在现代水乡村镇、建筑文化领域得以延续。

2. 确立独特文化形象

六大古镇作为整体联合申报世界遗产名录，有利于提升南浔的知名度，但假如仅仅定位在“古镇”这一同类感知层面上，将会失去南浔的特色。南浔因为在六大古镇上规模最大，融合了近现代许多人文景观，表面上看非常分散。也许有人会认为同周庄、乌镇景点的高度集中相比，这是南浔旅游资源开发的一大劣势。但假如换一种角度思考，分散其实可以转换成一种优势。因为旅游景点类型多，旅游线路的设计相比其他古镇来说，可以更加丰富。

针对南浔景点类型丰富、文化较为浓烈的特点，可以采纳旅游地形象区划的理论，按可开发的主题，划分不同的旅游保护功能区进行开发，丰富南浔的特色旅游项目和内容。

三、新市镇案例调查分析

（一）新市古镇概况

1. 地理区位

德清县古镇新市位于浙北平原的杭嘉湖平原腹地，德清县东部。位于德清、桐乡、湖州三县市交界处，历史悠久，人杰地灵，是著名的江南水乡古镇之一，京杭大运河穿境而过，距杭州、湖州、嘉兴均50千米，离宣杭铁路、杭宁高速、沪杭甬高速均为30千米，距萧山国际机场80千米、上海浦东机场220千米，上海至莫干山风景区的高标准一级公路穿境而过，黄金水道京杭大运河绕镇达10余千米，规划建设中的申嘉湖（杭）高速公路在2008年实现通车，并设有新市互通区，交通便捷，地理区位极佳，见图4-8。

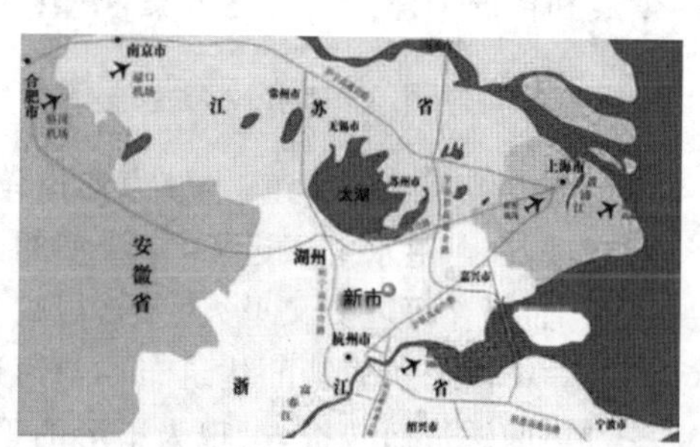

图4-8　新市区位图

2. 人文历史

秦汉时，新市为乌程县辖地；晋、南北朝时为东迁县南疆；宋太平兴国三年(978)三月始称镇。其前身为陆市，古称仙潭，晋永嘉二年(308)夏，淫雨一月，洪水大发，陆市淹没，居人东徙，岁久成聚，谓弃陆市而新徙于此，故名新市，至今已有1600多年历史。新市周边物产丰富，水路运输便利，商业发展较早，远在北宋已是毗邻三县四乡的商品集散地。至明，居民日益增多，商业日趋繁荣。与此同时，全镇"妇女皆务织"，手工业发达。据清康熙《德清县志》载："街自衙之整，人物屋居之繁，琳宫梵宇之壮，茧丝粟米货物之盛，视塘栖较胜。"至民国，抗战爆发之初，沪、杭、嘉、湖等地市民来新市避难，经商者大增，时有工商企业550家，职工3128人。市场之繁荣，为当时杭嘉湖一带所罕见，人称"小上海"，见图4－9。

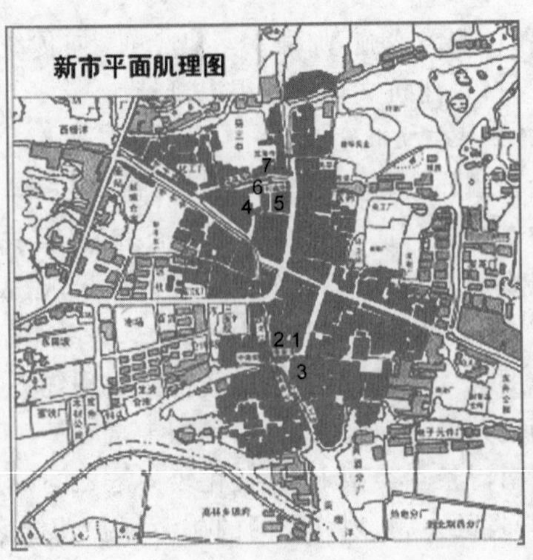

1.镇史馆
2.陆仙楼
3.吟仙子
4.刘王庙
5.民间艺术馆
6.蚕文化馆
7.觉海寺

图4－9　新市平面形态图

新市古镇浓郁的民俗文化和商贸文化堪称别具一格。新市始建于西晋永嘉二年(308)，因此新市的商贸文化从时间可上溯到两晋，从地域能辐射到日本、南洋，尤其是丝绸贸易，新市是中国古代"丝绸之路"的发源地之一。新市同样人文荟萃，南宋有状元诗人吴潜，清朝有影响日本一代画风的画家沈铨，现代有著名神学家赵紫宸和他的翻译家女儿赵萝蕤，中国古桥古船专家朱惠勇。

(二) 新市古镇的形态结构

新市镇为团形市镇，古镇原河道较多，河网密布，纵横交错，京杭古运河从镇南面绕过，古河道水汇入运河，是典型的江南水乡古镇。新中国成立后几经填河造路运动，而现存河道交叉呈人字形，尽端分别汇入西栅洋、南栅洋、梅子浜这些开阔的湖滨。镇内街坊边缘的建筑布局与河道、街道的走向关系极为密切，常常随着河道(街道)的转折而转折，呈现为扇形的平面，空间具有很强的动势。

新市镇的古镇区已遭到一定程度的破坏，新镇区直接插入古镇区内发展，新建的"X"形机动车道打断了古镇区的脉络，造成空间形态和感受上的割裂。有些地段由于居民迁入新镇，房屋年久失修而造成房屋无人居住，景象萧条，表现出新镇对古镇的影响不仅直接作用于空间形态和结构上，还通过对人们的生活方式的改变而渐渐影响古镇的形态。

(三) 新市古镇的风貌元素

1. 骑楼与廊棚

骑楼和廊棚为新市镇沿河民居的最大特色，并且相互连接成片，蔚为壮观。以褐色为主的骑楼和廊棚间点缀着一些白色的风火山墙和拱券，色彩鲜明跳跃，给人以耳目一新的感受。由于新市的古镇区遭到了一定程度的破坏，现在只剩南昌街、南汇街、北平街及西河口几处沿河街道保存较好。陈家潭、觉海禅寺等几个重要的结点空间很有特色，具有鲜明的区域特征和优美的空间形式，见图 4－10。

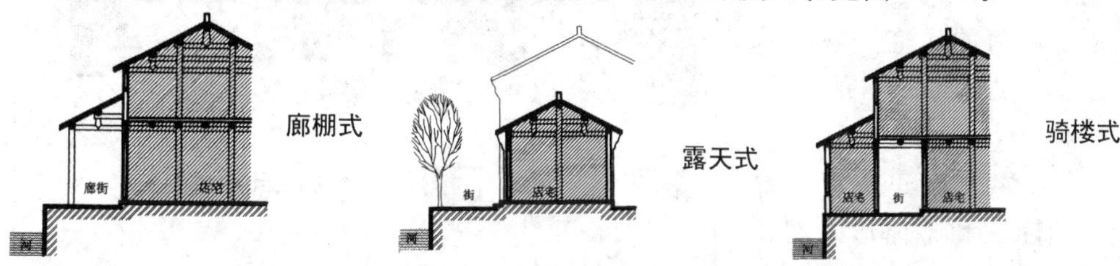

图 4－10　新市沿河民居类型

古镇区的沿河街道上多建有骑楼或廊棚，并且连缀成片，规模较大。廊街形式在整体风格上是统一的，但从构造方式上来看有的是廊棚，有的是骑楼，有的则是这两者的结合，因此内部空间感受富于变化，立面形式不尽相同。券门、河埠、栏杆，以及民居人口的特殊装饰处理也增加了空间的趣味和可识别性。

廊街的尽端经常会做一些特殊的形式处理，如廊街放宽，用风火山墙来限定空间，既强调了起点空间的特殊性，又通过白墙与暗色的建筑立面形成对比而产生强烈的视觉吸引力。墙上开券门，活泼的形式在统一的空间序列中成为视觉焦点。

2. 古桥

新市古称仙潭，因水成市，因水成街，又因水被分割成 18 块，再由架在河面上充满浓郁水乡情调的 72 座桥梁连成一片，36 条各具特色的弄堂贯穿于街市之间，构成典型的"小桥、流水、人家"的诗意画卷。

早在晋朝以前，新市就已形成市井，街道间有弄堂贯穿，市河上小桥横卧。经过千百年的风雨浸淫，逐渐形成了悠久的文化和丰富的旅游资源。

据记载，新市镇区最多时曾有 36 条弄 72 座桥。但因历史变迁，目前保存比较完整的古桥 11 座。太平桥，为单孔石桥，横跨小西河。始建于宋朝，明清时期得到重建。两侧栏杆至今仍保留石狮数个，桥石基座上刻有楹联。当地流传这样的风俗：新婚男女从桥上经过，可期太平吉祥。状元桥，位于镇北乐安港西。因宋朝时新市人吴潜考中状元，后官至左丞相。故得此桥名，蕴含金榜题名之意。

望仙桥位于市河的三岔口上，作为主要沿河街道空间的收束点和视线的终点，在景观上具有很重要的意义。四周居民的屋顶都坡向桥的方向，无形中使其获得了一种中心感。桥的形式简洁古朴，两端延伸入两岸的骑楼与廊棚之下，空间结合得十分紧密。

3. 古建

新市典型的民居形式是开间小而进深大的，在宅内一侧设一跑楼梯，临河设河埠。最靠近桥的上宅下店式住宅利用桥作为上二层的通道，解决了建筑上下不同业主使用同一入口的矛盾。沿河的住宅一般有廊棚式、骑楼式和露天式三种。

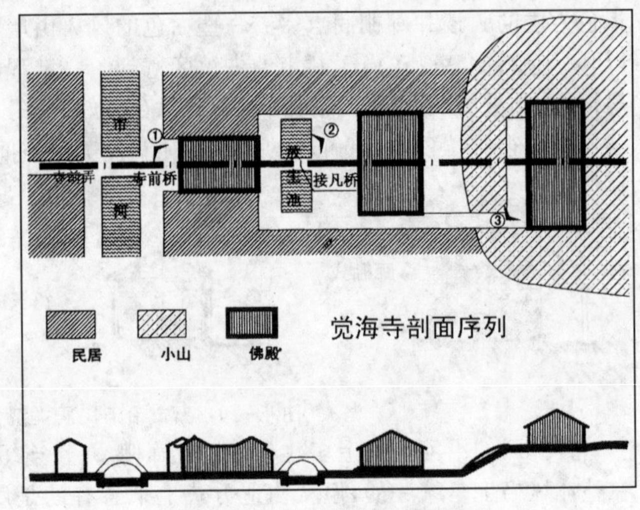

图 4－11　觉海寺剖面序列图

公共建筑里觉海寺的空间序列和整体形式都比较特别，觉海寺始建于东晋，至今已有1600年历史，整个寺庙坐南朝北，坐落在一个小山坡下，寺门临水，充分利用了自然地形的优势。同时还通过建筑的处理，轴线的使用而形成了水—庙—水—庙—山—庙的精巧的空间转换。

觉海寺山门在体量、形式、色彩上都与一般民居形成了强烈对比，觉海寺中采用了佛寺特有的一些建筑符号如黄墙、高侧窗采光，圆窗以及许多装饰图案，在平面上也按照佛寺的一般布局手法，是古镇中重要的空间节点和地标，同时也是寺前弄的对景。寺前广场是镇中举行宗教活动以及其他公共活动的重要场所，见图 4－11。

(四) 新市古镇保护规划的特点

1. 整而合一的规划结构

根据总体规划，城镇发展空间主要向西选择。该规划形成一个古镇风貌保护区，两个中心公建区，三个居民片以及滨河绿带为特色的点线面绿地系统的规划结构，而未涉及城东北工业区。其中古镇风貌保护区北起以觉海寺为中心的历史地段，南沿以市河(西河口)为轴线的沿河地区，保存和完善以传统水乡居民建筑格局为特色的古镇风貌；两个中心公建区，以新区中心广场和老区游憩广场为核心，以中轴道路为纽带，形成功能上有所侧重、互为补充的新区贸易文化中心和老城商业旅游服务中心；三个居住片，以主次路和河流为界，分成三个居住片和八个居住小区(街坊)；绿地系统，以滨河绿地为主体，点线面相结合，充分展示水乡城镇特色。

2. 有机结合的总体布局

在总体规划基础上，遵循规划结构，按新区开发与旧城改造的不同要求，以河流和规划道路为自然边界，从微观上(用地细分至小类)对各规划地块作了总体布局，并相应对各地块提出具体控制内容和要求，强化规划与管理的衔接。

3. 顺畅的路网体系

道路作为新老城区的联系纽带(职能、交通、空间)，水乡风貌的视觉通廊，以环形放射状进行布局。在现状路面基础上，为适应水网密集的状况，构成相对独立的片区路面，注重桥位选择，使片区间具有便捷的联系。

4. 新区开发盎然生机

新区地处城西，交通便利，用地平坦。布局以中心广场为核心展开，相应形成体现现代城镇景观特色的贸易文化中心，安排大型市场、超市、银行、宾馆、科技展览馆、图书馆、影剧院、青少年宫。新区房地产开发将成为新市的现代化主要住区。

5. 水乡古镇风貌依然

以市河为中心轴线的东西侧居民聚集区，是新市最早期的发展地段，现状以居住、工业、公建用地为主，总用地约1平方千米，是体现江南水乡古镇的核心所在。

(五) 新市古镇旅游开发的思考

1. 结合古运河，做水乡文章

新市依偎着大运河这个得天独厚的地理位置与历史文化资源优势，作为京杭大运河的重要节点，是苏杭、湖杭水路交通的要道。

新市古镇的开发模式可以加入古运河作为一个亮点来宣传、规划、建设。大运河作为我国第六批全国文物保护单位，并作为申报世界文化遗产的重要项目，而湖州境内大运河唯一流经的历史古镇就是新市，这样得天独厚的优势是否能让新市在发展旅游较晚的古镇中崭露头角呢?

在新的古镇保护与旅游开发规划中，把握古运河发展史上新市段丰厚的历史遗存，重新整合这些历史遗迹和资源，蚕桑文化、运河码头、水利工程等各种各样的历史遗存都应该得到更多的挖掘与保护。

2. 还原古镇生活气息

虽然古镇的整体延续性不如南浔、乌镇，但是新市开发古镇游，一定要顺应一个“古”字，新市是一个文化积淀深厚，特别是商业和居住生活文化厚重的古镇。因此，可以开发一些古韵味比较足，生活景象真实的项目，一些商业街的新建也可以修旧如旧，让游客走入一个生活气息很重的古镇，某些个别的街道，应保持原貌，把一些该开的店按历史原貌重新开起来，经营的内容也应参照当年的模式，使游客感受到几十年前或更古远的人文景观，仿佛时光倒转的真实生活景象，而不是单纯的作秀形式的旅游景点。现代的人，生活在现代化的大都市。但每一个人都会对逝去的历史有所留恋，新市人有较好的复古条件，定会吸引更多游客。

3. 推广江南佛教文化，发展水乡民俗活动

互动性质的旅游越来越受到青睐的同时，新市古镇的一些传统文化活动又重新遇到了发展承袭传统文化的契机。

图 4-12　蚕花庙会图

唐宋以来，新市蚕花庙会在江南古刹觉海禅寺蚕神殿举办，当时亦属自发，时间在清明时节。春秋时期，越国美女西施于越都会稽（今绍兴）往姑苏送蚕花，途经新市，遇到十二位美丽多姿的采桑姑娘，围在西施轿前翩翩起舞，西施姑娘手托花篮，把绚丽多彩的绢花分赠采桑姑娘，以祈佑蚕桑丰收，从此，西施送蚕花这个美丽古老的故事，就在新市四乡广为流传。每年清明，人们自发相聚举办蚕花庙会，以追念西施，祈祷蚕桑丰收，见图 4-12。

新市的羊肉黄酒节同样既能够推广新市的美食文化，又顺应了旅游中最重要的"食"元素，依托新市在江南古镇中饮食文化的地位拉动新市古镇的旅游，开发还原一些口味纯真的古菜肴来弘扬新市的知名度，这样独辟蹊径的做法，能够让新市在起步较晚的不利现实条件下扭转格局，也为丰富古镇旅游项目做出自己的贡献。

羊肉黄酒节和蚕花庙会这种本身就能吸引很多当地参与者的活动，被当做旅游中互动的活动定期举办后，不仅对推广和弘扬当地文化起到很大的作用，而且可以作为吸引游客的大型活动。

四、实习路线设计及实习内容

（一）实习路线 1

南浔南市河及其两岸—张静江故居和百间楼—小莲庄、嘉业堂实习内容：了解南浔古镇的形态肌理特征，及古镇与河道和水网的关系；掌握古镇中古建筑的结构和特色；了解南浔古镇的旅游开发模式。

（二）实习路线 2

新市西河口两岸—古运河—觉海寺实习内容：了解新市古镇的形态肌理特征，及古镇与河道和水网的关系；掌握古镇中古建筑的结构和特色；考察旅游开发模

式，与南浔开发模式结合，学习发展阶段古镇的阶段性特征；学习古镇旅游保护规划，了解古镇旅游和保护规划的基本内容。

第二章　苏州实习区

一、苏州概况

苏州市是国家历史文化名城和重要的风景旅游城市，是长三角地区重要的中心城市之一。苏州位于江苏省东南部，东临上海，南接浙江，西抱太湖，北依长江。苏州市区中心地理坐标为北纬 31°19′，东经 120°37′。

全市面积 8488 平方千米，其中市区面积 1650 平方千米。2006 年末，全市总人口 616.08 万人，其中市辖区 230.2 万人。苏州市下辖张家港市、常熟市、太仓市、昆山市、吴江市，吴中区、相城区、平江区、沧浪区、金阊区，以及苏州工业园区和苏州高新区虎丘区，见图 4-13。

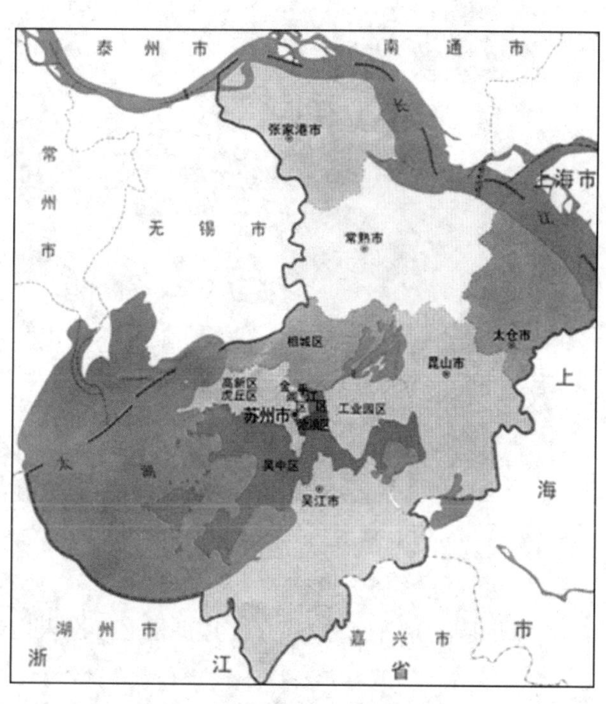

图 4-13　苏州市行政区划图

（一）区位特征及交通位置

苏州的地理区位特征主要表现在其在长三角区域的交通枢纽地位。苏州南面是沪杭和杭宁两条高速公路，中间穿过苏州的是沪宁高速公路和沪宁铁路，北面是宁通高速和沿江高速。另一条穿过苏州的高速公路是南北向的苏嘉高速公路，它的南面接通杭州到宁波的高速公路，北面由常熟过江接通南通。苏州处于东西、南北两线交汇的枢纽部位。这样“丰”字型的高速公路网络，连同312、318、204三条国道，205、209、324、219四条省道，以及贯通南北的京杭大运河和江南内河交通网，形成了立体运输体系，见图4-14。

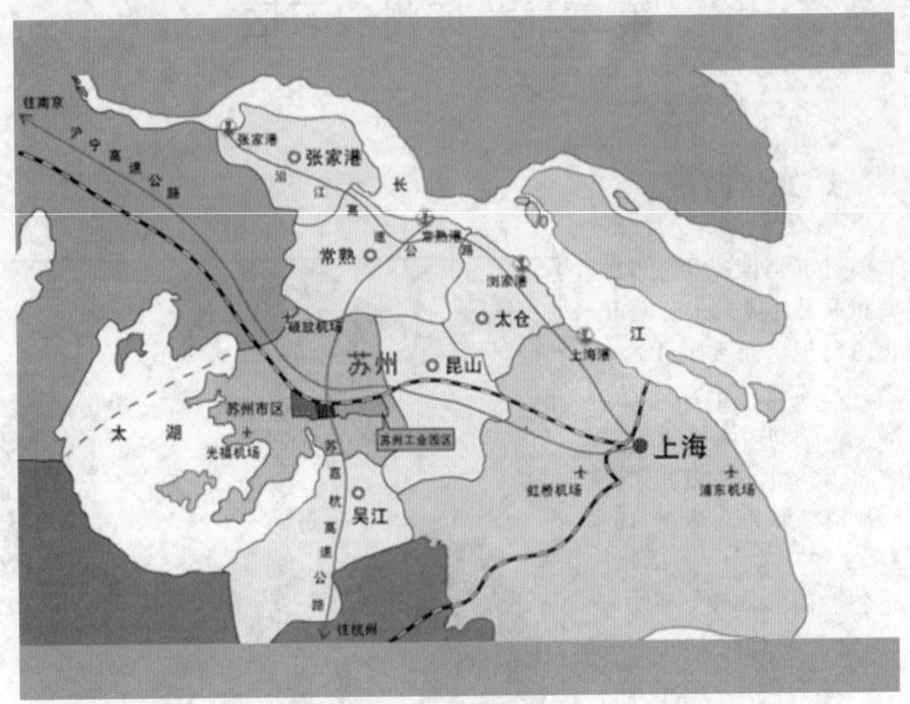

图4-14　苏州在长三角地区的交通区位图

当前苏州的交通枢纽地位表现为：

1. 出入上海的大门

苏州是江苏通向上海的大门，也是上海进入内地的大门。

2. 沿海港口的腹地

苏州处于沿海经济带和长江经济带的结合部，沿长江口的几个港口，已经和上海港为主体的沿海港口组成了对内对外并举的港口群体。

3. 贯通南北的通道

苏州和浙江关系历来密切，是杭嘉湖地区通向中原地区的主要通道，这条通道被人们忽视已久。

4. 沟通内地的纽带

由于苏州处于东西和南北两条干线的交汇处，又是水陆转运的重要码头，也就成为长三角地区和内地交通的联结点。

（二）自然概况

苏州地处温带，属亚热带季风海洋性气候，四季分明，气候温和，雨量充沛。全市地势低平，平原占总面积的55%，水网密布，土地肥沃，物产丰富。苏州地区河网密布，市区是江南水网的中心和全国河流最密集的地区，周围是全国著名的水稻高产区，农业发达，有“水乡泽国”、“天下粮仓”、“鱼米之乡”之称。这里物华天宝，人杰地灵，因其从古至今繁荣发达、长盛不衰的文化和经济，被誉为“人间天堂”，素有“丝绸之都(丝绸之府)”、“园林之城”的美誉。又因其“小桥、流水、人家”的水乡古城特色，而有“东方威尼斯”、“东方水城”之称。现今的苏州已经成为“城中有园”、“园中有城”，山、水、城、林、园、镇为一体的江南古典城市。

（三）人文历史

苏州最初是春秋吴国的都城。吴国的兴起始于商末泰伯、仲雍南来的开发，至寿梦时期，开始在苏州建立临时都城。公元前514年，吴王阖闾采用伍子胥教以的“凡安君治民，兴霸成王，从近制远者，必先立城郭，设守备，实仓廪，治兵库”的计策，重筑都城，奠定了苏州古城的最早基础。

苏州建城迄今已达2500余年，其间城池从未迁徙，虽然苏州在历史上多次遭受兵灾战乱，如南宁末年金兵南侵，曾一把火烧得“吴中街市悉为平地”。“凡地面以上几无一碑一刻之遗”，但是不久苏州即依照原来的街巷河道重建。

苏州，古代名称有句吴、会稽、吴州、吴郡、平江等，隋置苏州，延称至今。苏州别称有吴都、吴会、吴门、东吴、吴中、吴下、姑苏、长洲、茂苑等。

二、苏州古城区

苏州自有文字记载以来的历史已有4000多年，是全国首批24个历史文化名城之一。苏州城始建于公元前514年，距今已有2500多年历史。目前仍坐落在春秋时代的位置上，基本保持着“水陆并行、河街相邻”的双棋盘格局，“三纵三横一环”的河道水系和“小桥流水、粉墙黛瓦、史迹名园”的独特风貌。

（一）古城风貌特色

苏州是吴文化之渊薮，其现状总体格局和风貌仍保留着宋代的特色，古城内保存有丰富的文物古迹。古城面积约为14平方千米，水陆并行，河街相邻，粉墙黛瓦，小桥流水，整体呈长方形双棋盘式。街道两旁绿树成荫，景色宜人。这些优秀的文化遗产作为一种不可再生的文化资源。

精致的古典园林、宜人的街巷、水系是体现苏州老城风貌的重要载体。都是其古文化内涵的重要体现,体现苏州悠久历史和吴文化深厚底蕴的小桥、流水、古建筑、采茶、庙会、舞狮等直观、有生命力、富有生活气息的老城风貌特色显著,城内弥漫着古典、古色、古香的古城气息。

图 4-15　老城区风貌

苏州古城是江南水乡水网城市。唐时,由于城内河道密布,桥也特别多,在白居易和刘禹锡作苏州刺史时,苏州桥数在 370 座和 390 座之间。城门则有水陆各 8 座,每面各有 2 座。至今,城西南角盘门尚留水、陆城门遗址。苏州以河道作为城市骨架,既满足了城市功能,又平添了几许特色。加之江南特有的人文气息,使这座水网成街的江南古城充满了水乡文化的传统韵味,见图 4-15。

(二) 形态结构演变

苏州现在还保存着绍定二年(1229)的《平江图》,该地图记录表现了南宋时苏州城的平面布置:城内有主要河道组成通向城门的干河,由此分出许多支河,通向各居住街巷,傍河两岸是街道市肆与住房,环绕城墙内外各有一道城濠,既是交通环道,又是双层护城河。现在的苏州,对照南宋《平江图》,不仅城市位置、城范围、城市形状、格局、道路骨架与河流的走向大体未变。连许多街巷、桥梁、水陆城门、寺庙的名称都沿用至今。在世界城市发展图史上有如苏州这样结构形态高度稳定,经历 2500 多年而城址不动,格局未变的历史古城实属罕见,因而其文化历史价值亦无可估量,见附图 4。

苏州古城建城伊始,就有周密的选址思想和营建规划,体现了先人科学的建城思想。在随后的演变中,一方面,城市形态总是以其原有形态为基础,呈现出由简单到复杂、由封闭到开放、由无序到有序的垂直向进化的特征,本身具有内在的自组织能力,促成了内部形态的演替重组和外部形态的拓展扩散。另一方面,古代苏州空间形态的演化又时刻处于复杂的、有时甚至是充满偶然性的地域开放系统中,在多层面、多范畴的政治政策、经济技术和社会文化等深层结构的制约和影响下,呈现出水平向分化的特征。在特定的历史时空中和特定的外在干预下,某种结构会起决定性的作用，从而产生各具特色而又丰富多彩的城市空间。虽然在漫长的历史时期呈现出不同的格局和特点。但是，现在苏州古城的整体形态结构格局定型于隋唐时期，成熟于宋元时期。

隋朝的统治虽然很短，但对苏州城市形态的演化起到了深远的影响，唐朝是中国封建社会历史上第二个强盛期，苏州也在这一时期升为江南唯一的雄州，政治地位上升，经济上也获得了长足的进步。其城市形态肌理在这一时期的两大变化如下：

1. 城市呈水陆双棋盘格局

八对水陆城门全部开启，“二八城门开道路，五千兵马引旌旗”。“城中大河三横四直，郡郭三百余巷”，说明苏州城内“水陆相邻，河路平行”的双棋盘式城市格局已定型，小桥流水的水城风貌基本形成。

2. 城市沿用市坊规划制度

白居易曾赋诗“半酣凭槛起四顾，七堰八门六十坊”、“水道脉分棹鳞次，里间棋布城册方”，诗中“里间棋布”的“六十坊”详细地记录了苏州城居住里坊的格局。

宋元时期是古代苏州城市形态的成熟期。一方面，商品经济发展，城市生活日益繁华和开放。另一方面，由于宋政府“尚文抑武”和太湖地区印刷刻书业的发达，苏州的文化教育事业得到很大发展，范仲淹首创苏州府学，知名学者辈出，习文之风盛行。从南宋《平江图》中透视出当年平江府城的概貌。

1. 城市格局呈不规则长方形

平江城四周筑有高大城墙，周约 32 里，设娄、葑、齐、盘、间五对水陆门，偏设而不求对称。其中，盘门是面向都城的主要城门，因此建有高大的门楼。

2. 城市布局主要按功能划分

由子城及其南部的官署群组成的行政区位于城中央偏东南处。子城北部是居民聚居区，大量寺观庙宇插布其中。子城西北部的平权坊、南宋《平江图》功能分区示意图西市坊地带是商业中心区。城西南部靠近盘门处，布置高级驿馆园林区，另外还设有粮盐仓库、税务及仓储管理机构。城市的文教区——府学及贡院亦在城西南。

3. 城市建构以“水”为主题

城内较大的河道有南北向 6 条，东西向 14 条，还有许多支流交织成网状，河道总长约 82 千米。在水陆双棋盘的水网骨架上，高耸挺拔、造型优美的宝塔与周围的寺庙、楼阁、城楼、城墙、官署、宫殿等高大建筑，大片低层民居街坊和星罗棋布的石桥紧密结合，形成优美的水城环境，城市空间丰富而有意境。

4. 旧市坊制为坊巷制取代

《平江图》中 65 座跨大街建造的"坊表",其上书写坊名,不见坊墙和坊门,市坊制度已彻底瓦解。同行业的手工业者聚居生产,形成了以手工业命名的专业坊巷。此外,还出现了很多行业街市和茶馆、酒楼等娱乐场所。

(三)老城保护更新方式

1. 更新的必要性

目前,苏州城市的生活环境设施较差,给居民生活带来了不便,也影响整个古城风貌的保护。对此,苏州市政府提出了"重点保护,合理保留,普遍改善,局部改造"的古城保护和更新方针。

古城如不更新,就会造成自然的衰败,该保的保不住;古城更新保护也切忌急功近利,强求几年内全部动完,造成粗制滥造,这在经济上承受不了,也易人为造成破坏。从苏州古城保护的历程看呈现着一个趋势:技术上日趋成熟,保护难度日趋加大,主体上从政府走向民众,资金承担从完全政府走向多元投入,运行方式由计划统揽走向市场,政府从微观运作走向宏观调控。古城保护将迈向系统化、大众化、法制化新阶段。其中政府最主要任务是完善法规体系,组织规划的细化与特色化。

2. 保护更新原则

1998 年 4 月在苏州市召开了中国欧洲历史城市市长国际会议,大会的主题就是历史城市的保护和发展,通过的《苏州宣言》开宗明义地提出:在当今城市国际化和各种飞快转变的急流中,唯有各自的历史街区、传统文化才能显示出该城市的身份和城市的文化归属,如何把它保护好,使其继续长存下去,已成为该城市整体发展的最根本的因素。

古城作为活的机体,有机更新是必然的选择。政府一方面要全面保护好古城的风貌;另一方面,要考虑通过改造或改善,提高市民的生活环境和质量,以继续保持古城的生命力,促进社会的全面发展。在更新的过程中应严格把握风貌的问题,将重点保护、整治、改善的工作进行下去,对于镶嵌式的更新,应予以慎之又慎、细而又细的具体设计,以保持古城的肌理,保持固有的风貌特色和文化氛围、邻里空间、社会结构等等。

3. 古城保护更新的实践

苏州古城街坊的保护与更新,是以保存、改善为主的分散零星工程,进行这项工程光靠政府不可能。据测算,古城每回迁一户居民政府要花 12 万元,迁往新区要花 9 万元;平江风貌保护区的整治约需 12 亿人民币,仅平江路市政设施 7 种管线下埋费就达 950 万元。就目前经济状况而言,政府无力全部负担,房地产开发公司也不可能干无收益的买卖，这样在古城中就出现了许多无人问津的地段，如在37号街坊改造中就出现这样的情况：破落民房拆除重建，回迁居民已住进新行列式住宅群中，而那些被定为质量风貌较好的民居还没有一家开发公司愿意来进行改善(因为回报率低于他们的希望值)。这些居民至今仍住在不成套的旧居中。他们也很想改善居住条件，许多居民情愿自己投资改善，但在政府的规划方案出台之前，任何人的行动都将是违章搭建。古城保护更新急需政府开发商、民众与规划师联合起来，共同担负起街坊保护与更新的神圣职责。

古城保护更新的方式以政府规划控制引导，民间资本的引进为主，这一方式使得老城更新的效率很高，项目启动比较快，但也带来了一系列负面影响。古城的每一街坊的现状不尽相同，历史性的投入不等，保护的内容、工作量、基础设施的投入也很难统一。总体上说，街坊的有机更新投入大于产出，但它对于古城保护、城市竞争力是至关重要的，这要求政府把社会效益放在首位，在此前提下考虑其经济效益的发挥。

三、苏州园林特点

(一) 苏州园林的地位

中国园林的历史悠久，在世界园林中具有独特的风格和高超的水平，这是早已为世界所公认的。已故国际园林专家杰里科曾准确评价："中国园林在世界园林文化中应列于首位"，"凡谈世界园林，就不可以没有中国"。

苏州园林之盛也具有它的历史渊源。早在2500多年前苏州建城之初，就有吴王所建的离宫别囿。以后，历代有所损毁，有所建树，现存的"沧浪亭"就始建于11世纪，该园的设计已突出表现了"虽由人作，宛自天开"和"巧于因借，精在体宜"的设计思想。在明代300年中，据记载，苏州有宅园270多处。至清代，总数当在三四百处。新中国建立后，苏州园林尚有70多处。但由于历经破坏，至今大体完好、具有一定规模的大约尚有30多处。列入世界遗产的有9处。明清时期，与园林艺术互为影响的绘画艺术有了进一步发展。

中国是世界造园发源地之一，中国园林历史悠久、崇尚自然、自成一体、独树一帜、影响深远，苏州园林是中国园林重要和光辉的篇章。苏州古典园林历史久远、数量众多、造艺精湛，为当今世界所罕见。

苏州是我国著名的历史文化名城和风景旅游城市，也是举世无双的园林城市。中国古典园林精华萃于江南，重点则在苏州。大小园墅数量之多，艺术造诣之精，乃今天世界上任何地区所少见。

(二) 四大名园的特点

沧浪亭、狮子林、拙政园和留园分别代表着宋、元、明、清四个朝代的艺术风格，被称为苏州"四大名园"。苏州的园林作为私家园林，与皇家园林不同，以典雅淡朴、小巧玲珑著称。自古就有"江南园林甲天下，苏州园林冠江南"之说，其中的拙政园、留园更是位列中国四大古典名园。

1. 沧浪亭

沧浪亭位于苏州城南，是苏州最古老的一处园林，始建于北宋庆历年间(1041—1048)，南宋初年(公元12世纪初)曾为名将韩世忠的住宅。沧浪亭造园艺术与众不同，未进园门便设一池绿水绕于园外。园内以山石为主景，迎面一座土山，沧浪石亭便坐落其上。山下凿有水池，山水之间以一条曲折的复廊相连。假山东南部的明道堂是园林的主建筑，此外还有五百名贤祠、看山楼、翠玲珑馆、仰止亭和御碑亭等建筑与之衬映，见图4-16。

图4-16 沧浪亭

2. 狮子林

狮子林位于苏州城内东北部，始建于元至正二年(1342)。因园内石峰林立，多状似狮子，故名"狮子林"。狮子林平面呈长方形，面积约0.01平方千米，林内的湖石假山多且精美，建筑分布错落有致，主要建筑有燕誉堂、见山楼、飞瀑亭、问梅阁等。狮子林主题明确，景深丰富，个性分明，假山洞壑匠心独具，一草一木别有风韵，见图4-17。

图4-17 狮子林

3. 留园

留园坐落在苏州市阊门外，始建于明代。以宜居宜游的山水布局，疏密有致的空间对比。独具风采的石峰景观，成为江南园林艺术的杰出典范。清代时称"寒碧山庄"，俗称"刘园"，后改为"留园"。留园占地约0.033平方千米，中部以山水为主，是全园的精华所在。主要建筑有涵碧山房、明瑟楼、远翠阁曲溪楼、清风池馆等处。留园内建筑的数量在苏州诸园中居冠，其在空间上的突出处理，充分体现了古代造园家的高超技艺和卓越智慧，见图4-18。

图 4-18　留园

图 4-19　拙政园

4. 拙政园

拙政园位于苏州娄门内，是苏州最大的一处园林，也是苏州园林的代表作，明正德年间(公元 1506—1521 年)修建。现存园貌多为清末时(公元 20 世纪初)所形成，占地面积达 41333 平方米。拙政园的布局主题以水为中心，池水面积约占总面积的五分之一，各种亭台轩榭多临水而筑。主要建筑有远香堂、雪香云蔚亭、待霜亭、留听阁、十八曼陀罗花馆、三十六鸳鸯馆等。拙政园建筑布局疏落相宜、构思巧妙，风格清新秀雅、朴素自然，见图 4-19。

(三) 造园手法与特点

追求意的优雅和境的深邃是中国古典园林的重要特点之一。特别是苏州古典园林，由于在极为有限的范围内经营，为求得境的深邃，大多不遗余力地以各种方法来增强景的深度感，使园林空间丰富多变，造成一种极为深远和不可穷尽的空间幻觉。

苏州园林的成就是与它独特的造园手法和造园思想分不开的。造园手法体现在对各造景要素进行构景设计的环节里，采用对景、敞景、分景、框景、漏景、夹景、借景等处理方式将景物与视线巧妙地组合起来。

1. 对景

苏州古典园林通常在重要的观赏点有意识地组织景物，形成各种对景，但不同于西方庭院的轴线对景方式，而是随着曲折的平面，步移景异，依次展开。这种对景以道路、廊的前进方向和进门、转折等变换空间处以及门窗框内所看到的前景最为引人注意。所以沿着这些方向构成对景最为常见。

2. 敞景

景物与视线完全不受约束限制，视线开阔，成一览无余的景象，称为敞景。敞景能给人以视线舒展、豁然开朗的感受，景深层次明晰，景域辽阔，易于激发人的情感，容易获得景观整体形象特征。这种视觉处理方式在苏州古典园林较少单独使用，一般是为达到一种视觉的强烈对比而与其他方式如框景、漏景等手法结合使用。如在拙政园的远香堂对岸观看中部景区时，会感觉视线开阔，一览无余，而且各个景观随着视线依次展开，层次分明，很好地体现了敞景的特点。拙政园的香洲及荷风四面亭、沧浪亭水景、留园的曲溪楼及中部景区等也是敞景手法运用得较好的范例。

3. 分景

景色的层次变换和视象的流动感受是形成构景艺术魅力的必要条件。如果要使景物具有吸引和诱导观赏的作用。那么，空间景物的视觉效果与意境构造，就宜含蓄有致，切忌一览无余，所谓“景愈藏，意境愈深；景愈露，意境越浅”。分景就是根据视象空间表现原理，将景区按一定方式划分与界定，形成园中有园、景中有景、景中有情的构景处理手法。它可以造成景物实中有虚，虚中有实，虚虚实实、半虚半实的丰富变化效果，其处理手法主要有障景与隔景两种。

4. 框景、漏景、夹景

当景物被嵌于框内或透过适当的空漏处来观赏时，常会显得更为美好。框景就是使空间景色以简洁幽暗的景框作为构图前景，使人的视线高度集中于画面的主景上，给人以强烈的艺术感染力。如在拙政园中，水廊的檐和柱将“与谁同坐轩”及周边景色框入画中，以简洁的景框作为构图前景，把最美好的景色展现在画面的高潮部分，给人以强烈的视觉冲击力和深刻的印象。

漏景是由框景进一步发展而来。苏州古典园林中，在围墙及廊的侧墙上，常开有许多造型各异的漏窗，来透视园内的景物，使景物时隐时现，造成“犹抱琵琶半遮面”的含蓄意境。漏景的构成可以通过窗景、花墙、通透隔断、石峰疏林等造景要素的处理来实现。留园的漏景窗、沧浪亭的漏窗景和红枫窗景、耦园的漏窗、拙政园的听雨轩及其漏窗都采用了漏景的手法。

夹景是一种带有控制性的构景方式，主要运用透视消失与对景的构图处理方法，在人的活动路线两侧构造抑制视线和引导行进方向的景物，将人的视线和注意力引向计划的景物方向，展示其优美的对象。多运用于河流及道路构图设计中。

5. 借景

通过视点和视线的巧妙组织，把空间之外的景物纳入观赏视线之中，借以扩展有限场地内的空间感。借景方式可以分为直接借景和间接借景。直接借景可分为近借、远借、仰借、俯借和因时因地而借等多种方式。

四、苏州工业园区

(一) 工业园区概况

苏州工业园区于1994年2月经国务院批准设立,同年5月实施启动,行政区域面积288平方千米,下辖三个镇,户籍人口30万,其中,中新合作开发区规划面积80平方千米。苏州工业园区具有十分优越的区位优势,它地处长江三角洲地区中心腹地,位于中国沿海经济开放区与长江经济发展带的交汇处,距上海仅80千米。苏州城市规划中对工业园的目标定位是:把苏州工业园区建设成为具有国际竞争力的高科技工业园区和现代化、园林化、国际化的新城区。

园区开发坚持走经济国际化和新型工业化发展道路,着力推进高新技术产业化,突出择商选资理念。从产业层次看,在IC、TFT-LCD、汽车及航空零部件等方面形成了具有一定竞争力的高新技术产业集群,已成为国内重要的液晶面板出货基地和芯片封装测试基地,大型客车和芯片产能位居全国前列。目前,园区以占全国十万分之三的土地,创造了全国约3%的IT产值和16%的IC产值,高新技术产业产值占工业总产值比重超60%,世界500强企业在区内投资了112个项目。

自工业园区建设注重城市能级提升,坚持规划先行。园区开发之初,中新双方互派专家借鉴新加坡和国际先进城市规划建设经验,共同制定了富有前瞻性和科学性的园区发展总体规划,编制实施了300多项专业规划,协调布局了工业、交通、商贸、居住、景观等各项城市功能,加快环金鸡湖中央商务区、阳澄湖生态旅游度假区、独墅湖科教创新区"三大板块"建设,致力于营造良好的综合环境。

(二) 园区规划背景

新中国建立后,苏州经济得到了很大的发展。但是,由于历史的局限性,城市的发展过分狭隘地强调工业生产。而忽视商贸、金融和第三产业的发展。在旧城发展工业,难免破坏古城的协调关系,影响居住环境。加剧城市基础设施负担。但是,传统的生活网络和居住网络已逐渐被冲破,而新的居住环境和文化氛围却很难在短时间内建立起来。文化失落、心理失衡、价值失准,使社区的稳定性、安全性和凝聚力衰退,很大程度地影响着古城结构的稳定和风貌的维持。苏州工业园区是中新两国政府间重要的合作项目,1994年2月经国务院批准设立,同年5月实施启动。园区地处苏州城东金鸡湖畔,其中,中新合作开发区规划面积80平方千米。

（三）园区规划特点

1. 规划先行，体系完善

苏州工业园区的规划体系非常完善，所有的建设项目也在规划的层层引导控制中得以建成，规划的执行力和贯彻力都很强。

规划由熟悉苏州人文经济地理的规划专家和新加坡专家共同编制完成，既有地域性，又有国际化的规划思路和眼光。早在新加坡政府于1993年5月向中国政府正式提出合作开发建设苏州工业园的建议之前两个月，新加坡市区重建局就编制了一个概念规划并得到中方认可。从概念规划、总体规划到指导性详细规划，控制性详细规划和重点地段城市设计以及相配套的规划技术规定，形成了一套完整的规划体系。

(1) 概念规划确定园区的长远目标及宏观的控制指标。

(2) 总体规划确定园区的性质，规模、土地利用结构和总体布局，确定园区的交通体系，基础设施标准和规模，环境保护和综合防灾体系及措施，园区发展形态和总体艺术布局。

(3) 指导性详细规划确定各分区域功能开发的指导性技术指标和要求。

(4) 控制性详细规划确定各功能地块的控制性技术指标和要求。

(5) 城市设计确定园区重要地段的景观和建筑及其外部环境的建设控制指标和要求，规划管理技术规定明确项目建设的具体的技术要求。

2. 布局人性化，结构最优化

苏州工业园区的规划当时就在国内比较超前地体现了以人为本的思想，土地的功能布局强调以人为本。合理布局工业、交通、商贸和人口。园区规划思想新颖，手法先进，指标合理，起点较高，其特点如下。

(1) 功能用地布局结构独特。首期开发区采取了轴向布局形式，中间是生活居住用地，商业用地居其核心，两边为工业用地。这种功能布局缩短了人们居住与就业、购物、休闲娱乐等生活需要的空间距离，大大缓解城市交通的拥挤。另外，工业用地运输量大，重型车辆多，它们被布置在园区的南北两边，远离商业区而紧靠园区外围的交通干线，可以使不同用途的交通需要自然分开。

(2) 建立分层次的道路网络体系，实现了高效率的交通功能。通过层次分明，高效的交通网络，创造一个高素质、高效率的居住、工作及消闲娱乐环境这种布局，在上述优点得以充分发挥的同时，又考虑了苏州市的主导风向，工业区布局在主导风向的两侧。

3. 环境生态，景观优美

苏州工业园区湖泊众多，水网密布，金鸡湖、阳澄湖、独墅湖等水体造就了园区独一无二的亲水环境。苏州工业园区的景观规划建设基本上是围绕水系和金鸡湖展开的。

金鸡湖位于工业园区中部，西距苏州古城约4千米，水域面积约8平方千米，比杭州西湖还大1.88平方千米，是构成苏州工业园区新城市景观的重要组成部分，也是苏州市总体规划中最大的市内景观区，见图4-20。该项目由美国著名景观设计公司——易道景观设计有限公司与苏州工业园区设计院共同联合规划设计。金鸡湖规划中将其划分成8个区，见表4-1。

图4-20　金鸡湖规划效果图

表4-1　金鸡湖规划分区

代号	名　称	功　能	规划分区缘由
A	城市广场	都市中心及集会广场	规划为提供大型政治集会及在中心商贸区上班、消费人群的休闲空间
B	湖滨大道	带状坡地形绿地公园	为金鸡湖西侧高密度住宅区所设置的仿自然生态型开放休憩场所
C	水巷邻里	优雅濒湖住宅小区	原总体规划中即为低密度住宅区，又靠近机场路，规划其延续苏州古民居枕河而居的布局形式规划成“水上聚落居住形态”
D	望湖角	生态公园与学习机构	该区原有一些生态群落，且地势低洼，从景观生态学角度上应为金鸡湖地区留有保留性“斑块”，适当布置一些植物园与研究机构
E	金姬墩	水边住宅小区与公共绿地	地块南面均有大河，临湖开阔，拟作为总体规划二区内的高级别墅区
F	文化水廊	都市文娱中心	是二区中心商贸区的轴线最西端，与湖西岸城市广场公共轴线且相呼应，拟布置整个园区的文化、科研、体育中心
G	玲珑湾	曲状邻里绿地	天然湖湾，其四周原规划为高层、高密度住宅区，为突出气势磅礴的400米金鸡湖大桥，布置带状邻里绿地，以供游人及周围居民休憩
H	波心岛	水岛公园	其为人工堆岛，处于城市广场与文化水廊的连接中点，是联系跨湖两区的重要过渡空间，可作为水上娱乐的集中地区

完善开放空间，开发绿色户外空间，以创造一个高素质的居住环境。充分利用水景，利用独特的水域特色（如湖泊和河道），以突出苏州"水城"的特色，并提供赏心悦目的景色。通过设计独特的道路格局和街景，并配合翠绿的环境，从而创造一个具有视觉吸引力的城市环境是苏州工业园区景观生态规划的主旨。

而在环境生态方面，工业园区借鉴新加坡经验，十分重视环境保护工作在开发建设之初就确定了走可持续发展之路的战略，管委会领导多次明确表示："决不以牺牲环境为代价来谋求短期、局部的利益"。

在土地利用总体规划中，园区充分考虑了环境保护，工业园区的环保水平也处于国内工业园区的前沿水平，使得该地有了可持续发展的基础。在控制水污染方面，主要是实行污水与雨水严格分流；在控制大气污染方面，园区是根据总体规划的要求，逐步建设集中供热厂，以减少企业各自建造锅炉，对大气质量造成影响；为控制大气污染，园区对园区内使用燃料进行控制，区内没有以煤为燃料的企业，燃料只采用液化气，及含硫量低于2%的油料；在控制垃圾特别是有毒废物方面，园区是采取集中统一部门处理，避免了垃圾对环境造成二次污染的问题。

园区以南北两大生态保护区为主体，通过一横两纵的生态廊道相互沟通，构筑与市域生态系统相协调、富有明显地域特征的生态网架。在园区周围建立森林公园、风景区、环绕林带和果林，形成绿色保护屏障，为园区输送新鲜空气，净化废气，生态用地面积与园区建设用地面积比在1∶1左右，见图4-21。

图4-21　苏州工业园区规划效果图

(1) 阳澄湖生态保护区。唯胜路西沪宁高速公路以北。阳澄湖生态保护区以生态农业空间为主要内容，禁止第二产业在保护区内布置，第一产业以生态林地、高效农业、特种水产养殖为主体，第三产业以度假休闲会议为主题进行开发，是苏州市四角山水东北生态廊道的主体。阳澄湖生态保护区沿湖要求控制200米的生态林带，阳澄湖水域集中设置养殖区，避免无序扩张。

(2) 澄湖生态保护区。苏州市外环以南、九里湖以东,澄湖生态保护区可结合同里、角直江南水乡风情旅游进行开发,禁止布置第二产业,是苏州市四角山水东南生态廊道的主体。

(3) 生态廊道。以金鸡湖、独墅湖开放式湖滨公园为主体,沟通阳澄湖,形成连续的生态空间,最窄处不少于250米。界浦河生态廊道:以界浦两侧防护林带、基础设施走廊为主体,沟通阳澄湖与吴淞江,形成南北连贯的生态廊道,最窄处宽度不少于300米。

(四) 工业区与古城区的关系

为了适应现代化生活的需要,历史文化名城需要建设现代化的物质设施,但是现代化建设不能与旧城保护对立起来。从近几年苏州城市建设的实践来看:首先将工业逐步从老城区内外迁,一方面,这些产业给老城区带来了严重的环境污染;另一方面也给古城区带来了空前的人口压力和交通压力,导致古城风貌的逐步丧失。其次,对老城进行有计划、有步骤、有范围的更新改造。因此,旧城的结构调整应当与西部新区及东部工业园区的发展结合起来,才能疏解古城压力。因此,在新的一轮总体规划中,城市布局结构形态采用组团式布局,由城市组团、山脉、河湖、大块绿地组成完整的自然空间。各组团相对独立,集中发展,相互间以干道相串联,形成整体的组团分明、多中心、开敞的布局形态。古城作为市域中心,东西延伸,南北贯通,逐步形成"东园西区,古城居中,一体两翼,四角山水"的格局。

苏州积极打造了"一体两翼"的城市格局,即以古城区为主体,以工业园区和高新技术产业开发区为两翼的经济发展格局自从改革开放以来。苏州向东西两翼发展,两翼均是以现代规划理念设计、发展的新城镇格局,建筑、市政道路、城市景观设计各方面均有别于苏州原有的城市特质。古城区作为历史文化名城主要承担着苏州城市的旅游功能和居住功能,而苏州工业园区连同西面的苏州高新技术区成为苏州经济发展的发动机。

(五) 苏州市域中央商务区

1. 中央商务区概念(CBD)

中心商务区,又称中央商务区(Central Business District,简称CBD),最早产生于20世纪20年代的美国。现代中央商务区的概念可以概括为:是城市的功能核心,城市的经济、科技、文化等在此高度集中;交通便利,人口流动巨大;白天人口高度密集,昼夜人口数量变化大;位于城市黄金地带,地价最高。现代中央商务区CBD不同与传统意义上的城市商业中心或商业街,应该是现代服务业的高级形式，是一个地区的经济制高点和对外交往的平台。国际上著名的 CBD 区有：纽约的曼哈顿、巴黎的拉德方斯、东京的新宿等。这些地区一般都集中了大量的金融、商贸、文化、服务以及大量的商务办公和酒店、公寓等设施，并具有最完善、最便捷的交通、通信等现代化的基础设施和良好环境。

2. 苏州市域新中央商务区(CBD)

城市 CBD 应拥有高赢利水平的产业和商务空间的最高聚集度，具有最高的交通可达性，拥有良好的社会服务条件、基础设施和城市景观，对区域经济活动起控制作用，环金鸡湖中央商务区具备了建设市级 CBD 的优越条件。

《苏州市城市总体规划(2006—2020)》明确提出：东部为苏州城市首要发展方向，为苏州城市的“东进”带来了利好。工业园环金鸡湖区域将建设成为苏州市现代化新中心城区和苏州中央商务区。湖东核心商业服务功能区与古城核心商业板块错位，重点发展新型商业业态，最终形成引领时尚的市级商业中心。

CBD 规划定位准确，市场发展潜力巨大。根据苏州经济社会发展的新需要，园区已对原有 CBD 规划进行了调整、完善。新方案功能定位为“服务全市、辐射长三角地区的区域性、国际级 CBD”，规划面积约 4 平方千米，建筑面积 1200 万平方米左右，主要分湖西商务金融区、湖东商业文化区、行政公共服务区三大块和环金鸡湖商圈，见图 4-22。

图 4-22 环金鸡湖区域功能分区

(1) 湖西金融商务区。以发展金融、商务、地区经济为主。主要发展办公楼宇经济，着力引进跨国公司总部、财务结算中心、外资银行等机构，培育金融、保险、贸易、法律、会计、咨询等现代服务行业，最终建成布局合理、功能齐备、独具特色、人气商气最繁荣的苏州现代化城市中心。

(2) 湖东商业文化区。规划面积约为 2 平方千米，以商业文化、国际会展、休闲购物等为主；发展以高档商业购物中心、百货商场、时尚精品、星级宾馆和大型餐饮为主的商业街区、文化产业街区和国际会展街区。

(3) 行政公共服务区。以行政公共服务、中介服务为主。

3. 工业园区标志性建筑(群)

(1) 苏州时代广场。

占地21万平方米，规划建筑面积约51万平方米。商业布局由购物中心、办公商务区、生活休闲区、滨河餐饮区、时尚购物街等部分组成，是一个集零售、餐饮、娱乐、商务、旅游、休闲、文化等元素为一体的综合性消费区域。该项目定位于苏州市域新CBD最繁华的商业中心及标志性商业项目，现已有多家国际知名、特色商户签约，见图4-23、图4-24。

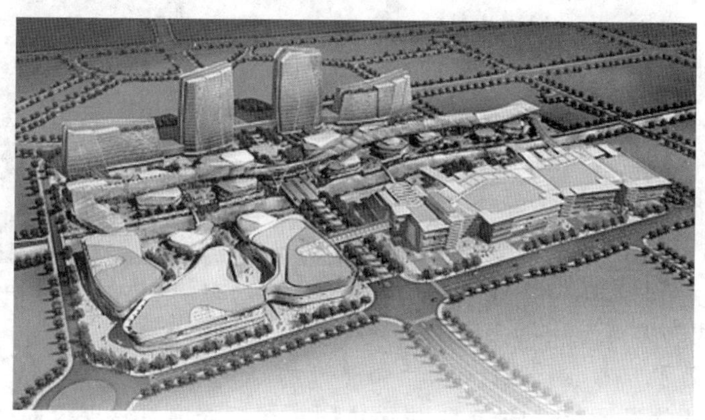

图4-23 苏州时代广场规划

图4-24 标志性建筑效果图

(2) 苏州科技文化艺术中心。

科技文化艺术中心，是苏州市最重要的科技文化旅游场所、科普基地及大众演艺影视中心，位于金鸡湖东岸的文化水廊景区，是金鸡湖景区中最重要的景观。科技中心充分利用其临湖而筑的天然地理优势，临水而筑，地块呈椭圆形，伸入湖面之中，提出了“水和科技”的主题。

由世界著名的设计师保罗安德鲁设计，总建筑面积 13.44 万平方米，造价 17 亿元。整幢建筑设计理念新颖，造型简洁明快，外观鸟巢的现代化建设。建筑采用玻璃镶嵌金属板穿孔技术建成，在阳光下光彩夺目，尤其是其独特曲线立面的照明设计，构筑成了艺术中心最独具一格的夜晚景观。整个建筑外立面共采用了近两万套飞利浦 LED 灯具，是目前国内最大的 LED 照明项目。

中心内包括科技中心，由主展览厅、儿童展览厅、多功能厅构成，通过声光电等手段，让参观者体验富有趣味性的科普活动；演艺中心，将设置一个容纳 1200 人的大剧院，供演出大型歌剧、芭蕾舞等舞剧和音乐表演；一座能容纳 500 人的可用餐式演艺厅；一组小型剧院组成的电影城，见图 4－25。

图 4－25　科技文化艺术中心

(3) 苏州国际博览中心。

国际博览中心地处金鸡湖湖畔北部，现代大道博览广场。占地面积 18.86 万平方米，建筑面积 25.5 万平方米。由美国 SOM 公司、苏州建筑设计研究院承担建筑设计，新加坡新工建设集团承担工程项目管理。拥有世界一流水平的配套设计，布局合理，功能齐全，可承接国际国内大型展览会，成为苏州与国际间进行合作交流的重要窗口，见图 4－26。

图 4－26　国际博览中心

五、实习路线设计及实习内容

（一）实习路线 1

工业园区（湖东区—湖西区—湖东区）实习内容：了解工业园区自然生态环境条件；工业园区规划设计理念在空间布局中的体现；市域中央商务区（CBD）规划布局、功能分区；工业园区公共空间规划设计，主要标志景观建筑设计。

（二）实习路线 2

古城区（干将路—冠前街—四大名园）实习内容：考察苏州园林的造园手法；了解苏州古城保护现状及与新城发展关系。

第三章 宁波实习区

一、宁波概况

（一）区位与区划

1. 区位概况

宁波简称“甬”，位于东海之滨，中国大陆海岸线中段，长江三角洲地区东南翼，宁绍平原东端，即东经 120°55′～122°16′，北纬 28°51′～30°33′。东有舟山群岛为天然屏障，北濒杭州湾，西接绍兴市的嵊县、新昌、上虞，南临三门湾，并与台州的三门、天台相连。全市总面积 9365 平方千米。

2. 行政区划

宁波现行政区划为辖 6 市辖区，3 县级市，2 县，即海曙区、江东区、江北区、北仑区、鄞州区、镇海区，慈溪市、余姚市、奉化市，宁海县以及象山县。

宁波是 14 个对外开放的沿海港口城市之一，1986 年被国务院批准为历史文化名城，在历史上就是中国对外交通贸易的一个重要港口。宁波是我国东南沿海著名的港口城市，宁波港有得天独厚的自然条件和地理位置，北仑港区是我国 4 大国际深水中转港之一，也是世界 10 个能卸 30 万吨大船的港口之一。宁波是我国重要的化工基地，农业资源也丰富。

图 4-27 宁波市域图

(二) 自然环境概况

1. 地势地貌

宁波市地势西南高，东北低。市区海拔 4—5.8 米，郊区海拔为 3.6—4 米。地貌分为山地、丘陵、台地、谷(盆)地和平原。全市山地面积占陆域的 24.9%，丘陵占 25.2%，台地占 1.5%，谷(盆)地占 8.1%，平原占 40.3%，见图 4-27。

宁波境内主要山脉有四明山和天台山两支。四明山又名句余山，是天台山脉的支脉，横跨本市余姚、鄞州、奉化，并与嵊州、新昌、天台三市(县)连接。山峦起伏，蜿蜒连绵，危崖壁立，森林茂密。四明山，据志书载："四明山周围八百里，二百八十峰，峰峰相次，中顶五峰，状如莲花，疑近星斗，山顶极平正，有方石如窗，中通日月星辰之光，故曰四明。"这就是四明山名称的来历。天台山，主干山脉在天台县，宁波境内为其余脉，有 4 大分支从宁海县西北、西南入境，经象山港延至镇海、鄞州区东部诸山。

2. 水文水系

宁波有漫长的海岸线，港湾曲折，岛屿星罗棋布。全市海域总面积为 9758 平方千米，岸线总长为 1562 千米，其中大陆岸线为 788 千米，岛屿岸线为 774 千米，占全省海岸线的 1/3。

宁波沿海潮汐属不正规半日期潮型，一天有两个高潮和两个低潮。平均高潮为吴淞零点以上 3.14 米，最高潮位 4.86 米，平均最低潮位 1.47 米，最低潮位为 0.31 米。三门湾、象山港、甬江的潮差自南向北递减，甬江镇海口外的潮流，每逢农历初一、十五朔望日涨于十一时一刻。市区“三江口”的潮汛则朔望日涨于一时。

宁波有余姚江、奉化江、甬江三江。余姚江发源于上虞县梁湖；奉化江发源于奉化市斑竹。余姚江、奉化江在市区“三江口”汇合成甬江，流向东北经招宝山入海。整个甬江流域，因雨量充沛，水资源丰富。

3. 气候特征

宁波属亚热带季风气候，温和湿润，四季分明，年平均气温 16.2℃，平均气温以 7 月份最高，为 28.8℃，1 月份最低，为－4.2℃。全市无霜期一般为 230—240 天，作物生长期为 300 天，适宜于粮、棉、油料等作物的生长。年平均降水量为 1300—1400 毫米，5 至 9 月，占全年降水量的 60%，见图 4－28。

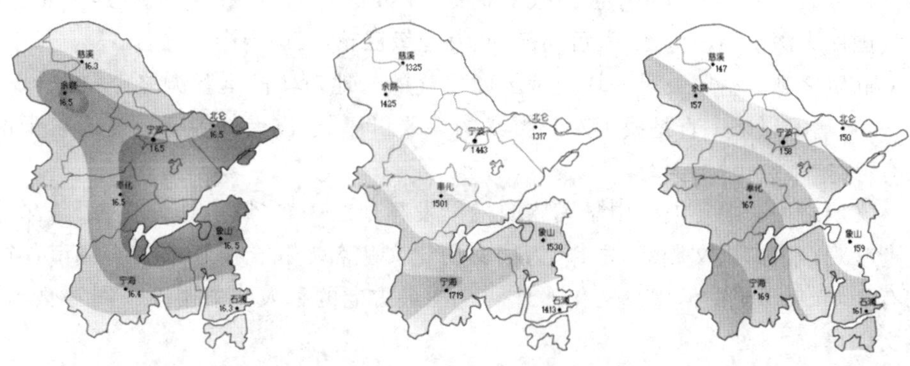

宁波市年平均气温地区分布　宁波市年降水量地区分布　宁波市年雨日地区分布

图 4－28　宁波气候特征分布图

多年平均日照时数 1850 小时，宁波市年平均气温地区分布为北多南少、西部山区比平原少。宁波市的主要灾害性天气有低温连阴雨、干旱、台风、暴雨洪涝、冰雹、雷雨大风、霜冻、寒潮等。

4. 自然资源

全市共有大小岛屿531个，面积524.07平方千米。宁波境内有两湾一港，即三门湾、杭州湾、象山港。这些湾港，因有钱塘江、甬江及众多溪河注入，夹带着大量泥沙和营养物质，为滩涂和近海生物繁殖提供了丰富的养料。

春晓油气田位于宁波市东南约350千米的东海西湖凹陷区域，总面积2.2万平方千米，探明天然气储量达700多亿立方米。而东海向来被誉为“东亚的波斯湾”，海域蕴藏着丰富的自然资源，仅在中国大陆棚上的天然气储量就有5万亿立方米，原油储量约为1千亿桶。

(三) 社会经济概况

1. 区位特色

宁波是我国首批对外开放的沿海港口城市和计划单列城市，也是全国15个副省级城市之一。全市辖3个县级市(余姚、慈溪、奉化)，2个县(宁海、象山)，6个区(海曙、江东、江北、镇海、北仑、鄞州)，陆域面积9365平方千米，海域面积9758平方千米，总人口560万。宁波历史悠久，人杰地灵，文化璀璨，特色鲜明，是一座充满活力、富有魅力的现代化国际港口城市，有东方大港、商贸之都、文明之城、生态之市之称。

东方大港——港口是宁波最大的优势，宁波港有1200余年历史，其中北仑港是我国四大深水枢纽港之一，可通航30万吨级巨轮，居国内港口之首。

商贸之都——宁波是一块充满工商灵气的土地，是“海上丝绸之路”的始发地之一，自唐宋以来一直是我国对外贸易的重要口岸，宁波人以善于经商闻名于世，素有“无宁不成市”的美誉。

文明之城——宁波是中华民族的最早发祥地之一，文脉源远流长，底蕴深厚，遗产壮观，素称“人文渊薮”之邦，为国家历史文化名城和全国首批文明城市，境内拥有7000年历史的河姆渡文化遗址和全国最古老的私人藏书楼天一阁等全国重点文保单位11处。

生态之市——宁波兼得山、河、湖、海之利，旅游资源十分丰富，是国家卫生城市、国家园林城市、国家环保模范城市、全国绿化先进城市和中国优秀旅游城市。

2. 人口状况

截止2008年底全市拥有户籍人口568.09万人，其中市区220.12万人。按户籍分农业人口369.60万人，占65.1%，非农业人口198.49万人，占34.9%；按性别分男性284.84万人，占50.1%，女性283.25万人，占49.9%。表4-2所示宁波市人口密度分布的情况。

表 4-2 宁波市人口密度分布表

地区	人口（万人）	人口密度（人/平方千米）	地区	人口（万人）	人口密度（人/平方千米）
全市	568.09	579	鄞州区	79.63	592
海曙区	30.66	10572	余姚市	83.11	554
江东区	27.25	8015	慈溪市	103.12	758
江北区	23.35	1123	奉化市	48.16	380
北仑区	36.81	615	象山县	53.51	387
镇海区	22.43	912	宁海县	60.07	326

3. 经济社会发展

2008 年国民经济平稳较快发展。初步核算，全年全市实现生产总值（GDP）3964.1 亿元，按可比价格计算，比上年增长 10.1%。其中第一产业增加值 167.4 亿元，增长 4.1%；第二产业增加值 2196.7 亿元，增长 10.0%，其中工业增加值 1990.5 亿元，增长 10.4%；第三产业增加值 1600.0 亿元，增长 11.0%。第三产业增加值占全市生产总值的比重达 40.4%，上升 0.1 个百分点，三个产业的比重从 2007 年的 4.4∶55.3∶40.3 变为 2008 年的 4.2∶55.4∶40.4。人均生产总值为 69997 元（按年平均汇率折算为 10079 美元）。

经济主体总量保持稳定。全年全市新登记内资企业 16896 家，注册资本 304.5 亿元；新登记外商投资企业 332 家，投资总额 31.6 亿美元，注册资本 24.0 亿美元；新登记个体工商户 49104 户，资金额 22.6 亿元。年末实有内外资企业 129545 家，其中内资企业 123050 家，外商投资企业 6495 家。个体工商户 264114 户。

根据国家统计局制订的农村全面小康标准和监测方法，通过对经济发展、社会发展、人口素质、生活质量、民主法制、资源环境等六个领域 18 个指标的分析和评价，2007 年宁波农村全面小康建设的实现度超过 80%，并连续四年位居全省 11 个地级市之首。

4. 交通运输

宁波地处东海之滨，“三江”之口，全国海岸线中段，地理及自然条件优越，有着得天独厚的水路运输条件，交通运输业尤其是水路运输业不仅源远流长，而且一直比较发达。

宁波港经过 10 多年的大规模开发建设，先后建成镇海和北仑两个港区，并在宁波港区增加泊位，完善设施，新建了可容纳 3000 旅客候船的客运大楼。从而由原来单一的区域性河岸港，发展成为由北仑海峡港、镇海河口港和老市区河岸港组成的多功能综合型港口，并且成为全国规划建设中的四大国际深水港之一。与此同时，宁波沿海的石浦、象山湾、穿山等港口也得到相应的发展，见图 4－29。

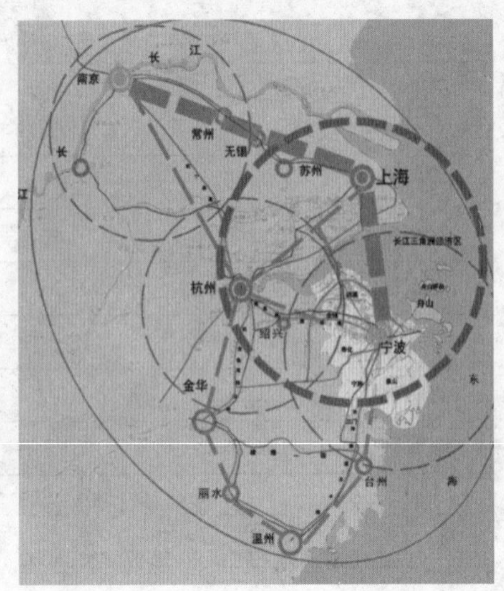

图 4－29　宁波经济辐射图

铁路建设已成一定规模。20 世纪 50 年代修复萧甬铁路，新建宁波铁路北站。萧甬铁路经过技术改造后，通过能力得到相应的提高。

公路建设成就举世瞩目。新中国成立后，每年平均以新增公路 100 千米的速度不断增长。至 1998 年底，全市公路通车里程达 4669.6 千米，公路网密度为每百平方千米 49.9。一个以北仑港、宁波市区为中心，杭甬高速公路、329 国道、甬临线等省道干线为主骨架，四通八达的城乡公路网已基本形成。

内河及海上运输方面，宁波地处江南水乡，河道纵横，星罗棋布，水资源十分丰富，主要河流有甬江、余姚江、奉化江，统称甬江水系。

民用航空方面，自 1984 年 11 月改建庄桥军民两用机场开辟空中航线以来，1990 年 6 月又建成新的栎社二级民用机场。

5. *旅游资源及旅游业*

(1) 宁波旅游资源富有特色。①人文宁波。宁波拥有灿烂的文化。有 7000 年文明史的河姆渡文化，有亚洲最古老的私人藏书楼天一阁；有蒋介石、蒋经国父子的故里和弥勒道场雪窦寺的溪口国家级风景名胜区，还有日本佛教四大流派之一曹洞宗祖庭天童禅寺；有梁祝爱情故事的发源地，拥有全国唯一的梁祝文化主题公园。以千年文明为主题的“古韵宁波”特色线路，组合了江南第一古县城慈城、前童古镇、石浦渔港古城等特色景点。宁波还拥有中国城市“院士之乡”的美誉，共有 92 名宁波籍院士。30 余万宁波帮遍布海内外。宁波大剧院、宁波美术馆、宁波音乐厅等一批标志性文化设施更是这座城市一粒粒闪烁的人文之珠。②水都宁波。宁波旅游资源种类丰富，给许多旅游者留下很深印象的是宁波的水。宁波是一个水之都市，它缘水而生，因水而兴。水景观资源极为丰富，三江汇聚，一湖居中央的城市格局，海、港、江、河、湖、溪、潭、温泉、瀑布等等在宁波一应俱全。宁波的对外开放史就是从河姆渡的渡口走到三江汇聚的三江口，再到镇海出东海的海口，这里有东方大港北仑港，有宁波的母亲河姚江，有一湖居城中的月湖、我国第一个渔文化主题景区中国渔村及清新养生的宁海大森林温泉谷。还有拥有 50 千米黄金海岸线的象山港，是宁波未来旅游业发展的优势和潜力所在。宁波市委、市政府目前正在大力推进“江、湖、港、桥”等重大项目建设。随着世界上最长跨海大桥宁波杭州湾大桥的建成、宁波舟山国际大港的兴建，三江百里文化长廊和倡导“水岸休闲生活”理念东钱湖国家级旅游度假区的打造完成，水都宁波将展示出更为灿烂的前景。③时尚宁波。天一广场、三江六岸、百年老外滩等标志性工程已成为宁波都市旅游新的景观。城市 SHOPPING MALL 天一广场是宁波休闲旅游核心区的地标，夜景流光溢彩。宁波老外滩承载着宁波五口通商的百年历史，是中国最古老的外滩，酒吧、茶吧、咖啡馆、主题餐厅等欧陆建筑风情各异。城隍庙、槐树路、鼓楼等餐饮购物娱乐特色街区，能让人充分领略地方特色风情。④绿色宁波。宁波山川秀丽，气候宜人。这里有田园秀美、世外桃源般的全球生态 500 佳、全国首批 AAAA 级旅游区滕头村。有胜景迭出的天河风景区，有中国水域面积最大的 AAAA 级雅戈尔野生动物园，有充满农家野趣具有农业旅游示范意义的鄞州天宫庄园和慈溪大桥生态农庄。象山海域辽阔，岛礁林立，风光奇特，素有“海山仙子国，东方不老岛”之美誉，四明山是红色摇篮和绿色家园。⑤美食宁波。宁波是历史上著名的鱼米之乡和美食天堂。拥有中国八大新菜系之一的宁波菜，得天独厚的鱼米之乡自然条件和浙东悠久的历史文化，造就了以“鲜咸合一，原汁原味”为特色的宁波美食，宁波海鲜在海内外享有盛誉。⑥商务宁波。宁波是著名的儒商摇篮。培育了包玉刚、邵逸夫、王宽诚等一代商业巨子。宁波的经济充满活力，拥有大红鹰、波导、奥克斯、帅康、海天、杉杉、雅戈尔、罗蒙、太平鸟等著名企业。

(2) 宁波市“十五”时期旅游业发展。近年来，宁波市旅游业在市委、市人大、市政府、市政协的关心和重视下，发展迅猛。2005 年全市接待入境旅游者 43.83 万人次，同比增长 36.12%，创汇 2.48 亿美元，同比增长 62.09%。接待国内旅游者 2352 万人次，同比增长 17%，实现旅游总收入约 258.2 亿元，同比增长 25.8%。主要经济指标增幅均超于全国、全省平均增幅，也超过杭州 10 个以上百分点。旅游经济总收入在全国 15 个副省级城市排名中上升至第六位，宁波旅游发展的实践和探索被国内同行和《中国旅游报》誉为中国旅游业发展中的“宁波经验”。

(3) 下阶段宁波市旅游业发展思路。总体指导思想是：全面落实科学发展观，围绕建设“国内一流旅游经济强市和现代化国际港口旅游名城”的总体目标，按照“发展大旅游、开拓大市场、形成大产业”的要求，加速完善产业体系，全面提升产业素质，综合发挥产业功能，努力增强宁波作为长江三角洲地区重要旅游目的地的综合竞争力和发展能力，为全面建成小康社会、率先基本实现现代化做出积极贡献。

二、杭州湾跨海大桥及对区域经济发展影响

(一) 交通网络影响区域经济发展

杭州湾跨海大桥开工之前,杭州市的区位优势非常明显。杭州位于杭州湾这个大喇叭口的顶端,杭嘉湖平原上,是自东海沿钱塘江西进的第一处较为便捷的渡江位置。在钱塘江大桥建成以前,由北向南绕行杭州湾的交通几乎都需要经过杭州,杭州成了渡江的要道。因此,杭州理所应当地成为了整个浙中北地区的物流中心。钱塘江大桥建成后,其物流中的地位更加明显。加上当时在杭州北郊有笕桥机场这一军民合用机场,单在交通上就占有绝对的优势。这也是杭州市成为浙江省文化、经济、政治中心的一大重要原因。

杭州湾跨海大桥建成之后,将在杭州湾的交通图上形成一个大三角形,这座世界上最长的跨海大桥将使宁波到上海的陆路里程缩短120多千米。从此,沪甬两港间的公路运输可以不通过杭州。表面上看,这在一定程度上削减了杭州的区位优势,其交通枢纽的重要作用减弱了。

但是,从另一个角度考虑,在大桥开通之前,杭州市及其周边的交通已经达到了过度拥挤的地步,尽管周边诸多的公路的建成,在一定程度上缓解了交通拥挤的状况。但是长期而言,由于地区的汽车保有量不断上升,道路的增加并未带来交通情况的大幅度改善。现实情况是,带给杭州的是车辆拥堵造成的社会成本越来越高,对杭州本地的经济产生了不利影响。杭州湾跨海大桥的建成,可以从一定程度上缓解这一状况。杭州湾跨海大桥虽然在一定程度削弱了杭州的区位优势,但从社会总效率的层面上考虑,却是提高杭州市的经济发展效率的。交通拥堵带来的社会成本、物流上造成的低效率的仓储成本以及其他一些低效率的资源利用状态将有所减少。

跨海大桥建设将吸引更多的投资,增加宁波资本力。宁波可以增加利用上海间接引资的机遇。上海的大外商,特别是跨国公司,往往把其海外总部和主要办事机构、研发中心设在上海,而将配套生产基地设在与上海交通便捷的周边地区,跨海大桥的建设能使宁波分享上海投资扩散。跨海大桥的建设进一步优化宁波的港口、保税区、开发区和余姚、慈溪地区的投资环境,吸引更多客商直接来宁波投资。宁波也可以利用上海这一国际金融中心,大力发展宁波的金融业。城市金融业发达,则城市拥有、控制和使用资本数量大,资本的流动性强、成本低,资本对城市价值体系的贡献大。

跨海大桥能使宁波更便捷地满足长三角地区北翼城市对石化、能源、钢铁、水

泥、低强度基础原材料产品的巨大需求，大桥促进杭州湾两岸形成优势互补的国内最大、世界一流的金山—宁波石化工业基地。跨海大桥也会促进宁波与上海、苏南地区经济交往密切，产业关联度增强，带来物流明显增加，宁波有必要也有条件建成综合物流中心。在世界经济向亚太地区转移大潮中，中国长三角地区将成为世界加工制造业中心之一。由于跨海大桥的建成，宁波完全可以依托上海作为平台、承接上海辐射和转移，完全可能成为一个加工制造业基地，这将大大提高宁波城市的竞争力。

嘉兴位于杭州湾跨海大桥北端，大桥建成后，将与周边的交通网络形成一个公路运输枢纽。秀洲的纺织业，嘉善的木业，海宁的家纺、皮革、经编业等，在嘉兴成为新的交通枢纽的同时嘉兴的这些地方特色产业也会有很大的发展。

绍兴位于萧绍平原上，东临宁波，西靠杭州，两者都是经济较为发达的地区。这对绍兴经济来说，存在着很强的拉动作用与嘉兴类似，近乎完善的公路铁路网络，加上杭甬运河的建设对于当地的经济来讲，这将会创造一个很好的发展环境，自然也会带来新的机遇。

此外，由于铁路运输的廉价性与跨海大桥的便捷性，绍兴和嘉兴届时将成为铁路运输、公路运输转换的枢纽。

总体而言，杭州湾跨海大桥优化了浙江省省内的交通网络，据有关专家测算，仅降低运输成本和减少交通事故所带来的经济效益就将超过 440 亿元。跨海大桥对于整个浙江省而言，经济发展效率将由于交通网络的优化而大大提高，这对于整个浙江经济而言，是一个不错的机遇，可以更好地与国际接轨。而宁波市的经济将处于一个更优的环境，将会由其海运业等产业的发展发掘出更多的发展机会，从而带动整个宁波经济，其经济贡献率将会大大提高。

（二）城镇网络的优化影响经济发展

杭州湾地区几乎所有的城镇都是分布在交通网络的结点上。换句话说，由于杭州湾地区地形较为平坦，多为平原地形，其整个城镇网络基本符合克里斯塔勒的“四四制”城镇网络设计，即结合了“市场原则”和“交通原则”，在市场合理分布的前提下，综合考虑到了交通网络的布局。

可见，未建大桥时，杭州以东的杭州湾两岸就会出现类似于“断层”的交通中断，我们可称之为“断层效应”。其结果就造成了类似于空间扭曲的效果，杭州湾南北两地的实际运输路程比两地的直线距离大很多。虽然杭州湾南北岸的航运可以相对地补救一些“断层效应”所带来的缺陷，但是由于杭州湾湾口的特殊地形，潮涌特别厉害，就造成了可通航的时间不多，每年有相当一段时间船只是不能运行的。大桥的建成，将会大幅度地减弱这种“断层效应”，其整个体系将更加接近于完善的克氏“四四制”城镇网络设计，两岸城市间的联系将更加紧密，市场划分将更趋于科学。

“断层效应”的减弱，对于杭州湾两岸诸多的特色产业而言，不仅其分销途径更为便捷，市场的影响也会更加广。比如上虞的制伞工业，其产品可以经过杭州湾跨海大桥这条大动脉流到嘉善、上海等地，而之前由于杭州湾天堑的所在，上虞雨伞的主要市场在杭州、淳安以及江西一带，而很少会想到开辟杭州湾北部的市场。

（三）注意力经济的影响

所谓注意力经济是指“一种以可利用的信息数量扩张和消费者对这些信息可投入的注意力静态数量为基础的经济模式”。在投资市场里，投资者即为消费者。杭州湾跨海大桥在规划初期就一直被新闻媒体报道，以致在学术界产生了杭州湾跨海大桥是否该建的问题，而之后确立并开工的时候，又有过不少的新闻炒作。这些无疑会使得原本不知道杭州湾跨海大桥的投资者了解到这回事。同时，也会有相当一部分人会将注意力转移到杭州湾地区。

新闻媒体的宣传也会产生广告效应，这对于杭州湾地区而言是一种免费的广告。而注意力资源往往是有限的，媒体的宣传吸引了人们对于杭州湾地区的注意力，必然会减少人们对于其他地区的注意力。根据大数原理，杭州湾地区的外来投资必然会增加。只要政府再增加投资用以完善基础设施的建设，就会起到一种加速器的作用，杭州湾地区的经济将会有大幅的发展。

在大桥竣工通车时的大型媒体宣传，也为杭州湾地区打出了辐射范围极大的招商引资广告。只要有优良的基础设施，必然会吸引大量投资。同时大桥也会发掘出更多的潜在投资机会，带来更好的发展前景。

总体而言，杭州湾跨海大桥将会优化整个浙江省乃至华东地区的交通网络和城镇网络，经济发展效率也会因此大大提高。在交通网络优化的基础上，交通运输成本降低，产业的市场区域将会扩大，这就会拉动杭州湾地区整体经济的发展。同时，新闻媒体对于杭州湾跨海大桥的宣传也将成为杭州湾地区投资环境的免费广告，有助于增加杭州湾地区的外来投资，促进资本的积聚，使得杭州湾地区根植性较强的产业形成一个增长极，同时带动周边地区经济的发展。

三、宁波城市发展及镇海工业园区建设

(一) 镇海概况

镇海位于北纬 30°,地球上一条最富活力的纬线,它在中国漫长海岸线连缀的接点,就是长江三角洲南翼中心城市——宁波的魅力城区——镇海。镇海位于宁波市境东北部,北面与上海浦东新区一衣带水,东面和舟山群岛隔海相望,见图 4 - 30。

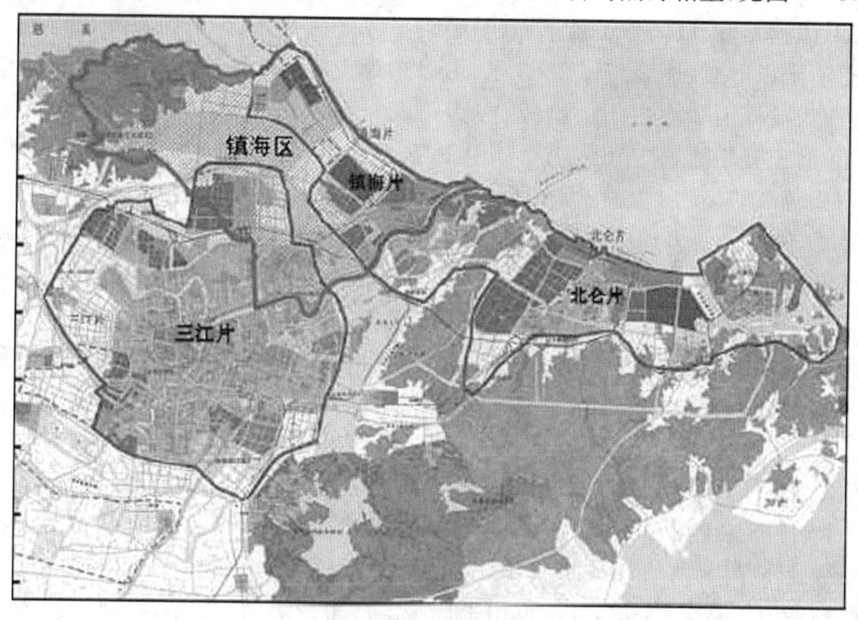

图 4 - 30　镇海区划图

浩淼的东海沉淀了殷厚的海洋历史文化底蕴:宋代对外贸易,镇海是华夏海上"丝绸之路"的起碇港;"浙东门户"独特的地理位置,使这座海天雄镇经历了抗倭、抗英、抗法、抗日战争的硝烟洗礼;19 世纪以来,一批批镇海人漂出甬江口,弄潮于世界经济舞台。于是,他们中的佼佼者使"宁波帮"这个代表着近代中国创业精神的团队名扬四海。镇海还是中国的院士之乡,拥有 26 位镇海籍两院院士;是中国的书画之乡,走出了陈逸飞等数十名丹青国手。历史悠久,人文渊薮,镇海对此做出了最好诠释。

今天的镇海,则是长三角南翼经济中心宁波市的重点发展区。在这片 236 平方千米的土地上,22.5 万镇海人民创造了骄人的业绩:2008 年,镇海人均 GDP 超过 1.5 美元,财政收入人均超过 1.3 万元,城镇居民人均可支配收入 2.54 元,农民

人均纯收入11910元，成为浙江省经济最发达的县(市、区)之一。

1. 自然环境

(1) 地貌。镇海处宁绍水网平原东端，地形狭长，地势西北、东南两端高，中间平，甬江由西南流向东北入海，横贯境内中部。全区地形分西北平原低丘、中部丘陵平原和东南丘陵岛屿三大类型。甬江以北为西北平原低丘，属宁波北部水网平原，系全新冲积、海积湖泊、河泊淤积形成，地表高程2—3米(黄海高程系，下同)。平原西北缘为低山丘陵，属四明山余脉，高程均在100—400米之间。甬江以南为中部丘陵和平原间隔地带，其丘陵属天台山余脉，高程多在200—500米之间。以灵峰山体相隔，山以西称长山平原，与鄞东平原连成一体，为第四纪冲积、海积和湖泊、河泊淤积形成，地表高程2—3米；山以东为大碶——柴桥平原，北沿金塘港，西南两面为灵峰山和太白山山脚线，亦为第四纪海浸沉积形成，地表高程2—3米。境内东南丘陵岛屿，称穿山半岛。其山体系天台山余脉延伸，半岛南北两侧棋布大榭、梅山等岛屿20余个。环海山间多峡谷平原，系洪积和海积形成。

(2) 气候。镇海属亚热带季风气候区，温和湿润，四季分明，光照充足，雨量充沛，无霜期长。年平均气温16.3℃，日平均气温稳定通过10℃，持续时间231天至235天。年有效平均积温4920～5030℃。无霜期237天，年降水量1310—1370毫米，年雨日148天。年日照时数为1944.3小时，日照率为44%。但夏秋间的台风，春季低温多雨和秋季多阴雨，是农业不稳定的自然因素。

(3) 土壤植被。全区土壤分低山丘陵、滨海平原和水网平原3种地带性土群，土壤总面积724平方千米。低山丘陵，包括山旱地、山垄地、山坡地共约359.33平方千米，占全县土壤面积49.7%；滨海平原，江北起自官塘路，江南以石高塘、王公塘为界，形成南北两块弯月形状海相堆积平原，面积约210.66平方千米，占全县土壤面积29.1%；水网平原，处于低山平原与滨海平原之间，面积154平方千米，占全县土壤面积21.2%。

镇海属中亚热带常绿阔叶林亚地带。历史上森林屡遭摧残，原始植被几乎绝迹，取代者为针叶林、阔叶林、灌丛、草丛等次生植被及人工引种植被。沿海滩涂草本植被，总长约89.7千米，滩涂塘堤两岸芦苇丛生，塘下滩涂尚有三棱藨草、盐田碱蓬、小飞蓬等，草本植被覆盖率40%～70%。沿海丘陵针叶林占全县林地206.13平方千米的90%，暖性针叶林主要有马尾松、黑松和杉木，其中马尾松达约126.67平方千米；温性针叶林主要有柳杉、金钱松等，仅少量分布。沿海丘陵阔叶林，现存多为次生类型，主要由石栎、青冈、苦槠、枫香、木荷、赤皮椆、红楠等，多分布在县林场、共同、杨岙和招宝山。沿海平原竹林植被，常有香樟、木荷、杉木、毛竹，其中沿海咸地哺鸡竹为镇海特产，常年约0.27平方千米左右。

(4) 江海滩涂。甬江，源出奉化、新昌乌山，流向东北经横涨至宁波三江口；另一流出上虞西梁湖坝，经余姚市境至宁波三江口汇会，续向东北至镇海口注入灰鳖洋，流域面积 5299 平方千米，三江口以下称甬江，古代称大浃江，流长 26 千米，其中镇海段长 16 千米。甬江系平原常年性河流，今港道宽 270—404 米，最宽处 600 米。河口潮汐属不规则半日潮，平均潮差 1.75 米；平均涨潮历时 6 小时 23 分，平均落潮历时 6 小时。年雾日 24 天。灰鳖洋，镇海区东北部，南北长约 40 千米，东西宽约 30 千米，面积约 1200 平方千米，为镇海区、慈溪市和舟山地区共有。洋内水深多在 5—10 米之间，由西向东渐深；年平均水温 17.3℃，年平均盐分 18‰，年平均风速 5.7 米，年平均雾日 12.7 天。潮汐属不规划半日潮。年平均落差 2 米左右。底质均为泥沙。可行驶 5 万吨以下船舶。镇北滩涂，位于镇海区东北沿海，东起镇海港区外游山，西北至澥浦巴子山，外沿灰鳖洋，东西长 16.5 千米，南北宽 1.5 千米，面积 20.8 平方千米。系淤泥、粉砂泥组成，落潮时间长，涂泥深厚，盛产泥螺、黄蛤、跳鱼等涂产；由于地理位置优越，遂为工业发展基地，已围地面积 16.67 平方千米，作镇海炼油厂、镇海港区。镇海城北发展区等工业用地。

(5) 水资源。全区多年平均水资源总量 52889 万立方米(含重复利用水)，其中地表水资源 48759 万立方米，占总量 92.2%；地下水资源 4130.72 万立方米，占总量 7.8%；人均水占有量 1100 立方米，亩均水量 1230 立方米。全区多年平均降水总量 11.009 亿立方米；多年平均年径流深 470—920 毫米；径流总量 5.09 亿立方米。时空分布规律与降水相似。

(6) 潮汐、海浪。甬江口属非正规半日潮型，24 小时 50 分为一周期，涨潮、落潮时差为 6 小时左右。但受天气变化等因素，涨潮时间误差为 1 小时左右；镇海最大潮差 1.9 米，平均潮 1.75 米；表层平均涨潮流速为每秒 69 厘米，平均落潮流速为每秒 58 厘米。镇海附近出现海浪有风浪、涌浪和混合浪 3 种类型，但以混合浪为主。海面出现海浪波高平均值 0.5—0.8 米，最大波高 1 米左右，周期 3.0—4.0 秒，浪向多偏东。冬季海面经常出现 8—10 级偏北大风，由此产生偏北大浪，涌浪平均波高 0.5—2.5 米，最大波高 1.0—3.0 米，周期 4.5—6.0 秒。

(7) 动物资源。镇海有兽类 29 种，据民国《镇海县志》记载，在明清时代，江南常患虎灾，白昼啮人，数次猛虎入城。最后至 1941 年郭巨鼡岙猎获 1 头。新中国成立后，其他兽类数量日益减少，近年来野猪类有所增加。常见鸟类有 42 种，原有老鹰、喜鹊、乌鸦、八哥甚多。自抗日战争开始至新中国成立初期因大松林及樟、柏古树砍伐严重，兽类鸟类失去筑巢场所而锐减，至今仅山区偶尔有见。两栖类动物“镇海棘螈”，产于瑞岩寺林场溪流，现列为浙江省保护动物。身长 7—8 厘米，背和体侧均呈黑色，有蜡光，腹朱红色，有不规则黑斑。头部大，四肢细长，尾侧扁。

2. 社会经济环境

(1) 人口及行政区划。区域面积 236 平方千米，户籍人口 22.5 万人。截至

2005年12月31日，镇海区辖4个街道、2个镇，24个居委会、62个村委会：蛟川街道、骆驼街道、庄市街道、招宝山街道；澥浦镇、九龙湖镇。

(2) 城市建设。镇海城市建设按照"三带三区"规划构想和加快三片联动、相向发展的建设思路，老城区城关片围绕"甬江、城河、古塘、南街"四条轴线，着力于城区形象和居住环境的改造提升，相继实施了沿江景观带、古海塘景区、城区入口公园、人民公园、向辰园、车站路—城河路街景整治等一大批绿化、美化、亮化工程，初步形成了五分钟绿地步行系统和一路一景、一街一景的城市形象。镇海新城庄市片以宁波大学为依托，致力于大学城的开发建设，规划区域面积23.4平方千米，总投资109亿元，是浙江省2003—2007年的百亿工程之一，见图4-31。

目前已落户项目有浙江纺织职业技术学院、宁波科技学院、中科院材料研究所、宁波城市职业学院等高等院校和浙江万里国际学校、镇海中学分校等基础教育学校，开发建设集"高等教育、高科技孵化、高品位人居、优美环境"为一体的大学城；镇海新城骆驼片规划区域面积22平方千米，规划人口30万，目前已全面启动开发建设。计划通过充分发挥区位优势，辐射服务周边产业园区，建设成为融商贸物流、办公、现代居住为一体的综合功能区域，成为宁波大都市北片重要发展区块。

通过构筑"八横七纵"道路为重点，加快了城市基础设施建设。临江路、北外环、世纪大道、绕城高速、新城主干道、化工区主干道、大庆路等道路基本形成了联系区内外的道路交通网络。区域排污主干网和后海塘污水处理厂、粪便处理中心、垃圾综合处理厂、扩建宁波化工区污水处理厂等城市基础设施正抓紧建设。完成了110千瓦宝山变建设，建设220千瓦虹桥变、110千瓦澥浦变。实施姚江大工业引水、跨甬江白溪水库引水等水资源综合利用工程。

积极创建国家级生态示范区，以海天、雄镇、镇骆、清风、威海路等生态林带建设为重点，全面推进了全区生态绿化建设。

(3) 产业经济。随着工业经济总量的快速增长，镇海日渐发展成为一座东海工业重镇。20世纪70年代，镇海炼化、镇海发电厂等一批国家重点工程落户镇海。如今，这里已聚集了多家部、省、市属重点企业，成为浙江省大工程单位最集中的国家大工业基地。围绕建设特色园区、精品园区的目标，全区开展了大规模的基础设施建设，做好筑巢引凤文章，形成了几大特色产业园区：镇海经济开发区，以精密机械、电子信息、仓储物流为主导产业；骆驼机电园区，以机电行业为主导产业；宁波化工区，以"炼油乙烯"项目为支撑，以烯烃、芳烃为主要原料，发展三大合成材料及其深加工为特色的石油化工产业，已经成为长三角地区举足轻重的重化工业基地。在这片充满活力的热土上，一批批国际跨国公司纷纷抢滩入驻，韩国LG、日本东芝、荷兰阿克苏诺贝尔等国际著名企业，成为区域经济发展的强劲动力。一个以机械电子、精细化工、石油能源、轻纺食品为主体的工业格局业已形成。2008年全社会工业总产值 1587 亿元，同比增长 20%，其中区属工业总产值 618 亿元，同比增长 8%，年销售收入超亿元企业超过 120 家。

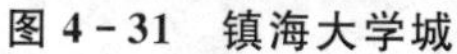

图 4-31　镇海大学城

图 4-32　镇海龙鼓队

(4) 社会事业。镇海区是“全国文化先进县(区)”和“浙江省文化先进区”称号。镇海口海防历史纪念馆是全国百家爱国主义教育示范基地，全国青少年教育基地，浙江省国防教育基地、浙江省妇女爱国主义教育基地，被国务院公布为第四批全国重点文物保护单位。群众性文化活动全面繁荣，拥有民间文艺队伍 30 多支。镇海龙鼓队荣获中国民间文艺最高奖——“山花奖”，见图 4-32。文艺创作硕果累累，电视连续剧、器乐合奏、摄影作品、民间舞蹈、歌曲创作、报告文学等在全国、省、市评比中多次获奖。目前镇海区正在全面启动商帮文化工程。

教育呈现均衡发展的良好局面。目前，全区共有各级各类学校 53 所，托幼园所 83 家，全区教职工 2346 人(宁波市名师 6 人)，在校学生 37103 人，在园幼儿 8480 人，是浙江省首批教育强区。以镇海中学为龙头一批重点学校、特色学校脱颖而出，打响了镇海教育的品牌。在全省率先普及了高中段教育，高等教育毛入学率达到 35%以上，8000 多名外来流动人口子女享有均等的义务教育权利。教育现代化建设进一步加强，建成了镇海教育信息网并基本实现了“校校通”。

全区共有医疗卫生单位 15 家，其中区级医疗卫生单位 5 家，中心卫生院 2 家，全系统固定资产总值达 10100.8 万元。镇海每千人拥有医生 2.61 名，护士 1.89 名，病床 4.50 张。2003 年 7 月 1 日率先在全市实施以农民住院医疗统筹为主、大病困难救助为补充的新型农村合作医疗制度，为 9.5 万农民建立了基本医疗保障。公共卫生体系建设和社区卫生服务工作进一步加强。

镇海又是体育强区，群众性体育运动蓬勃开展，全民健身意识日益普及，青少年蹦床技巧学校在世界、全国和全省比赛中成绩斐然，体育市场管理逐步规范。

其他各项社会事业也取得长足进展。全区的药品、食品管理监督日益规范化、制度化。

(5) 旅游资源。镇海旅游资源独特，自然人文景观相互辉映。素有东南第一山美誉的招宝山，挟江临海、瑰丽夺目，拥有全国最大、保存最完好的古海防遗址和著名古寺——宝陀禅寺；叶氏义庄、包玉刚故居、邵逸夫旧居、郑氏十七房古建筑群等宁波商帮名人遗迹，体现了宁波商人的文化精神；九龙湖旅游区野趣浓郁，景色秀丽，成为旅游开发的热土。2004 年，全年接待国内旅游人数 82.60 万人次，国内旅游收入 7.46 亿元，分别增长 20.3%和 20.7%，国际旅游外汇收入 74.53 万美元，见图 4 - 33。

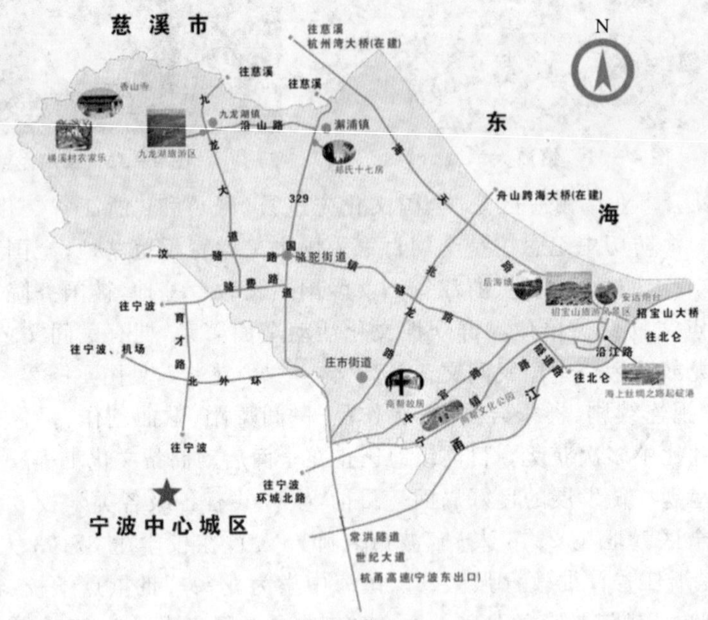

图 4 - 33　镇海旅游景点示意图

镇海交通便捷，周边景点众多。主城区距杭甬高速入口 20 千米。329 国道横贯境内，可达杭州、舟山。每天有客轮往来于岱山、嵊泗。经甬江水底隧道和招宝山大桥与北仑区、鄞州区、江东区相贯通。镇海东通“海天佛国”普陀山，西接水乡绍兴和杭州西湖，南连天下奇峰雁荡山，北往上海也仅 3 个小时车程，杭州湾跨海大桥和舟山连岛工程将使镇海的交通区位优势更加明显，成为游览普陀山的主要通道。

(二) 镇海区域经济环境

“十一五”期间，宁波市委、市政府确定了“东扩、北联、南统筹、中提升”的区域性发展战略。在宁波打造现代化国际港口城市的建设过程中，作为“中提升”核心之一的镇海，承担着宁波市作为华东地区重要的先进制造业基地、现代物流中心和交通枢纽，以及浙江省对外开放窗口和高教、科研副中心等重要职能。

镇海区发展的基本方向是沿海石化产业基地、滨海现代居住区，依托临海、临港资源、教育科技资源、自然风景和历史文化遗产资源，以发展大型临港工业、近海物资中转基地、电子信息、新材料等高新技术产业为主导，同时大力发展商贸物流、科研教育、旅游等第三产业，着力培育和发挥好三方面的功能，即以镇海新城区为载体的宁波北部商贸中心，以老城区为载体的浙东生产性港口物流中心，以宁波化工区为载体的国家级石化产业基地。

至 2006 年，镇海区创造 GDP130 亿元，工业总产值 445.1 亿元，财政一般预算收入 27.3 亿元，固定资产投资 89.7 亿元，自营进出口总额 40.3 亿美元，其中出口 14.1 亿美元。人民生活稳步提升，城镇居民人均可支配收入 19674 元，农民人均纯收入 9136 元。城乡统筹与各种社会保障体系走在全市前列。生态环境建设加速推进，国家级生态示范区创建工作成效显著。各项改革稳步推进，科技、教育、文化、卫生、体育、老龄、计划生育等各项社会事业协调发展。

镇海区主要有化学原料及化学制品制造业、通用专用设备制造业、废弃资源和废旧材料回收加工业、金属冶炼及压延加工业、纺织业等工业主导产业。

镇海区形成了化工区、机电园区、经济开发区、金属园区四大产业园区，已成为镇海区经济增长的主要承载空间。

（三）镇海工业园区

1. 概况

镇海工业园区建设始于 1985 年，经过近 20 多年的发展，共建设开发 8 个工业园区。2003 年以来，区委、区政府根据工业集聚发展的要求，确定了经济开发区、骆驼机电工业园区、澥浦化工区、蛟川工业园区。四大工业园区的确定，有利于有限资源的合理配置。有利于政策导向作用的发挥，对于园区成长和发展将起到十分积极的推动作用。4 大工业园区总规划面积近 62.5 平方千米，到 2003 年 5 月底已累计开发面积近 8 平方千米，2003 年计划开发面积约 4.83 平方千米，到目前已完成约 1.9 平方千米，完成计划的 39.3%。目前园区共有企业 640 多家，园区产业类型为机械、化工、电子、通讯、纺织服装。2008 年上半年就完成全社会固定资产投资 66.04 亿元，同比增长 42.2%，增幅全市排名第一（全市 13.7%）；其中，工业投资完成 34.36 亿元，同比增长 15.1%。各园区的开发建设如下。

(1) 经济开发区。镇海工业园区成立于 1992 年，是经浙江省人民政府批准的省级经济开发区，首期规划面积 9.22 平方千米，延伸开发 34 平方千米。依托镇海的区位优势、功能优势和资源优势，镇海经济开发区以功能划分为精密机械工业（A 区）、高科技电子工业（北欧工业园区）（B 区）、仓储物流加工工业（C 区）、精细化工工业(D区)等四大产业园区,见图4-34。

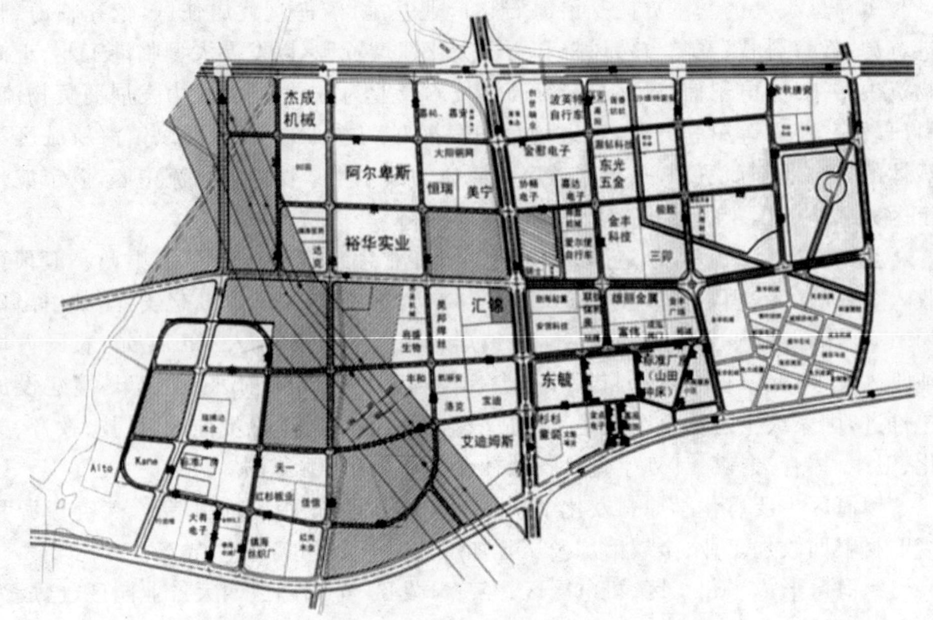

图4-34 镇海经济开发区A、B区地块用地规划图

经济开发区A、B两区控制性详规已通过会审,挪威工业园区也完成了规划会审。A区基本完成“五通一平”,B区“二纵二横”主干道2003年5月份已启动。2003年计划投资1.92亿元,实际已完成3300万元,重点是挪威工业园区、A和B两区“二纵三横”主干道对接和开发区区域调整。除供电尚未启动外,其余基础设施建设进展较好。绿化4万平方米,占计划的50%,完成30万元通讯投资。道路建设实际完成1.9千米,占计划的22%。至2003年5月底,园区工业经济运行基本情况好,完成产、销、利分别为9.3亿元、9.4亿元和0.71亿元,分别完成年计划的44.2%、42.5%和35.5%。同时已签约8个项目,协议利用外资5600万美元;在谈项目16个,协议利用外资2.1亿美元;意向性项目25个,意向投资2.5亿美元。

(2) 骆驼机电工业园。2003年计划总投资1.2亿元,目前已完成0.36亿元,园区已完成3个规划:8.2平方千米的控制性详规、8.2平方千米园区效果模型图、村民拆迁规划。道路建设规划为“一纵四横四联”,总长度约12千米,2003年计划完成7.8千米,至目前已完成2.34千米,除骆费路、童家路外,其余道路均可在浙洽会之前出形象,原来老工业园区的绿化、路灯、人行道建设也可在浙洽会之前完成。完成了新建供水管线,园区道路两侧绿化已完成工程的30%,完成了2.1千米排水管网铺设，新建通讯线路尚在建设中。至5月底，园区工业经济运行基本情况良好，完成产、销、利2.7亿元、2.4亿元和1800万元，均完成年计划的30%。

外资招商方面，2003年已落户和增资的有6家，完成合同利用外资1710万美元，占计划的90%，实际利用外资110万美元，征地约0.13平方千米。2003年以来，新签约外资项目7个，合同利用外资634万美元，用地约0.08平方千米；在谈项目7个，总投资2560万美元，用地约0.4平方千米。

内资招商项目已签约16家，总投资4亿元，征地约0.33平方千米，准备签约7个，用地约0.086平方千米；在谈项目4个，用地约0.67平方千米，其中机械集团、明星化工、埃美柯落户的可能性较大。

(3) 澥浦化工区。化工区一期的1.2平方千米中0.73多平方千米土地已布满项目，共有项目22个，6个已投产，6个正在搞基建，累计总投资3.1亿元，其中1.6亿元用于基础设施建设，2003年计划投入7000万元，目前已完成3300万元。目前余下0.4平方千米土地征用工作已经启动。基础设施建设方面，0.4平方千米土地的临时路6月份可完成。投资690万元的自来水厂已具备每日1.5万吨供水能力，1、2号供电站供电可基本满足约0.73平方千米内工业企业用电需求。投资1500万元的供热一期工程已完成单体试车，每小时20吨。通信一期工程(500门)完成。一期每日1万吨的污水处理，投资约3300万，已可集污准备试运行。已开通到市区、城区的370、374、377、375路公交车。2003年计划新增的供电线路、供水管道、排污排水管网尚未启动。

(4) 蛟川工业园区。控制性详规正在论证，水电、绿化、通讯等基础设施的设计已完成。总体规划为2平方千米，2003年计划开发0.4平方千米，总投资约6000万元，目前已筹资1500万元，其中600万元为土地征用款。园区由于征地工作难度大，因此开发没有实质性进展。基础设施目前只完成500米的道路填土，其他供电、供水、绿化、排水、通讯均尚待启动。用水、气方面，正在争取炼化支持，进入方案论证阶段。

项目方面，2003年以来已签约3个项目，协议利用外资1476.5万美元，内资1000万元。在谈项目1个，协议利用外资1600万美元。意向性项目1个，估计投资为1000万美元。

2. 区域经济影响

镇海工业园区是区域经济的重要增长点，发展园区经济是走新型工业化道路的重要途径。10多年来，镇海致力于园区经济发展，在整体上实现了技术进步、资源利用、效益提高、机制创新等方面的飞跃——如果把时光倒退20年，我们就能看到那时镇海区工业处于分散型状态，332家企业分布于各乡镇。由于受时代制约，这些企业主要集中在纺织、建材等行业，普遍存在技术水平较低、开放程度不够和管理体制不合理等问题,工业经济犹如没有握紧的拳头缺乏强劲的冲击力。

"八五"计划中,镇海区开始规划建设工业园区,以此为起点,跃马驰骋渐趋成熟的市场经济。1992 年,镇海经济开发区正式成立,随后 10 来年,骆驼机电园区、宁波化工区陆续建成,并开花结果。现在,镇海区企业无论是空间布局还是内部结构都渐趋合理:骆驼机电园区着力发展机械装备业,镇海经济开发区重点发展电子、精密机械产业,宁波化工区重点发展石油化工产业,产业集聚初步形成并产生良性辐射效应。

经济专家认为,产业集聚化的工业园区为镇海区经济发展带来了契机。以园区为品牌,以产业定向招商,有利于吸引国内外影响大、实力强的大公司、大企业,从而大规模引进境外资金、人才以及管理经验。镇海经济开发区是最好的例子,园区成立后,先后引进 LG 公司、金丰机械、阿克苏诺贝尔、阿尔卑斯电子等名企业、大企业。据园区管委会介绍,上述四家企业的总投资额就达到 4 亿美元,其中 LG 公司 2004 年实现工业产值 35 亿元,在镇海工业经济中扮演了重要的角色。与此同时,这些企业就像是能量源,镇海区中小型企业通过与它们加强配套协作、技术交流,加快了技术更新、产业升级步伐,推动了自身发展。

工业园区还为企业提供了良好的发展平台。根据有关部门测算,一个企业依托园区发展,可以节省公共设施投资 10%,节约土地 15%,降低治理污染费用 5%。以宁波化工区为例,该园区目前已经完成并正在建设诸如污水处理厂、深海排污管道、垃圾焚烧中心、久丰热电厂、化工区 220 千伏变电站等一批公共配套设施。园区管委会表示,园区基础配套设施一体化建成后,他们可以把水、电、油等部分生产要素直接"送"到企业,减少企业投资成本。与此同时,镇海区环保局认为,园区基础设施的建设也有效地起到了减污作用。

世界著名经济学家哈佛大学教授波特认为,国家竞争优势源于一个相互增强的"钻石"系统,他特别强调产业集群在区域竞争中所扮演的重要角色。镇海区的园区经济正应了他的理论。据统计,2004 年,工业园区累计实现工业总产值 99.4 亿元、销售收入 99.8 亿元、利税 11.2 亿元,产、销、利占区属工业比重为 42.9%、44.2%和 59.2%。此外,当年 70%的利税来自于经济开发区、机电园区和宁波化工区三大园区。上述数据显示,园区经济已经在镇海区经济总量拉动、区域竞争中处于举足轻重的地位,它为镇海其他经济、社会事业的发展作出了巨大贡献。数据同时也显示,在相当长一段时间里,工业园区建设还将是镇海区经济建设的一个重点。

（四）工业园区存在的问题

1. 规划问题

按照“先规划后建设，无规划不建设”的原则，规划应该是工业园区建设的重要前提条件。但是规划的制定有自身的一套法定程序，需要一个较长的论证过程，而当前招商引资中项目的引进却时不我待，因此目前园区规划的制定与引资项目的布局存在一定的衔接矛盾。首先是园区的规划范围不确定。如：宁波化学工业产业园区究竟是在20多平方千米还是30多平方千米范围内作规划目前还没有统一思想，目前澥浦和蛟川各自开发，缺乏规划上的衔接和统一。其次是园区的产业定位和布局未予明确给2003年后产业定位留下了风险。如化学工业自身布局有一定的规律，当前的各自开发建设很可能与化学工业布局规律产生偏差，留下今后调整的隐患。再就是当前园区内基础设施建设由于没有规划指导，缺乏整体的布局思路考虑，为今后园区发展所需的基础设施布局留下了大量的衔接工作，同时也在规划上制约了园区的基础设施建设。

目前制约机电、化工园区建设的主要因素是水和电。机电园区的供水只能满足现在企业需求，一旦大项目进入则出现很大缺口。化工园区目前实际供水能力为每日0.6万吨，虽然每日1.5万吨的自来水厂可试运行，但由于水源污染，自来水厂无实际供水能力，目前澥浦约0.73平方千米土地内的企业用水为每日2万吨，缺口已较大，部分企业已受供水缺口制约。化工园区二期启动后，需水量将超过每日5万吨，缺口将进一步加大。用电方面，只能满足约0.73平方千米土地内的企业用电，今后随着中化公司等大项目的落户，用电缺口将进一步扩大。机电园区随着规模的扩大，供电也有进一步需求。

2. 管理问题

宁波机电工业产业园区和宁波化学工业产业园区均与宁波市科技园区一样被定位为市级6个重点工业园区之一，但是在园区的管理协调体制和开发体制上与市科技园区存在明显的差距，在园区的管理上至今未明确过相应级别的管理层次和开发机构。这种园区开发建设的利益主体的模糊，对园区的规范化开发建设产生了很大的不利影响。在目前的市场经济条件下进行园区的开发建设必须明确利益主体和投资主体。目前宁波机电工业产业园区以骆驼街道管理为主的体制和宁波化学工业产业园区以化工开发公司为主的开发管理体制难以适应市级工业产业园区开发建设的需要。

3. 园区开发建设资金问题

目前全区的工业产业园区均处于发展的初级阶段，也即处于园区开发建设的负债投入阶段，需要大量的资金投入基础设施的完善过程当中。但由于对于工业产业园区未来收益的不明确或预期收益存在不确定性，造成了目前工业产业园区的筹资困难和对未来还贷难度的担忧。金融系统对工业园区的开发建设缺乏足够的信贷信心，各工业园区自身受制于资金筹措的难度也产生了一定的畏难情绪，这都影响了工业园区的顺利开发建设。经济开发区下步用于AB相向开发及后海塘区块的开发需8000万元资金，急需解决。澥浦化工区急需基础设施建设资金4000万元，目前园区主管部门财力有限，向银行融资又比较难，资金缺口大，影响了园区建设进度。机电园区下阶段资金缺口达4000万元，需要研究解决。

4. 土地问题

机电园区反映前期征地难度大，土地报批速度慢，造成项目和基础设施建设等待土地落实的被动局面，进而影响企业贷款。化工园区一期土地已用完，二期约3.87平方千米土地交付使用可能要经过土地沉淀，中间有较长等待期，明年不一定能用，也将造成项目和基础设施等待土地现象。

蛟川工业园区首期启动地块征地涉及蛟川的南洪村和澥浦的湾塘村。由于部分农民认为土地补偿标准欠高，南洪村尚有73户农民拒受征地土补偿费。湾塘村因行政村撤并导致的土地补偿金的资产融合问题，原棉海村部分农户抵触情绪激烈，征土地难度很大。当前需要妥善解决土地征用中的问题，推进蛟川园区开发顺利进行。

5. 园区规模问题

目前各级各类工业园区共规划60多平方千米，已开发近8平方千米，已有工业企业341家，平均每家占地约0.02平方千米。按此比例，剩下的规划园区内土地还可引进2040家左右的工业企业。当前园区全部工业企业平均产值约为每家500万元。若以每家600万元计，全部工业园区新增产值空间为120多亿元。若以每家1000万元计，全部工业园区新增产值空间也只有200多亿元，与鄞县一家企业就有50亿—60亿元的年产值相比，均太低。因此工业园区规模偏小也是比较突出的问题。

6. 园区的产业定位处于产业链的低端市场

当前园区产业以机械、化工、电子、纺织服装等传统产业为主，基本上是劳动密集型或劳动—资金密集型企业，产业和产品结构与周边地区具有很强的同构性。园区企业普遍引进的项目起点低、产业技术档次不高，一入园就面临产业结构调整的要求。利润率低明显地表现为处在产业链的低端。

7. 潜伏着园区短周期运行的可能性

一是政策的短期性。目前许多园区及相关政策都有优惠的周期界限，而企业是逐利的，追求利益最大化，一旦政策优惠到期，企业出于成本控制的考虑就有另谋他处发展的可能性。二是产业缺乏配套。目前园区处于工业化中期阶段，发展和引进的工业项目大都是大用地、大耗水电的传统资本密集型项目,这类项目往往要求较强的产业配套和基础设施配套,但园区才起步不久,配套能力正在建设当中。三是园区企业人才非本地化。企业入驻园区时往往是从外地自带技术人才和管理人员,本地员工很少受到技术和管理方面的培训,这种人力资源结构对企业的长期可持续发展产生不稳定性。

(五)促进工业园区建设的主要对策建议

工业园区存在众多问题,面临严峻经济发展的挑战,其建设已到了重要的转折关头,必须按照园区向科技、特色方向的转化规律,抓住历史机遇,力争主动,抢占战略制高点,赢得工业园区发展的新飞跃。当前关键是要选好突破口和工作重点。针对工业园区存在的问题提出下面几点对策建议。

1. 进一步统一思想,提高认识

一是要充分认识工业园区建设的必要性。当前工业园区化、集聚化的发展模式是产业升级、增强产业竞争力和有效解决中小企业发展中深层次矛盾和问题的内在要求,体现了工业化和城市化发展规律的必然要求。二是要树立园区建设整体观念。要把两个市级重点园区和省级经济开发区看作工业经济整体的有机组成部分,它们的关系应是分工合作关系,应避免各自为政、分散发展和无序竞争造成的对整体利益的损害。三是要以发展为中心克服园区开发建设过程中的土地征用、资金的筹措与还贷平衡、拆迁工作等各种困难。四是坚持可持续发展原则,实现经济发展和环境保护"双赢"。

2. 做好概念性规划

确定产业布局的框架,以解决当前中心工作招商引资的项目布局与园区规划滞后的矛盾,避免出现大的定位失误。可以用概念性规划解决这个问题。因为概念性规划不需要像总体规划那样复杂的法定程序,是带有研究性质的规划,可以节省时间。只要通过概念性规划明确一个区域的产业布局定位即可指导招商引资项目的布局,避免出现大的产业布局失误。

要坚持规划先导原则,坚持先规划、后建设,园区规划必须服从城镇总体规划、土地利用总体规划和道路等基础设施控制性详规,既顾及当前工业经济发展的实际情况,又考虑今后工业结构调整的需要,根据世界工业园区发展必然向科技园区进化的规律,要超前规划符合信息化带动工业化发展趋势和知识经济发展趋势的基础设施。规划编制要做到"四统一"。

(1) 园区规划和城镇总体规划、产业发展规划、土地利用总体规划、道路等基础设施控制性详规相统一。

(2) 供热、供水、污水处理等基础设施必须统一设计。

(3) 公建设施(主要是配套集体宿舍、办公及科研中心、产品展示中心等)要统一规划建设。

(4) 园区内道路、绿化、建筑风格等要统一协调。规划编制必须体现整体性、规范性和超前性,一次规划,分期实施。对启动区块,要做详细规划。对园区内的不同区块,在布局上应使同类企业(或工业)相对集中,成片布局。

3. 建立相应的管理协调机构和开发机构

宁波化工区至今未成立化工区管委会,只成立了宁波化工开发有限公司,但其企业性质决定了在基础设施建设、管理协调、接商引资方面难以发挥重要作用。宁波市机电工业园区则是跨行政区域的园区,今后协调的工作量很大。要根据利益共享原则,调动各方积极性,形成目标统一、分工明确、上下联动的运作模式。建议尽快设立宁波市化工区管理委员会和宁波市机电工业园区管委会,分别统一负责园区管理、对外招商、项目申报、协助做好工程建设、税费收缴等事务,其组织机构和管理体制应与宁波开发区、宁波科技园区等市级工业园区相同。

4. 完善工业园区的政策体系

建设工业园区,要坚持内外有别的原则,在土地价格、税费收缴等方面给予一定优惠政策,从而降低区内建设成本,鼓励企业进园发展;要运用土地调控、规划导向等手段,加强对园区外新建设项目的控制;要努力推进市场化运作、鼓励供电、供水等部门和民间资金参与园区的开发建设,达到共同发展。建议市、区两级政府加快制订园区发展的配套政策,使之成为完整的政策体系,加大镇海市级工业园区的扶持力度。

5. 缓解工业园区的瓶颈制约

抓紧总体规划的进度,推进基础设施建设,缓解工业园区的瓶颈制约。在做概念性规划的同时,总体规划也要同步进行,因为园区基础设施布局必须依靠园区控制性详规的指导。要抓紧推出园区控制性详规,明确基础设施布局,为缓解要素瓶颈制约提供规划基础。

6. 招商引资要加强与产业园区产业群培育的衔接

是否拥有吸引外资来合作的新兴产业和有活力的企业,成为区域能否成功引进外资的重要条件。一些新兴的工业化地区的投资者,更加注重产品价值链的衔接,即配套环境。如中国台湾 IT 等产业投资者进入大陆,特别注重选择产品价值链衔接良好、同行业企业多、市场氛围好的区域,也就是通常所说的群居和聚集效应。镇海经济开发区开展行业招商后,如金丰机械公司的大型机械加工能力被相关行业的外资企业看好,外资合作项目或合作意向项目陆续增加。要突出特色优势原则,在明确工业园区功能定位后,培育以产品价值链为主的中观经济环境,塑造环境型基础设施,这是今后招商引资中的最具吸引力的条件,需要在经济工作中花大力气去培育和创造。

四、宁波城市功能发展及北仑港区建设

(一) 北仑概况

1. 北仑区位与区划

北仑位于宁波市东部，濒临东海，三面环海，北临杭州湾，南临象山港。北仑港区，系深水良港，位于甬江口门东侧金塘水道南岸，西起甬江口岸长跳嘴灯桩，东至柴桥镇穿山港的人渡码头。因邻近有小岛北仑山得名。地理坐标北纬 29°56′282″，东经 121°53′052″(以北仑山顶为准)，见图 4－35。

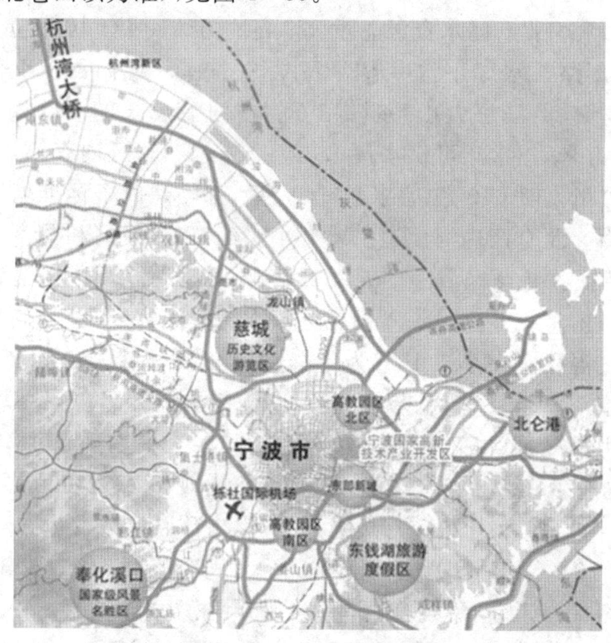

图 4－35　北仑区位置图

北仑区区境四至：东部峙头洋面与普陀区交界；南部梅山港洋面与普陀区、鄞州区交界；西部自甬江至象山港洋面与鄞州区接壤，陆地边界线勘定全长 44 千米；西北部以甬江中心线与镇海区交界；北部金塘洋面与定海市洋面交接(大榭岛的行政区划界仍属北仑区)。

2. 自然环境概况

(1) 地势地貌。北仑区地处宁绍平原东端。地形西北和中部为丘陵和平原间

隔地区，其丘陵属天台山余脉，以太白山为起点，主山体向东走向，为本区主山区；另一条诸山总称灵峰山，基潜入海域，分布一群岛礁。由灵峰山体相隔，山以西称长山平原，与鄞东平原连成一体，地表高程2—3米。环海山间有峡谷平原，系洪积和海积形成。冲积、坡洪积平原，分布在上傅、上阳等处，形成较宽广的山间谷地。滨海湖沼平原，主要是大碶平原的高塘、大碶、霞浦一线以南地带，地势平坦、海拔平均2米左右。滨海海积平原，主要是高塘、大碶、霞浦以北地带，大榭岛、梅山岛、穿山半岛有小面积分布。

北仑区东南、西北丛山连绵，属天台山余脉。主峰太白山为区内最高峰，山脊线与鄞县交界，山带走向朝东，直入峙头洋，为北仑区主山区。另一条自太白山向北走向，越育王岭，至青峙杨公山，濒临蛟门，泛称长山，山高均在海拔600米以下。

北仑区著名山岭为戚家山、金鸡山、瑞岩山、太白山等。

(2) 水文水系。北仑区水资源总量3.9亿立方米，拥有10万立米以上水库31座，其中最大的新路岙水库正常库容1077万立方米。境内河流交织，总长度765千米，小浃江、岩泰、芦江三大小系贯穿其间，占河流总长的72%。水库河流兴利库容5275万立方米，正常年可供水量1.3亿立方米。辖区内有第一线海塘85条，总长度102.8公里，江塘10条，总长度14公里，都已建成了标准塘，有较强的抗御自然灾害的能力。北仑区内河航道主要有小浃江河、璎珞河和及芦江河与屯埭河。

(3) 气候特征。北仑区属亚热带季风气候区，面临东海，气候温和湿润，四季分明，无霜期长，雨量充沛，台风、暴雨、冰雹、大雪等灾害性天气时有出现。

北仑平均气温稳定在小于10℃为冬季；大于22℃为夏季，界于10～22℃为春、秋季。全区春季82天，夏季88天，秋季64天，冬季132天。年平均气温16.5℃，常年以1月份为最冷月；以7月和8月为最热月。年平均雨量1316.8毫米，雨日150天。年平均有2—3个台风影响，最多年份出现6个。台风影响主要发生在7—9月份，8月为最多，9月和7月次之，严重影响台风多数发生在8月下半月至9月上半月，约占70%。年平均雷暴日30.5天，最多的有44天。梅汛期多年平均出现在6月中旬至7月上旬，平均梅雨量244毫米，梅雨日26天。

冬季盛行西北风，气候干燥寒冷，极端最低气温−6.6℃，年平均出现一次寒潮天气。春季气温开始波状回升，雨量逐渐增多，东风渐占优势。夏季以东南风为主，降水主要集中在梅汛期和台汛期，7、8月份进入晴热少雨的伏旱季节，9月份进入秋季，气温开始回落。极端最高气温40.5℃。

(4) 北仑资源。北仑区海涂产品资源丰富，有泥螺、青蟹、跳鱼、蛤蜥、蛏子、蚶子等，是发展海涂经济的良好基地。区内土壤种类繁多，资源丰富，宜种性广。以低山丘陵红壤面积最多，其次是水稻土、潮土、盐土，面积最少的是低山顶部黄壤土。

3. 社会经济概况

北仑区域陆域面积593平方千米，区内有中国港口皇冠之称的北仑港，有宁波经济技术开发区、宁波保税区、宁波出口加工区等国家级开发区和中信公司独家开发的大榭开发区。经过20年的艰苦创业，北仑区域的开发建设取得了巨大成就。在昔日一片滩涂地上，现已初步建成经济繁荣、社会进步、基础设施良好的临港新城区，成为宁波市最具增长潜力的经济强区和利用外资的龙头，成为浙江省对外开放最重要的产业基地和形象窗口，成为国家级开发区中投资环境综合评价最好的开发区之一。

2004年，全区实现国内生产总值200亿元，比上年增长17.5%，其中，实现第一产业增加值6亿元，第二产业增加值148亿元，第三产业增加值46亿元，分别比上年增长5%、17.4%和17.8%，三次产业占国内生产总值比重为3∶74∶23，人均生产总值达到了62476元。全区完成财政一般预算收入42.1亿元，比上年增长31.1%，其中区本级完成财政一般预算收入14.3亿元，比上年增长30.1%.全社会固定资产投资165亿元，比上年增长36.4%。全年新批外商投资项目139个，其中千万美元以上项目50个，合同利用外资10.5亿美元，实际利用外资5.8亿美元，分别比上年增长16.9%和9.5%.建成区面积达到31.7平方千米，总投资12.9亿元的行政中心、体艺中心、商务大楼、港务大楼、中心广场等城市亮点工程基本完工。城镇居民人均可支配收入和农民人均纯收入达到15800元和6900元，分别比上年增长10.7%和8%。

北仑主要块状特色经济有花卉业、水产养殖、蔬菜业、经济特产、畜牧业、粮油生产、模具业、文具业等。

4. 人文历史

位于东海之滨的宁波北仑区广大劳动人民长期以来在生产活动和社会活动中创造了丰富的民间舞蹈，北仑区辖郭巨、柴桥、大矸和长山，民间舞蹈多集中在柴桥、郭巨两地，有造跌、狮子舞、舞龙、车子灯、马灯、高跷、狮子白象等等，这些民间舞蹈代代相传不断发展，丰富了人民的文化生活，柴桥街道老曹村的狮子白象是众多民间舞蹈中的一种表演形式。

(二) 北仑港口区

1. 港口风貌特点

港区水域自甬江口经北导流堤的堤头灯塔，至长跳嘴灯桩连线以东，从澥浦山与金塘岛西北端太平山灯塔连线以南，至金塘岛东南端宫山与大榭岛北端涂泥嘴灯桩连线以西，面积150平方千米，见图4-36。

北仑港区港域大部分水深在50米以上，航道最窄处宽度亦在700米以上。25

万吨级重载海轮可自由进出，30 万吨级可候潮出入。水域广阔，可供锚泊作业水面有 34 平方千米，约可容万吨以上船只 300 艘同时锚泊。岸线长而顺直，沿岸超陡水深流顺，不易落淤，10 米以下水下岸坡相对稳定，无需疏浚。

港区位于南北航线与长江干线交汇处附近，距长江口仅 129.64 千米，紧邻上海，与天津、神户、大阪、高雄、中国香港、武汉等构成近乎等距离水运网络，有条件成为华东地区外贸深水大港、各主要港口的深水中转港。陆域宽广，可供开发海滩五六十平方千米。背靠陆域施工材料砂石资源丰富，可就地开采。

图 4-36　北仑港口图

规划的北仑港区包括大榭岛、梅山岛和穿山岛，深水岸线达 120 千米以上，可建各类生产性泊位 285 个，其中深水泊位 152 个。现在北仑港区已发展成拥有多座深水泊位组成的大型泊位群体，形成了综合性的深水大港。

2. *形态结构演变*

宁波港除了北仑港区外还有镇海港区、宁波港区。改革开放以前宁波港的含义只在于宁波市区甬江边上的几个破旧码头，只能装停 3000 吨的小船，20 世纪 70 年代末的总吞吐量只有 210 万吨。改革开放初期，国家开始建立宝山钢铁基地，由于原材料基本上都是国外进口，而宝山的整体规模和大量的进口都需要一个港口的支持，当时选中的是宁波的北仑山建一个特大码头。北仑最大的优势就是天然深水港。于是在 1970 年开始兴建 10 万吨的码头。随后一个码头变成了两个、三个，直至现在的规模。

20年的发展已经使北仑港区粗具规模，成为宁波港最主要的，起决定性作用的港区。尽管北仑的降生仅仅是作为宝钢建设的一个组成部分，在从当初的附加物到今天和上海港的分庭抗礼的过程中，现在的北仑已不仅仅是一个配套码头，而是在整个中国链上占有举足轻重地位的工业原料中转基地。

3. 北仑区规划特点

近年来，北仑坚持以工业化带动城市化，确立了“一体两翼”的城市框架，投资近100亿元，相继建成了凤凰山主题乐园、行政中心、中心广场、体艺中心、港务大楼、九峰山景区、曼哈顿商业广场和凤凰城商业街等一批城市现代化亮点工程，丽晶五星级酒店、国际购物中心等工程正在建设，3.6平方千米的中心城区雏形初现。

为响应新农村建设，同时随着临港大工业的快速发展和综合实力的日益增强，北仑加大了以工促农、以城带乡的力度，切实抓好“三农”工作，统筹城乡发展，为社会主义新农村建设奠定了坚实的基础。

五、实习线路设计及实习内容

(一)实习路线1

杭州湾跨海大桥实习内容：了解杭州湾跨海大桥建成的意义；学习跨海大桥对区域经济发展的影响。

(二)实习路线2

宁波市区—镇海工业园区—北仑港区实习内容：了解宁波市自然、人文和区域经济发展环境；考察镇海工业园区规划布局和发展现状；考察镇海工业园区存在的问题；北仑港区的建设特点；了解北仑港的规划特色。

第四章 上海实习区

一、上海概况

上海市，简称沪，位于北纬31°14′、东经121°29′；地处长江三角洲地区前沿，东濒东海，南临杭州湾，西接江苏、浙江两省，北界长江入海口，正当我国南北海岸线的中部，交通便利，腹地广阔，地理位置优越，是一个良好的江海港口。上海市面积6340.5平方千米，占我国总面积的0.06%，南北长约120千米，东西宽约100千米；其中市区面积2643.06平方千米，郊县面积3697.44平方千米；陆地面积6219平方千米，水面面积122平方千米。境内辖有崇明岛，面积为1041平方千米，是我国第三大岛。上海属北亚热带季风气候，四季分明，日照充分，雨量充沛，气候温和湿润，春秋较短，冬夏较长，年平均气温16℃左右。全年无霜期约230天，年平均降雨量在1200毫米左右，但一年中60%的雨量集中在5—9月的汛期，汛期有春雨、梅雨、秋雨三个雨期。

图4-37 上海

上海地理位置优越，是我国的内外交通运输枢纽。上海经济发达，是中国最大的经济中心和贸易港口，是全国最大的综合性工业城市，也是全国重要的科技中心、贸易中心、金融和信息中心。至2003年末，上海有18个区、1个县。上海的旧中心城区以原来的南市区，即现在黄埔区大部分为中心，所谓在该区域有丰富的人文景观和历史遗迹。而杨浦区和闸北区，则是旧上海的工业中心。卢湾区，黄埔区，静安区，虹口区则集中了旧上海法、英、日等租界的历史风貌，所以在这片区域内遗留下一大批的名人故居和西式建筑群。近年来，徐汇区、闵行区的全力开发使上海的西南块区域发展日新月异，成为上海的又一个中心城区。徐汇区集中了大量的商业服务机构，而闵行正在成为上海一个高度集中的居民住宅区域。浦东的发展速度，是一个奇迹。十几年前“宁要浦西一张床，不要浦东一间房”的俗语如今再也找不到了踪影。浦东正在迅速发展成为远东金融贸易中心，和对岸的外滩遥相呼应，见证了上海滩100多年来的风云变幻。经过多年努力，上海已发展成为国际化的大都市；当前按照振兴上海，开发浦东，服务全国，面向世界的方针，力争把上海建设成为外向型、多功能，产业结构合理，科学技术先进，具有高度文明的现代化国际城市，见图4－37。

上海市是全国著名的历史文化名城，积淀了很多历史文化遗产，特别是在城市规划设计方面如石库门、上海外滩建筑群等。上海市在城市发展过程中重视城市规划设计，成功规划建设了陆家嘴CBD金融中心、南京路和外滩商业街、上海世博园，成为全国城市规划设计典范；同时在城市发展过程中还注重旧城改造与城市更新，如新天地开发和川沙中市街保护，以及城市生态环境规划如长江河口生态环境规划治理。因此上海市作为资源环境与城乡规划管理专业的区域与城市规划实习区具有重要的优势，是长三角地区实习地点的最佳选择。

上海实习区主题为"上海城市规划设计及专题园区规划"，共分几个专题：城市CBD金融中心空间规划：陆家嘴；商业街规划设计：南京路和外滩；旧城改造与城市更新：新天地开发和川沙中市街保护；会展园区规划——上海世博园。

二、城市CBD金融中心空间规划：陆家嘴

（一）陆家嘴CBD的区位与概况

1．陆家嘴CBD的区位

根据上海市城市总体规划中确定，上海市中央商务区（CBD）扩大后由陆家嘴中心区、外滩和北外滩商务区组成，用地规模约为3平方千米。其中陆家嘴中心区是上海CBD的主体部分，用地约1.7平方千米，规划建筑总面积约435万平方米，毛平均容积率2.5倍，见图4－38。

上海陆家嘴CBD位于上海浦东，与浦西外滩一江之隔，坐落在上海东方明珠脚下，为上海的母亲河——黄浦江和上海城市内环线所环绕，交通便利，四通八达，是上海金融与商业最有力的代表处之一。板块内金茂大厦、国际会议中心、东方明珠等建筑已经成为陆家嘴的标志，成为跨国机构青睐的投资场所，陆家嘴俨然成为新上海的中心。

2．陆家嘴CBD的规划开发背景

1990年4月18日，国务院正式批准开发开放上海浦东新区，随即上海市人民政府浦东开发办公室、陆家嘴金融贸易区开发公司相继成立，标志着浦东新区的开发进入实质性的启动阶段。

1991年4月至1992年12月是陆家嘴金融中心区规划国际咨询，1992年11月经过挑选的中国上海联合设计小组、英国罗杰斯、法国贝罗、意大利福克萨斯、日本伊东丰雄共五个国家的著名设计大师将有关陆家嘴中心地区规划国际咨询设计

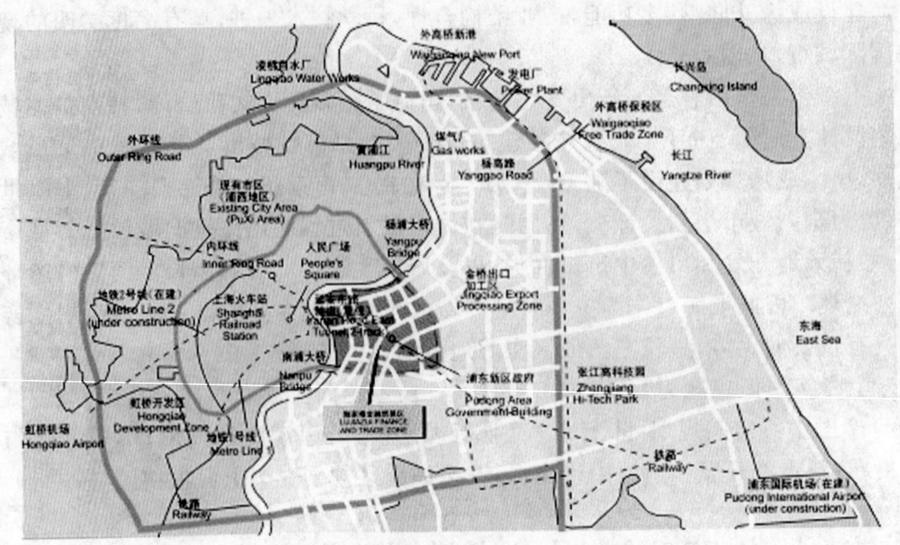

图 4-38　陆家嘴 CBD 区位示意图

方案正式递交上海市政府。

陆家嘴金融中心区规划方案的深化审批于 1993 年 12 月开始，上海市建设委员会组织上海规划专家及相关部门领导决定进一步组织力量深化国际咨询设计精神，在更高的起点上编制陆家嘴中心区规划实施方案。到 1993 年 8 月正式完成《上海陆家嘴中心区规划设计方案》编制工作。

3. 陆家嘴 CBD 的发展概况

根据陆家嘴金融贸易区的发展目标，到目前为止，建设与国际化金融贸易区相配套的设施框架已基本形成格局。已经建成的延安东路越江隧道、大连路越江隧道、复兴东路双层越江隧道、一条越江地铁 2 号线、南浦和杨浦两座大桥、外滩越江人行隧道；建设中的有越江轨道交通 4 号线等，从而在黄浦江上构筑成立体交通体系使陆家嘴金融中心区与浦西、全国以及世界保持畅通的交通联系。在陆家嘴金融中心区内由滨江大道、世纪大道等组成的道路网格体系已经形成。另外占地 10 万平方米的陆家嘴中心绿地也早于 1997 年建成对外开放。

经过近 13 年的艰辛工作，陆家嘴中心区的建设主体单位——陆家嘴集团公司，严格按照规划进行开发建设，先后投入资金 130 亿，完成动迁居民 2.7 万户、单位近 700 家，拆除旧建筑面积约 210 万平方米，建造 7 座 35 千伏变电站，修建市政道路 70 余万平方米，完成滨江大道、中心绿地、世纪大道等一系列重大工程。如此集中、高强度的土地的利用状况，充分体现了 CBD 地区在土地集约使用、功能集聚的效应，土地使用权的楼面价格也从开发初期每平方米 300 美金提升到目前超过每平方米800美金，相当于近2500万元人民币一亩的地价，黄金宝地的优势和潜质得以充分发挥。

随着土地开发、项目建设，陆家嘴中心区金融功能也初显成效。到2003年12月底，在陆家嘴中心区1.7平方千米集聚的外资银行营运资产总额突破200亿美元，平均每平方千米引资逾117亿美元，成为中国资本最密集的地区，陆家嘴金融中心区已成为上海国际金融中心的核心地域和亚太新兴资本集聚之一。

（二）陆家嘴CBD的功能形态和土地利用形态

为保证金融贸易区开发建设达到世界先进水平，聘请了世界著名规划设计专家与上海规划专家合作设计了总体规划、交通规划和城市规划，合理的功能布局，既突出了金融贸易的功能开发重点，又充分考虑了建设现代化都市的需要。

1. 陆家嘴CBD的功能组团结构

(1) 两个主要组团。陆家嘴金融贸易区分为两个主要组团：一是陆家嘴金融中心区，俗称小陆家嘴金融中心区，是上海CBD的核心部分；二是竹园商贸区，该区除建设新上海商业城外，还有办公的功能，以部分省、部委在沪兴建的大楼为主，见图4-39。

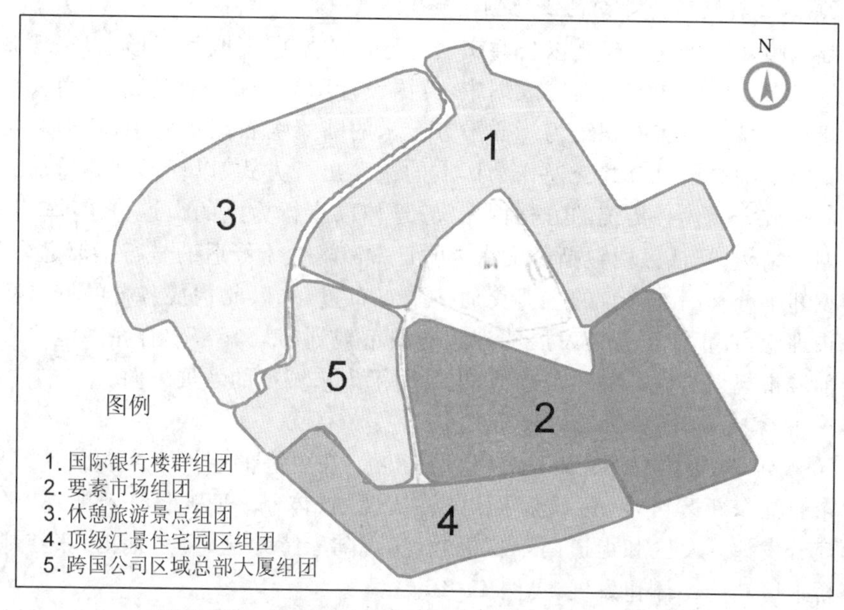

图4-39 陆家嘴功能中心五大功能组团结构示意图

目前，陆家嘴金融中心区拥有中银大厦、金茂大厦等25座主要办公楼宇，总建筑面积达到230余万平方米。再加上会展建筑面积13.4万平方米(上海海洋水族馆2.1万平方米,上海国际会议中心11万平方米、陆家嘴开发陈列室0.3万平方米)、商业建筑面积24.3万平方米(正大商业广场)、住宅3.3万平方米(瑞苑公寓)、宾馆7万平方米(东上海香格里拉大酒店7万平方米,金茂大厦主楼53—87层也为五星级宾馆),陆家嘴金融中心区的总建筑面积已达到280万平方米左右,是规划总建筑面积的64%。

竹园商贸区拥有18座商务楼宇,包括上海期货交易所、浦项制铁、汤臣国际金融等纯办公楼以及江苏、裕安(安徽)、齐鲁、嘉兴、钱江、煤炭、中国石油等省、部委兴建的办公住宿综合楼,其总面积达90万平方米,从功能上看竹园商贸区的办公服务业应该是CBD的组成部分。

(2) 五大功能组团结构。陆家嘴CBD的五大功能组团结构:一是以中国人民银行、汇丰银行、中银大厦等中心绿地周边地区为重心的国际银行楼群组团;二是以金茂大厦、证券交易所为主体的中外贸易机构要素市场组团;三是以东方明珠、香格里拉酒店、正大广场为核心的休憩旅游景点组团;四是以仁恒、世茂、汤臣、鹏利等滨江地带为代表的顶级江景住宅园区组团;五是以陆家嘴中心区西区地块为重心的跨国公司区域总部大厦组团。

2. 以公共交通为导向的土地利用形态

陆家嘴新区实现了建立以公共交通为导向的城市土地利用形态,实现城市的可持续发展。上海陆家嘴新区规划中,英国设计师理查德·罗杰斯采用公交导向的紧凑环形城市。在面积约为1.5平方千米的陆家嘴新区规划中,环形紧凑城市的方案第一次提出以公共交通作为区域的主要出行方式;以环形林荫道加放射性道路的构成方式代替传统的方格网布局;延伸以步行为主的街道、自行车道、林荫道的网络结构;把社区内包括公交在内的日常需求置于舒适的步行距离之内;数个紧凑型邻里分别围绕各自的主要交通换乘点布置,并以此构成各自的城市次中心等先进理念,真正使可持续发展的理念与城市规划布局紧密融合在一起。它代表了当前城市规划与设计的主流趋势,也指明了未来城市的发展方向。

3. 陆家嘴CBD功能区的近期发展

2004年,胡锦涛总书记对浦东开发提出了“在更高的起点上实现快速发展”的新要求。浦东新区区委、区政府提出,要从规划、体制、机制上深入推进“区镇联动”,充分发挥开发区和街道两个积极性,实现陆家嘴地区、金桥地区、张江地区和外高桥地区功能一体化发展,见图4-40。

浦东开发是一个由点到线、由线到面的过程,现在已进入全面建设外向型、多功能、现代化的新城区的新阶段,必须从全区570平方千米整体发展的高度,高起点、高标准地探索特大型城市新城区的发展道路。浦东新区拥有四个国家级的开

图 4-40　黄浦江两岸金融中心区鸟瞰图

发区，拥有海港、空港两大城市枢纽以及建设 2010 年世博会主体场馆的任务。得天独厚的条件，使浦东新区有别于一般地区，完全可以走出一条依托开发区和城市枢纽、多个功能区域组团发展的城市化道路。

新区成立了陆家嘴功能区管委会，将金融贸易、现代商务、会展旅游、商业休闲等现代服务业作为功能区的主导功能，区域范围包括花木镇、梅园、潍坊、洋泾和塘桥街道，面积扩展到约 31 平方千米。目的就是要把郊区发展纳入浦东整体功能规划体系，高标准地实施功能区域的整体规划、建设和管理。通过打造区域中心、优化资源配置、增强辐射能力、不断优化城市形态和功能布局，进一步提升经济社会的整体发展水平，通过建立健全利益共享的运作机制，整合发展资源，最大限度调动各方积极性，拓展发展空间，控制商务成本，提高土地资源的使用效益，促进浦东新区的持续快速发展。

陆家嘴功能区管委会主要工作是坚持以规划一体化推动区域一体化，带动土地使用集约化，进一步深化和完善区域发展规划，统筹考虑功能区域的经济社会发展，统一规划区域的行政文化中心、社区中心、产业结构、市政设施、社会事业设施和商业、文化、娱乐设施体系。

(三) 陆家嘴 CBD 规划和建设的主要经验

1. 规划实施要有法律保障

三个层面规划的协调实施，是陆家嘴 CBD 建设的法律保障。首先是完善城市总体规划和近期建设规划审批程序的衔接。科学、合理地研究并确定陆家嘴CBD的定位，CBD的开发建设体现上海城市总体规划的目标要求，同时统筹协调城市总体规划、CBD控制性详细规划和CBD项目建设的关系。其次是规范CBD国际咨询和CBD区域控制性详细规划的协调。再次是在CBD日常的开发管理和批租项目的建设过程中，微观层面即可操作层面充分体现先进的规划理念与当地的客观实际相结合。

2. 开发实施要有启动资金保障

面对陆家嘴CBD的1.7平方千米范围的开发，动拆迁、市政设施的建设需要大量的资金，但一片布满危旧简屋和陈旧工厂的毛地无法实现土地转让。仅仅3000万元的启动资金对CBD的开发建设来说无疑是杯水车薪，更不要说巨额的政府土地出让金。因此"土地空转"的模式应运而生。

首先由政府财政、国有资产管理部门出资17.4亿元作为注册资金，成立由国资占大股东地位的陆家嘴开发公司，承担陆家嘴CBD地区的开发工作；其次由陆家嘴开发公司以自有资金支付陆家嘴CBD区域土地的政府初始地价，获得整个陆家嘴CBD的土地使用权，以此土地进行抵押再获得巨额的建设资金，为建设提供初始的资金保障。

3. 开发实施要有招商机制保障

一是土地开发按照先易后难的顺序，由东向西逐步与浦西老外滩金融街遥相呼应，共同形成上海的CBD区域。

二是由国内银行到外资银行、由金融(银行、证券)到金融衍生行业及相关服务业。2000年以来，中国香港汇丰银行、美国花旗银行、新加坡政府产业基金等国际性金融机构和房地产基金纷纷进驻，陆家嘴CBD的国际化趋势初步形成。

三是由吸引国内投资到引进国外、境外资金。1995年后中国香港香格里拉酒店集团和日本森大厦有限公司开始进入。2000年后，新加坡政府产业公司、中国香港新鸿基集团加大对陆家嘴CBD的投资力度，各类国际性的投资基金和房地产基金也纷纷介入，标志着投资开发者的成熟品牌和国际化的趋势。

4. 开发实施要有多样和弹性的组织模式保障

借助浦东开发的有利形势，陆家嘴开发公司的经营模式也呈现多样化的特点，形成以国有资产为主体，集合国营开发公司、中外合资房地产开发企业、股份制上市公司等多种经济实体组合的组织模式，为CBD开发建设的不同需求提供了灵活、多样的组织保障机制。同时，成功地推出A股、B股的发行、可转换债券的发行，有效地顺应了多元化的投融资发展需要，见图4-41。

5. 开发实施要有适宜的管理模式的保障

陆家嘴CBD的土地开发采用成片规划、逐块转让，由开发公司主要承担区域的

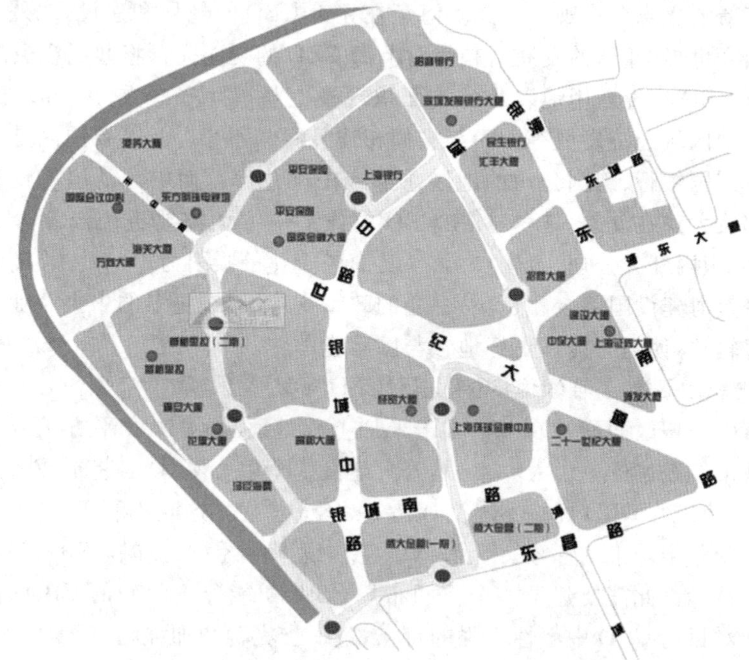

图 4-41 陆家嘴金融中心区域发展示意图

征地、动迁、规划、市政建设和区域管理等职能，而楼宇的建设全部由独立的开发商和投资者进行，避免了区域开发与项目建设的交错矛盾，吸引了众多的投资主体，加快了 CBD 的建设周期。在组织功能上，集开发、建设、经营和管理于一体，在经营融资上，集融资、投资、还贷于一身。同时开发公司在政府职能部门和项目建设主体之间主动承担沟通和协调作用，获得了政府、投资主体和开发公司"三赢"的局面。

（四）大上海 CBD 的发展前景

伴随着产业转型，世界城市的生产空间逐步从工厂厂房、仓库向办公、商业楼宇转型。目前纽约、伦敦、东京等世界城市办公楼的面积一般在 3000 万—4000 万平方米左右。其中 CBD 办公楼面积在 1500 万—2000 万平方米之间。上海将国际大都市作为自己的发展目标，而目前上海 CBD 办公建筑的规模与世界城市相比尚有较大差距，因此上海 CBD 未来仍具有较大的发展潜力，但上海 CBD 要跨入世界一流 CBD 的行列，还需做好以下两方面的工作。

1. 深化功能，深化服务能级

当前国际上 CBD 的建设出现了新的趋势，一是功能多样化，由单纯的商务中心向综合性商务、购物和文化娱乐中心过渡；二是重视旧城中的滨水地带的开发，建设城市新的标志性景观。为此上海正在完善 CBD 的规划和建设,北外滩的开发将体现当今世界 CBD 的发展新趋势对上海 CBD 的功能完善将起到积极的作用。

上海 CBD 在规划用地以及建筑面积规模上与国际一些重要 CBD 相差无几,然而在推动区域经济发展等方面与它们相比差距却不小。其主要原因是上海 CBD 内现只有跨国银行、跨国公司的地区总部或中国总部。而中国的国有银行以及大公司总部又大都在北京,未来上海 CBD 的发展一方面需要进一步改善其整体环境,增强对国内外大公司、金融机构、各类商务企业的吸引力;另一方面需要争取中央政府对上海建设国际金融、贸易中心的政策支持,促进更多的中央企业将部分功能向上海转移,使上海能够更好地参与国际竞争。

2. 进一步调整空间结构,逐步完善 CBD 等级体系

上海中心城区面积 600 多平方千米加上郊区面积达 6400 平方千米是一个特大型的城市。在这样一个大城市中,若只建设一个中心 CBD 必将造成各类要素的高度集中,使中心 CBD 拥挤不堪交通堵塞、环境恶化。这既不利于 CBD 的健康发展也不利于整个城市的形象。上海已确定建设国际经济、金融、贸易、航运中心城市的宏伟目标由此需要建设一个空间布局合理、功能分工明确的 CBD 等级体系。一方面针对目前 CBD 中心性不强的特点,进一步完善和加强陆家嘴金融贸易区以及外滩的功能充实其内容。再根据就近扩散的原则,向已经完成规划、正在建设之中的北外滩商务区扩散以促进黄浦江两岸综合开发。另一方面要加强副中心的建设。副中心对分担中央商务区的部分功能,缓解后者的交通环境问题有着重要意义,但已确定的副中心需要进行局部调整。从目前发展态势看,徐家汇已具有副中心的功能,北部五角场副中心正在进行建设,东部花木副中心的功能向会展转型而西部真如副中心的建设迄今尚未有动静。但普陀区已决定在真如附近建设长风生态商务园规划办公建筑面积达 200 万平方米以上,已具备副中心的规模,因此可将长风商务园替代真如作为上海西部的副中心来发展。

城市 CBD 的规模大小有其自身的发展规律,它取决于多种因素包括国家的经济实力、城市的人口规模、社会发展水平和地理环境等因素,但最重要的是取决于城市在世界城市体系中心的地位。上海 CBD 的建设近年来取得了飞速的发展,其前景被世界一致看好。相信伴随上海建设现代化国际大都市步伐的不断加快,上海 CBD 在世界上的地位会变得越来越重要。

三、商业街规划设计:南京路和外滩

随着城市经济的发展,商业街对城市经济、形态、文化等各方面的影响已被越来越多的人所认识。近年来,商业街在中国得到了迅速发展。步行商业街的开发

带动了城市的建设，提高了市民的生活品质并提升了城市形象。上海南京路与外滩商业街正是在这样一个社会背景下日渐茁壮。

（一）南京路商业街概况

1. 区位概况

南京路东起河南中路，西至西藏中路，建造了特色步行街，路面最宽处达28米，总长1000多米，是世界上最著名的商业街之一。广义的南京路包括南京东路和南京西路。狭义的南京路即1945年以前的南京路，则专指今天的南京东路——“南京路步行街”。

2. 南京路步行街

南京东路及南京路东段，穿过河南中路。比起南京西路，南京东路更是享有购物天堂的美誉，也一直以来被誉为中华商业第一街，路旁遍布着各种上海老字号商店及商城，其中还包括四大公司：永安公司、先施公司、新新公司、大新公司。

南京路步行街是集购物、旅游、商务、展示和文化五大功能为一体的特色步行街，全长1000多米。步行街路面铺设彩色砖石，并以4.2米宽的金带为主线，金带所使用的材料是意大利进口的印度红花岗岩，金带上另有37个雨水窨井盖，盖面刻有上海不同时期的建筑。路面还设有无障碍盲道。

（二）外滩区位概况

外滩（The Bund），位于上海市中心区的黄浦江畔，它是上海的风景线，是到上海观光的游客必到之地。上海人以陆家浜为界，其上游称为“里黄浦”，下游称为“外黄浦”。里黄浦的河滩叫做“里黄浦滩”，又称“里滩”；外黄浦的滩地就叫做“外黄浦滩”，又称“黄浦滩”或“外滩”。

外滩又名中山东一路，全长约1.5千米。东临黄浦江，西面为哥特式、罗马式、巴洛克式、中西合璧式等52幢风格各异的大楼，被称为“万国建筑博览群”，见图4－42。

黄浦江是流经上海市区最大的河流，黄浦江源头坐落在浙江安吉龙王山自然保护区内。由于黄浦江通江接海，受到潮汐影响，平均每天有两次明显的涨潮和退潮现象，一天内的水位落差可达4米以上，如遇天文大潮，水位落差就更大了。

（三）商业街的结构功能

南京路至外滩商业街沿线两侧用地面积约42.6万平方米，主要用地功能有办公用地、商业用地、住宅用地及各类建筑用地。其中主要的用地类型为商业用地。

全国知名的南京路全长5.5千米，东起外滩，西至静安寺近延安西路处，正好

图 4-42　外滩区位图

穿越上海市区中心。外滩商业街通过西藏路、延安路等东西向道路与南京路商业街相联系，正日益蓬勃发展。

商业街以商业活动为主要功能活动。南京路是上海最早的一条商业街，有“中华商业第一街”的美称。19 世纪初开始兴起，逐渐发展成“十里洋场”，成为上海最繁华的商业街。迄今为止，老字号、老饭店“返老还童”，新兴的第一百货商店、东方商厦、永安公司、置地广场等崭新的购物中心拔地而起，成为中外游客的购物天堂。外滩商业街还极力增加文化、旅游等功能，在基本设施基础上增添吸引游客的空间结构设施，并取得显著成效。

南京东路商业街空间结构在演化过程中主要呈现以下特点：

(1) 中心商业街体现出更有选择性、更时尚的特点。

(2) 南京东路商业街体现出更娱乐性的特点。20 年来餐饮业、服务业大量增加，为市内和外来游客提供了良好的休闲服务，它正在从 CBD 向 RBD 转化，这是南京东路商业业态结构上的最大变化。

(3) 地方性。作为上海市商业品牌象征，地方性老字号、特色店的数量和服务质量比以前有所增加和提升，如上海食品店、地方工艺品等体现上海市的地域特色。

(4) 高级化。钟表、首饰、乐器等高档商品的集聚提升了商业中心的职能，商品向高档化发展。另外这里增加了专业性商业如医疗器材、照相器材专业店，以品种全、专业化为特色。

(四) 南京东路商业街的形态

上海市南京东路步行商业街地区东起外滩,西至黄河路,全长约 1000 多米。南北分别以平行南京东路的九江路、天津路为界,两侧纵深约 200 米。原南京东路上行驶的车辆交通转移到九江路和天津路上,地铁二号线在人民公园及河南中路设站,解决了步行街的公共交通问题。

南京东路步行街建设,除对两侧街面建筑进行改建,在街道上布置环境设施外,还增设了三处较大面积的开放空间布置绿地,分别位于西藏中路以西、浙江中路、福建中路及河南中路,使得步行街更具特色。

步行街还采用了法国设计的“金色地带”方案,洋溢着浪漫气息,给行人辟出“动”“静”两类空间,既保证观光者穿梭流动的畅通无阻,也为观光者驻足休息、享用服务提供了一片静谧的天地。“金带”宽 4.2 米,“金带”外是宽敞的行走空间,“金带”则是完全的休息区域,设有 34 个造型各异的花坛,以及座椅、电话亭、指示牌、城市雕塑、露天吧等设施。所有的这些细节都指向一个主题:以人为本,见图 4－43。

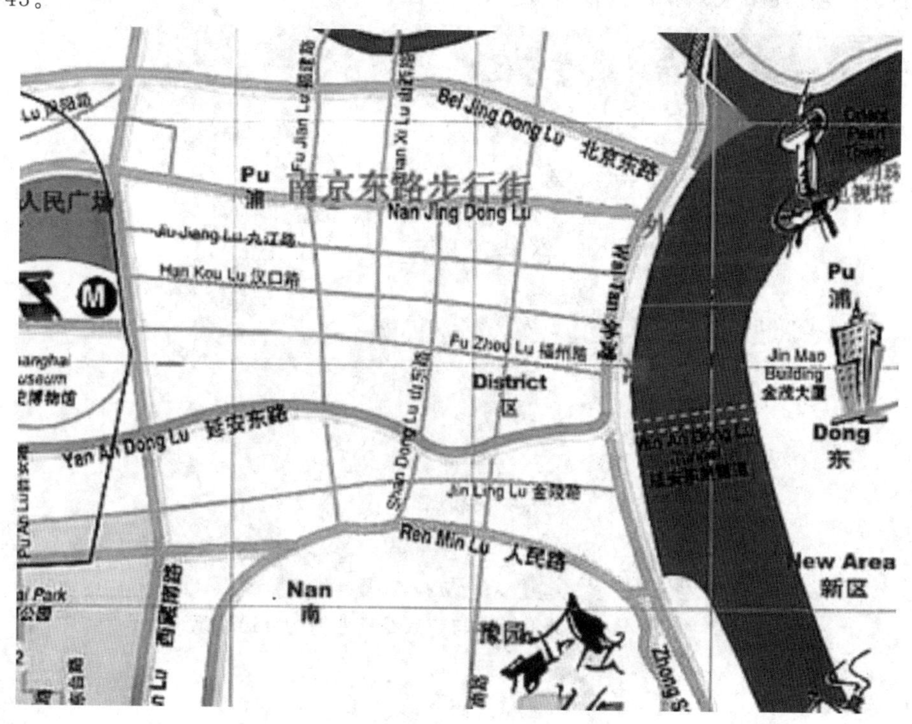

图 4－43　南京路商业街区位及格局

空间形态是地区营造的关键性因素，不同的形态是不同的功能组合形成的结果。同样，不同的功能组合也需要不同的形态组织的支持，两者之间有相辅相成的功效。对于现在已经成形的南京路、外滩商业街而言，其基本的空间形态已经确定。

（五）商业街的交通组织方式

道路是一种基本的城市线性开放空间。它既承担了交通运输的任务，同时又为城市居民提供了公共活动的场所。商业街作为一种“生活性”街道在人们日常生活中扮演着更为重要的作用。

交通组织主要目的是疏导车流、人流。南京东路为全天开放的步行街，主要满足游览车、送货车、清扫车和消防车及个别地块进出车辆通行的要求。南京东路步行街与各商场、游憩广场等开放空间的步行区紧密结合，构成一个完整的步行系统。

南京路、外滩商业街在满足市民与游客的日常需求的状况下，形成网络格局，很大程度方便市民以及游客的来往交通，见图 4－44。

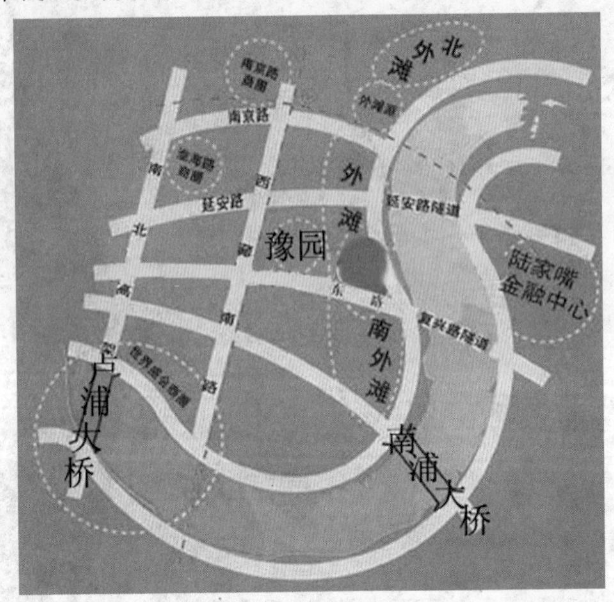

图 4－44　外滩商业街与南京路商业街的交通联系

四、旧城改造与城市更新:新天地开发和川沙中市街保护

(一)新天地的开发模式与历史文化遗产保护

1. 新天地的历史背景与时代特色

上海新天地位于上海最繁华的商业及购物区,属于"市中心的中心",是一个具上海历史文化风貌的都市旅游景点,总投资约 1.5 亿美元,于 1999 年初开工建设,第一期工程新天地广场 2000 年 6 月全部建成,2001 年 9 月对外营业。

上海"新天地"项目占地 3 万平方米,建筑面积约 6 万平方米,具体位于淮海中路南侧、黄陂南路和马当路之间 3 万平方米的地点上,比邻黄陂南路地铁站和南北、东西高架路的交汇点,见图 4-45。

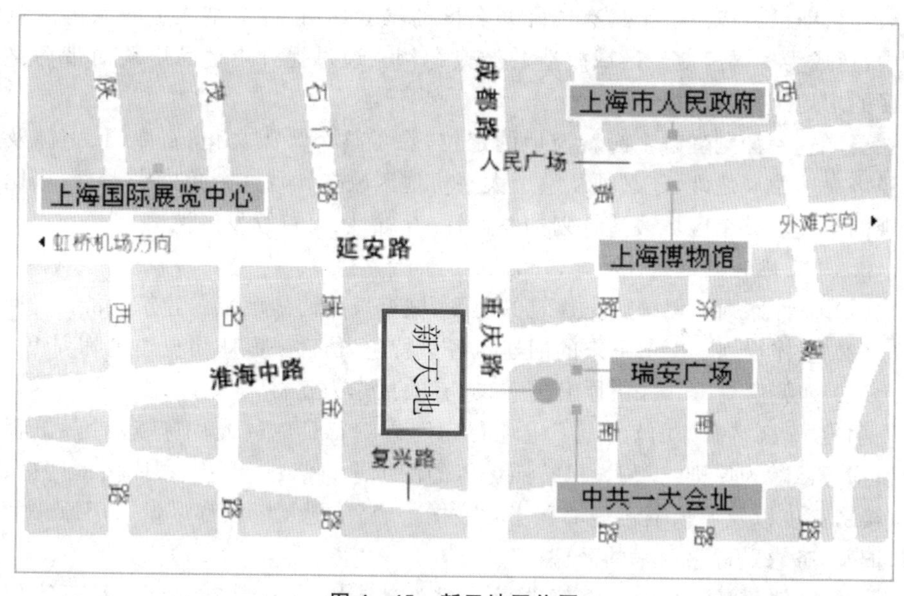

图 4-45　新天地区位图

在新天地项目开发之前,这里是一片拥有近一个世纪历史的石库门里弄建筑。石库门里弄在最多的时候有 9000 多处,曾占上海市区全部住宅面积的六成以上。从 19 世纪中叶开始出现的石库门建筑有着深深的历史烙印,它是中西合璧的产物,更是代表了近代的上海历史文化。然而随着城市的不断发展,昔日风光显赫的石库门早已不能满足居住需求而渐渐淡出历史舞台,单纯从建筑的角度出发,石库门是特定历史时期的产物。20 世纪 90 年代初期,上海开始了大型

的重建和开发。不少石库门老房子被拆卸，取而代之的是一幢一幢的高楼。一片又一片充满怀旧风情的老房子渐渐消失，人们才意识到要保留这些上海独有的“艺术品”。

新天地以中西合璧、新旧结合的海派文化为基调，将上海特有的传统石库门旧里弄与充满现代感的新建筑群融为一体，创建为既具传统风貌，又具现代化功能设施的大都会商业旅游景点。与豫园明清建筑群、外滩金融建筑群、南京路百货公司建筑群等交相辉映，同为上海的都市旅游景观。上海新天地别具特色的建筑风格获得广泛的赞赏，更荣获“2001 年中国年度新锐榜建筑奖”。独特的石库门建筑、浓郁的文化氛围，每天都吸引着众多游客。便利的交通条件、多元化的服务范围，同样吸引着大批的商务客户。

新天地如今已成为时尚的代名词：它不仅是个休闲娱乐的社交场所，同时，还是各大商家推广新产品、召开新闻发布会、宴请宾客及娱乐表演的极佳选择。上海新天地目前已经成为一个具有国际知名度的聚会场所，并被纳入上海旅游景点清单中，还成为中国房地产区域改造的经典案例。通过提升土地品质从而带动整个地区的房地产开发。

要能达到深刻理解上海新天地的定位，除了整个海派文化、石库门、中国及上海经济高速发展之外，还必须从整个太平桥地区改造计划这个角度来考察，从比较微观的角度看整个区域改造计划的整体性、互补性、可持续发展性。

2. 新天地的城市设计功能与结构

(1) 设计原则。保护历史建筑的角度、城市发展的角度以及建筑功能的角度。

(2) 整体规划。保留下来的旧建筑各呈特色，仿佛一座座历史建筑陈列馆。

(3) 强调历史感。保留原有的砖、原有的瓦作为建材。

(4) 外表(整旧如旧)。为了重现石库门弄堂昔日的风光韵味，设计及工程以保留房子原貌为原则，工程人员按照当年的图纸进行修建，弄堂、石库门的门框、门楣、楼房高度以及屋顶晒台等都和当时一样。墙、铺地及屋顶都尽量采用原来的旧砖、旧瓦，务求贴近它原来的面貌。

(5) 内部(翻新创新)。内部进行了翻天覆地的改造，现在的新天地石库门弄堂，外表依旧是昔日的青砖步行道、清水砖墙和乌漆大门等历史建筑，但内里则设有中央空调、自动电梯、宽频互联网，把它改造成全新概念的经营消费场所。

新天地分为南里和北里两个部分。南里以现代建筑为主，石库门旧建筑为辅。北部地块以保留石库门旧建筑为主，新旧对话，交相辉映。南里建成了一座总楼面面积达 2.5 万平方米的购物、娱乐、休闲中心，于 2002 年中正式开幕，这座充满现代感的玻璃幕墙建筑物，进驻了各有特色的商户，除来自世界各地的餐饮场所外，更包括了年轻人最爱的时装专门店、时尚饰品店、电影院及极具规模的一站式健身中心，为本地和外地的消费者及游人提供了一个多元化和独具品味的休闲娱乐热点，见图 4-46。

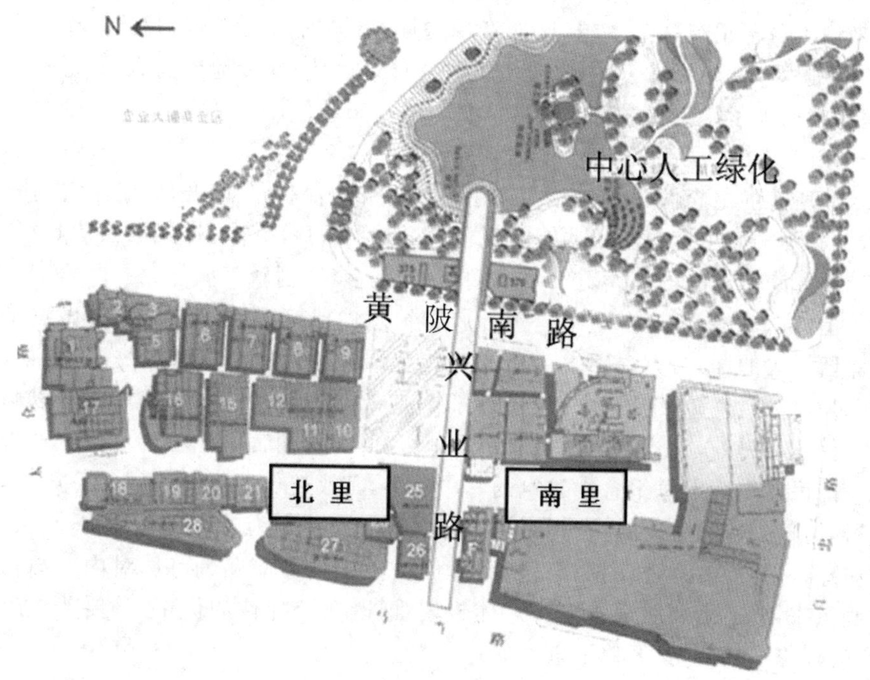

图 4-46　新天地广场总体规划平面图

北里由多幢石库门老房子所组成，并结合了现代化的建筑、装潢和设备，化身成多家高级消费场所及餐厅，菜式来自法国、美国、德国、英国、巴西、意大利、日本、中国台湾和中国香港，充分展现了新天地的国际元素。在南里和北里的分水岭——兴业路是中共“一大”会址的所在地，沿街的石库门建筑也将成为凝结历史文化与艺术的城市风景线。新天地中部的兴业路为中国共产党第一次代表大会会址所在，辟为步行街。南里和北里分别建有面积数百平方米的广场，广场上有各种建筑小品。北里广场、南里广场、南里中庭、人工湖观景台可对外租用。面积共近 2000 平方米，分别适宜时尚演出、主题展览、各类产品推广、娱乐表演、产品展示、新闻发布以及各种露天酒会。

露天酒吧和茶座更是新天地的一大景观。根据上海新天地网站公布的内容，现在上海新天地南里、北里共入住商户 84 家，其中北里一共 45 家，南里四层共 39 家。

上海新天地招租的对象均是来自世界各地的知名品牌，85%左右的租户来自中国内地以外的国家和地区。上海新天地以餐饮为主，餐饮占到 70%的比例。按类别分，则包括国际画廊、时装店、主题餐馆（如音乐主题餐厅等）、咖啡酒吧街、艺术与文化、家居饰品、其他类别服务业等。值得注意的是，上海新天地内的商户，一般来说本身不止有一个主题，比如音乐餐厅，就同时兼具音乐、餐饮两个主题。比如比萨巴萨，就同时具餐厅、咖啡吧两种功能。因此，新天地内商家来说，这种交叉经营，就增加了特色和对特定人群的吸引力与亲和力。

3. *石库门民居的整旧与创新式利用*

在所有的纪念性建筑中，石库门里弄建筑的保护最难，既要存在它的外在表情，又必须构架出室内空间功能的现代感，因此，石库门外观样式的做法是“修旧如旧”，而原来所有的内部设置都要推倒重来，是“修旧创新”。

上海旧城内，有许多欧式建筑都属于纪念性建筑得以保护。主要做法是完整地保留过去的样式，只要不发生质的变化装饰物件，都加以修复保护。譬如，过去的壁炉、地板、瓷砖、钢窗、木门、铅条彩绘玻璃、五金件和家具之类，通常以修复办法来保留。另外，欧式洋房原始建筑质地很好，相对而言就比较容易恢复原貌。而石库门民居作为上海纪念性建筑的其中一类，其改造保护就困难得多。第一，它是民居，居住人口密集，动迁费用很大；第二，石库门住宅为砖木混合结构，年久失修，木质疏松，常规的修建保护，只可治标，解决不了根本情况，所以，对内部结构必须推倒重来，改造需要胆识；第三，总体规划难，既要选择性的保留，又要兼顾生态环境，既要修旧如旧，又要修旧创新。

“新天地”的可贵之处在于创新，开发商牢牢把握住“纪念”和“旅游”两大要素，在建造中很好地解决了以上三大难题。“新天地”成排连接的旧弄住宅砖墙都保持了原貌，每个墙都注入了从国外进口来的化学防腐剂，以确保人的健康，室内砖墙经特殊清洗后，再筑模板，模板和砖墙隙内填充钢筋混凝土，也就是说，整个石库门住宅好比一件外衣，经清洗熨平后，外表仍为原样，里面按现代常规都翻成新的材料，其难度、成本花费可想而知。

所有管线的串插式是在不破坏原貌特征的情况下铺设的。如下水管、污水管、电缆、化粪池等必须按现代常规排放的。传统的石库门旧宅基础底部都为“大方脚”砌筑而成，不是打桩结构，可能会造成旧砖墙倒塌，因此，在加固处理上投入了边防护边改建的精力。

兴业路上开了一条人工湖，围湖植树种草，湖的地下层为停车库，这么一个大的绿色生态环境，都是在原有一片陈旧的石库门里弄住宅群众塑就的。开辟了湖，也就拓广了人们参观党的“一大”纪念馆和休闲旅游的空间，属于生态建设。

石库门建筑改建，是螺蛳壳里做道场，常规建筑营造，整体结构式一层一层同时建起的，唯独这种改建是先保护好原封不动的外墙，再搭建内层结构的，这在上海建筑史上还是首例。

所有的双开、百叶木窗都是仿制品，新的木漆却给人一种年久的感觉，取得了修旧如旧的效果。

建筑装修注重上海20世纪二三十年代的人文情调，除了开设娱乐休闲场所以外，还强调了当时上海旧城市井文化氛围，在兴业路沿街门面，看不到一家餐馆，而是开设一些让人可以解读上海过去历史的餐馆场所，如旧上海的邮电展馆，墙门装饰时旧式排门板，室内地坪为黏土板块，青砖墙面，天花板暴露圆木横梁，楼上的阳台仍作保留，一些早已发黄的邮票、信封、首日封、电报信件、明信片，一下子把人们的记忆拉回到逝去的年代。钟表展馆、生活器皿展馆和石库门里厢展馆等，所有装修与展品是上海传统城市文化的浓缩和写实，装饰装修充分兼顾到与党的"一大"会址的庄严、神圣，以产生整体布局的和谐美，增强了这一块史貌的可览性，这是"新天地"的独到之处。

4. 在保护中开发历史地块的方式

20世纪80年代前，中国城市还保留着较完整的历史延续性特征(虽然建国初期至"文化大革命"等时期对建筑、城市、文物产生很大的破坏，但城市整体面貌还未彻底消失)。改革开放后，随着经济的发展及空前的城市开发建设，对城市规划、改造也出台了相应的制度和地方性法律法规，但在实际过程中出现了许多问题。第一，改造方式极为单一，大多采用推倒重建的方式对城市进行改造，拆迁规模大、速度快，削弱了城市持续发展的弹性。第二，城市改造为争取较高的经济利益，一方面采取较高的建造标准，不能为各阶层创造经济适宜的住宅；另一方面，不顾实际规划控制，造成开发强度大、容量高、密度大，为城市交通、基础设施带来巨大压力。第三，对于历史文化名城和一般城市中历史地段的文化价值认识不够，使许多传统建筑、景观特色遭到严重破坏，城市千篇一律。以上三点，从20世纪80年代到进入21世纪这二三十年中，一直是全国城市规划.改造所遵循的原则。

可就世界范围来讲，从20世纪初就形成了一些国际公认的规划与改造原则。

首先，是以保护为主的原则，不能为了暂时的经济或政治利益杀鸡取卵。中国城市一直存在只要遇到改建或规划，对待"老"建筑十有八九就是拆除。造成这种现象的原因有三点：第一，对历史文物不够重视，缺乏对"旧"事物的认知；第二，建筑规划设计人员在学术思想和技术上有待提高，并应加大吸收国外先进的规划设计理念(城市规划与改造其实是一个较新的现代学术课题)；第三，建筑领域的腐败和法律法规的不完善。以上几点，是遇到规划、改造就拆这种现象的主要原因。

其次，是集体保护原则。城市、文化遗产不是属于哪一家的，是属于全市甚至全国人民的(比如中国七大古都)，谁都有责任保护。这点其实就是"自下而上"的全民责任，相对于"自上而下"的官方改造建设是非常必要的补充和监督。2000

年，在西班牙的毕尔巴鄂发生这样一件事：市民游行抗议世界级建筑大师矶崎新的一栋建筑。理由不是因为他的建筑不好，而是因为这栋建筑的建成将要拆除一座19世纪末的旧建筑。最后市政府不得不重新规划了设计方案。

再次，是完整性原则。比如保护一个古村落，不仅要保护村落本身，而且还要保护村落周边的环境；不仅要保护一两座建筑，更要保护一个建筑群体，不能用"典型性"来进行所谓的保护。而现今我国已经将绝大多数城市的整体风貌改变了。主要案例有北京、开封等。

石库门建筑是近现代纪念性建筑的一个缩影，"新天地"在装修改造上的成功之举，为对这类传统历史民居建筑的保护制作了一个生动的样板。当然，在保护中不一定去完全"跟从"，按可持续性战略思路，可根据不同区域环境的特点进行创新改造。经改造后的石库门，有的仍作居民住宅，整幢出售，有的可作为更贴近市民消费娱乐场所，有的可开辟成为老年活动室，使陈旧的石库门民居建筑通过改造装饰后更富人性化，更广泛地贴近大众群体的审美需要，仍有很大实用、纪念性价值，对塑造上海国际大都市形象有积极的推动作用。

(二) 浦东川沙中市街历史文化风貌区开发与保护

1. 川沙中市街历史文化风貌区基本概况

(1) 地域范围。川沙中市街历史文化风貌区位于川沙古城东北部，总面积19.94万平方米，西到北市街，南至南城河(不含新川路以南、观澜小学以西地块)，东到东城河以东约50米，北至北城河以北约10米(包括北市街以西沿城河浜两侧地块)。

(2) 自然地理环境。川沙新市镇位于上海浦东新区东南部，距上海市中心18千米，距浦东国际机场5千米。川沙新市镇面积20.47平方千米，东至川南奉公路，南至迎宾大道，西至唐黄路、华东路，北至川杨河。川沙古城位于川沙功能区北端，川沙新市镇中部偏东南方向，为护城河环绕区域。地理坐标为东经121°41′，北纬31°11′。

川沙古城处于北亚热带南缘，是东南季风盛行地区。受海洋性气候调节，其特点是冬暖夏凉，全年受冷暖空气交替控制，天气变化过程频繁，以晴雨相间天气为主，大旱大涝和其他特大自然灾害不多，雨水充沛，空气湿润，光照充足，温度适中，大冷大热不多，全年平均气温15.5℃，平均最高气温18.9℃，平均最低气温12℃。

川沙古城主要河流有环城河以及城内的三灶港(后者现已填塞)。川杨河横经北侧，东距三甲港7千米，港口面临东海，为泊舟之地，西经杨思港，乃通往浦江咽喉。浦东运河纵流东侧，北通赵家沟、高桥港，南达南汇等地。

(3) 历史沿革。北宋时期,老护塘一线以西的川沙集镇、六团已成陆;宋、元时期,向东南延伸成华亭“下砂盐场”;明清时期城郭成形。

川沙县名源于川沙洼。明代中叶,为防倭患,当局在川沙洼以西的八团镇(又称城厢镇)筑堡。嘉靖三十六年(1557)明政府根据川沙抗倭名将乔镗、王谭的提议,在川沙堡筑川沙堡城。从此,川沙的名称取代了八团镇。清嘉庆十五年(1810)设川沙抚民厅。辛亥革命后改川沙县。至 2006 年 10 月,成立川沙新市镇。风貌区位于川沙新市镇北部的城厢社区,为川沙新市镇中传统文化延续并发展的中心。

(4) 风貌特征。该风貌区以民国时期典型的江南水乡传统风貌为主,是上海浦东地区文化发源地的见证,是众多名人雅士的故乡,蕴藏着浓厚的浦东本土文化。风貌区内历史人文荟萃,文化积淀深厚,保留了护城河环绕的完整格局与古城墙的遗存片段,街巷体系结构清晰、纵横交错、尺度宜人,河道绿化葱郁、景观秀丽,建筑集中体现出清末与民国时期的江南传统住宅特色,受西方文化影响,其装饰风格带有鲜明的西式色彩,见图 4-47。

图 4-47 川沙中市街历史文化区风貌

2. 川沙中市街历史文化风貌区开发模式和发展定位

(1) 开发原则与规划理念。该风貌区的开发遵循文化内涵导向、地域特色原真性保护及保护与开发互动原则。保护川沙中市街历史文化风貌区的民国传统风貌,典型中式城郭格局,中西合璧建筑特色,浦东地区居民生活气息,充分体现风貌区的三大文化特征。①浦东文化发源地:挖掘川沙在上海发展近代史上的重要意义,建立主题博物馆和展示场馆,保护并传承浦东本土文化。②近代名流纪念地:主要通过对黄炎培故居、宋庆龄故居的保护与恢复,展现川沙人杰荟萃的文化基流,纪念近代革命时期的辉煌痕迹。③民族商业传承地:通过保护中市街、南市街、北市街等处的传统商业建筑,恢复若干老字号,以及对民俗手工艺的鼓励促进,保护并发扬风貌区的地方商业文化。

(2) 发展定位。川沙中市街历史文化风貌区的定位主要根据浦东发展态势,川沙新市镇发展规划以及周边区域发展状况确定。川沙新市镇是上海市及浦东新区东西向发展轴上的重要节点,同时也是浦东新区外环线以外地区的核心城镇。它不仅具有生活、配套、服务核心功能,还要辐射周边的一些独立产业和居住组团,将形成一定区域内的经济、文化中心。在2006年审批的《川沙新市镇控制性详细规划》中确定川沙新市镇将沿十字轴线发展，南北公共服务主轴线——川沙路，东西绿化景观主轴线——川环南路。在十字交叉点附近形成地区级的公共中心，包括行政、商务、商贸、文化娱乐、旅游等多项城市中心功能。

在功能配置上，川沙古城距离十字中心600米，处于步行可达范围内，是地区级中心的支撑地段。临近风貌区西侧、东南侧分别为传统商业中心和文化艺术中心，连同地区公共中心构成分级中心集中区。各级中心分别承担不同的服务功能，互补互利，相辅相成。新市镇范围内将第二产业置换为第三产业，成为宜居型生活组团，因此风貌区内所有工业功能均迁往周边产业功能组团；各类行政设施与商务办公设施集中于东侧行政会展中心，风貌区不再承担行政功能；强化风貌区商业功能，与西侧传统商业中心相连成整体系统，以传统型特征与地区级中心的现代特征商业形成互补；强化风貌区文化、休闲功能，与东南侧文化艺术中心形成有机联系。

在景观系统上，紧邻川沙新市镇西侧将规划建设主题公园，东侧将规划临海旅游组团，成旅游观光系统。川沙中市街历史文化风貌区拥有巨大的人文景观优势及旅游潜力，将形成游览景观线路上的重要中心环节。同时，通城河、浦东运河、规划景观河"三水成川"的水系化系统中，护城河绿化景观环为公共绿地集中分布的区域，形成重要绿化景观节点。

综上所述，该风貌区是以文化休闲、商业服务、旅游观光为主体，与居住功能及度假生活有机结合的多功能复合型城市文化中心，兼文化休闲功能、商业服务功能、旅游休闲功能及居住功能与一体。

五、会展园区规划——上海世博园

（一）上海世博园概况

2002年12月3日这个难忘的历史时刻，中国上海赢得了2010年世博会的举办权。中国2010年上海世界博览会是国际展览局注册类世界博览会；由中国主办，上海承办。上海世博会将于2010年5月1日开幕，10月31日闭幕，会期184天，举办期横跨春、夏、秋三个季节。

上海世博会的举办场地选址于市中心地带，位于南浦大桥和卢浦大桥之间的滨水区域，沿着上海城区黄浦江两岸进行布局。园区覆盖上海浦东新区、黄浦区和卢湾区三个区级行政区域。上海世博园区规划用地范围为5.28平方千米，其中浦东部分为3.93平方千米，浦西部分为1.35平方千米。围栏区域（收取门票）范围约为3.28平方千米。

世博园分为5大场馆群，分别为独立馆群、联合馆群、企业馆群、主题馆群和中国馆群。其中，独立馆的建筑群将集中在黄浦江边，每栋建筑由一个国家出资建设，用于展示该国的科技成果；联合馆建筑群中的一部分将由一些国家联合建造；另外一些建筑将由我国出资建造，届时租赁给参展国使用；企业馆建筑群将成为国际参展商参展场所。

上海世博展馆共设有五座主题馆，分别是：城市人馆、城市生命馆、城市星球馆、城市文明艺术馆和城市未来馆，对应“城市人”、“城市生命”、“城市星球”、“足迹”和“梦想”五个主题词。上海世博展馆的性质分为三类。第一类为自建馆，指由官方参展者在组织者提供的地块上自行设计和建造的展馆。第二类为租赁馆，指由组织者建造并且租赁给官方参展者的独立展馆。第三类展馆是指由组织者建造，并免费向发展中国家提供的联合展馆内的展示空间，见图4－48。

“海宝”是上海世博的吉祥物，诞生于2007年12月18日。“海宝”的设计以“人”为创意核心，蓝色则表现了海洋、未来、科技等元素，见图4－49。

图4－48　中国展馆外观

图4－49　上海世博的吉祥物——“海宝”

2010世博会会徽中三人合臂相拥的图形，形似美满幸福，相携同乐的三口之家；也可抽象概括为“你、我、他”的全人类，表达了世博会“理解、沟通、欢聚、合作”的理念，洋溢着崇尚和谐、聚合的中华民族精神，体现了2010年上海世博会以人为本的积极追求。会徽图案形似汉字“世”，并与数字“2010”巧妙组合，相得益彰，表达了中国人民举办一届属于世界的、多元文化融合的博览盛会的强烈愿望。同时与吉祥物与汉字“人”为原形作呼应，可谓珠联璧合，突出了“以人为本”的民主思想，强化了人与地球，人与世界的紧密关联，深化了上海世博会的主题。会徽以绿色为主色调，富有生命活力，增添了向上、升腾、明快的动感和意蕴，抒发了中国人民面向未来，追求可持续发展的创造激情。汉字书法的“世”字与2008年北京奥运会会徽——篆刻的“京”字交相辉映，有异曲同工之妙，寓意着本世纪初两项超大型国际活动在中国举办，倾诉着中国人民在融入世界的同时，弘扬传统文化的不懈努力，见图4-50。

世界博览会是人类文明的驿站。自1851年伦敦的“万国工业博览会”开始，世博会正日益成为全球经济、科技和文化领域的盛会，成为各国人民总结历史经验、交流聪明才智、体现合作精神、展望未来发展的重要舞台。具有悠久东方文明的中国，是一个热爱国际交往、崇尚世界和平的国度。中国取得了2010年世博会的举办权，这是注册类世界博览会首次在发展中国家举行，体现了国际社会对中国改革开放道路的支持和信任，也体现了世界人民对中国未来发展的瞩目和期盼。志愿者团队规模宏大，是中国现在人口的1/30。

图4-50　上海世博会会徽

(二) 规划设计理念

2010年上海世博会确立了“城市，让生活更美好”的主题，并提出了三大和谐的中心理念，即“人与人的和谐，人与自然的和谐，历史与未来的和谐”。而其中人与自然的和谐，表现为“人、城、自然”三者共存。来自同济大学的建筑与城市规划专家在对世博园的规划设计中进行了初步尝试，把绿色和智能建筑技术作为基础技术平台。设计者们希望通过这个尝试，获得更有效的绿色环境的建构模式，并为绿色和智能建筑技术的发展开拓更广阔的领域。上海世博会从“理解、沟通、欢聚、合作”的世博理念出发，围绕“城市，让生活更美好”这一主题，共同展望城市美好的未来。

(三) 园区规划

1. 总体规划

世博总体规划明确指出世博园区在展馆布局上将分八大板块。首先是外国国家馆和国际组织馆，均分布在浦东。规划总建筑面积为33.6万平方米。位于世博轴东侧的是中国馆，用地面积约6.5万平方米，由中国国家馆和中国地方政府馆组成，中国国家馆初步设想展示城市发展中的中华智慧。为了深入地演绎“城市，让生活更美好”的世博主题，规划还考虑在园区内设置若干个主题馆。企业馆将设在浦西园区，拟安排16个馆，其中新建14个馆，利用老厂房改建2个馆，企业馆均为临时建筑，原则上在世博会后拆除。世博会博物馆是利用现有建筑保护改造后的城市文明馆的组成部分。馆内将展示第一届世博会以来的世博发展历史和重要发明、展品。世博村位于浦东白莲泾东岸，总用地面积约0.34平方千米，总建筑面积约 54 万平方米，在世博会布展期间和展会期间，为参展工作人员提供住宿和服务。行政管理中心位于世博村西南侧，总建筑面积约 4 万平方米，包括行政办公、受理窗口、餐饮等功能，是 2010 年世博会组织者的工作人员集中办公场所。城市最佳实践区位于浦西围栏区东部，规划面积约 0.12 平方千米，是模拟未来城市生活、工作、休闲、交通等若干功能的综合街区；该区以城市建筑物、设施、设备等可运作、能使用的实物为展示载体，也有少量模型。城市最佳实践区的参展主体是城市，数量在 20—30 个。

上海世博会规划方案综合步行适宜距离、人体尺度和参观者的认知度等因素，提出了“园、区、片、组、团”5 个层次的结构布局，即：

园——5.28 平方千米的世博会园区建设用地范围，包括围栏区和围栏区外的配套设施用地，其中浦东 3.93 平方千米和浦西 1.35 平方千米。

区——3.22 平方千米的世博会围栏区，其中浦东 2.47 平方千米和浦西 0.75 平方千米。

片——5 个编号分别是 A、B、C、D、E 的功能片区，平均用地面积为 0.6 平方千米。

组——12 个平均用地规模为 0.1—0.15 平方千米的展馆“组”，包括浦东 8 个组和浦西 4 个组。

团——26 个平均用地规模约为 0.02—0.03 平方千米的“展馆团”，每个“展馆团”可布置 40—45 个办展单元，每个“展馆团”的总建筑面积约 2 万—2.5 万平方米。每个团按方便和就近的原则，设置小型餐饮、购物、电信、厕所、母婴服务等公共服务设施。

2. 功能区块规划

上海世博园区划分为五个功能片区，见图 4－51，其中 A、B、C 三个功能片区分布在浦东，D、E 两个功能片区分布在浦西。

A 片区位于浦东世博轴以东、云台路以东、白莲泾以西的 A 片区，集中布置除中国馆以及除东南亚外的亚洲国家馆。

B 片区位于 A 片区西侧、浦东卢浦大桥以东，包括主题馆、大洋洲国家馆、国际组织馆和公共活动中心以及演艺中心等建筑。

C 片区位于浦东卢浦大桥以西的后滩地区，规划布置欧洲、美洲、非洲国家馆和国际组织馆。在入口处布置一处约 0.1 平方千米的大型公共游乐场。

D 片区位于浦西世博轴以西，拟保留中国现代民族工业的发源地江南造船厂大量历史建筑群的特色，改造设置为企业馆。在其东侧利用原址内保留的船坞和船台，规划室外公共展示和文化交流场所。

E 片区位于浦西世博轴以东，新建独立企业馆，设立最佳城市实践区。

	功 能
A片区	外国国家馆（中国馆、除东南亚外的亚洲国家）
B片区	主题馆 东南亚和大洋洲部分国家馆 国际组织馆 公共活动中心 演艺中心
C片区	外国国家馆（欧洲、美洲和非洲国家）
D片区	企业馆
E片区	企业馆 城市文明馆 城市最佳实践区

图 4-51　功能区块规划与布局

3. 园区保留历史遗产建筑设计

根据规划，在世博园区红线规划范围内，除建大量新式建筑外，近 20％的老建筑将予以保护保留；200 万平方米的总建筑面积中，老建筑再利用面积为 38 万平方米。其中包括上海开埠后建造的优秀老民居和见证中国工业发展进程的工业遗产。它们经改建后主要用于展馆、管理办公楼、临江餐馆、博物馆等。此举既是为大幅度降低建设费用，也想借此完成从工业厂房到博览业之间的转换。而令海内外最为关心的江南造船厂，将在世博会后再度“变身”，改建成中国近代工业博物馆群，作为上海城市的一个新亮点，被永久保留。上海世博会上的这个首创，已得到联合国教科文组织专家们的肯定。国际展览局秘书长洛塞泰斯介绍说，上海世博会利用、保护和后续的历史建筑和工业遗产建筑面积，是 1851 年首届世博会举办以来最大的。专家们认为，这可以为其他发展中国家在保护工业文化遗产方面作出示范，见图 4-52、图 4-53。

图 4-52　保留建筑之一世博文化中心

图 4-53　保留建筑之一世博轴

4. 绿地系统规划

上海世博会绿地系统规划，充分考虑园区规划背景：园区选址位于市中心，跨越黄浦江东西两岸，是上海黄浦江两岸开发、旧区改造和产业布局调整的重点地区。目前浦东园区自西向东分别有后滩公园、世博公园、白莲泾公园三个滨江绿地已经陆续开工建设，浦西园区滨江绿地与浦东园区隔江相望，遥相呼应，既是浦江两岸景观绿化体系以及世博会公共景观绿化体系的重要组成部分，也是世博会浦西园区室外休闲、游憩、观景的重要公共活动场所。

园区绿地规划设计注重世博总体规划的系统性，注重滨江绿带连续性和整体性。在满足世博控制性详细规划确定的功能要求的基础上，充分考虑与城市绿地系统尤其是黄浦江滨江绿带的融合。从而形成"一核、一轴、两带、多楔"的世博园区绿地总体结构，由黄浦江向两侧城市空间延伸，突现"蓝绿相依，绿网交织，绿楔深嵌，绿链相接"的生态网络系统结构特征。

5. 生态规划

(1) 生态环境规划设计。生态环境规划的根本目标是构造一个良性循环，始于人对自然生态环境存在心理需求和精神依存，以环境 2010 上海世博会中国馆塑造为途径，促进生态实践的参与，加强生态意识，增长环保知识，强化人们对自然生态环境的重视和依赖。生态设计的 4 个主题是：运动、娱乐、教育、观赏。场景构筑根据行为主体的不同分为三大类：动态，互动，静态。动态场景以人为主动体，环境为被动体，人的活动为场景构筑的中心内容。静态场景以环境为主动体，人为被动体，环境要素的展示为场景构筑的中心内容。空间框架由"一环、两园、五带和多点"组成。"生态意识环"是一条全景式生态环带。此环带意在构筑异质性的原生态环境，囊括尽可能多的生态要素，还原自然环境的初始状态。两园为"世博增绿园"和"生态教育园"。"世博增绿园"是一个立体式的世博公园，以生态文化和艺术为核心，展示人文化的生态环境；"生态教育园"是一个包括生态知识、相关技术成果展示和参与性活动的园区。"五带"中，"生态参与带"是一条参与生态演变、发展过程的互动式步行道；"波浪游步带"即立体动态式游憩步行道，结合水体的高程变化上下起伏，又随岸线的变化曲折延展，创造人与自然共存亡共发展的意境。

(2) 绿色建筑。上海世博园规划的生态规划理念是建立在绿色建筑技术为主体的技术平台上，通过建筑技术上的革新来达成理念的实现，最终实现和谐社会的根本目标。在世博园的规划设计中，贯彻了以下绿色建筑的设计原则：资源经济和较低费用原则，全寿命设计原则，宜人性设计原则，灵活性原则，传统特色与现代技术相统一的原则，建筑理论与环境科学相融合的原则。采用的绿色建筑技术主要包括绿色配置、自然通风、自然采光、低能耗围护结构、太阳能利用、地热利用、中水利用、绿色建材、节水节能设备、立体绿化等方面的高新技术。

(3) 生态评价。2010年上海世博会的举办时间是5—10月,这期间正值盛夏季节,高温酷暑无疑是世博会面对的一大难题,为解决这一问题,有关部门采用了一套城市设计生态评价体系。城市设计生态评价体系对5.28平方千米的世博园区进行了包括太阳辐射、废气排放、风向路线等在内的各项模拟试验。以风向模拟为例,2010年上海世博会举办期间正值夏季,主要受东南季风影响,因此世博园区的建筑不仅走向大多为东南方向,就连窗户也朝东南方向敞开。上海世博会总规划师吴志强称,按照城市季风路线,把街道穿堂风导到每栋建筑里面去。为了最大限度利用好穿堂风,世博园区的部分展馆还将采用底层挑空的设计,将展馆变身成导风板,届时就算馆内温度超过30℃,也不用开空调,从而节约了电力。除了季风,在展馆和绿地的设计中,太阳阴影也有了用武之地。上海世博会园区的绿化覆盖率将超过40%,在为观众提供蔽荫和休息场所的同时,也将起到为园区降温的作用。

(4) 生态规划实践。"科技世博、生态世博",是上海世博会筹备工作遵循的重要理念。世博园区中,新技术、新创意、新能源、新材料被大量采用,整个世博会将通过一连串的建设,努力营造一个"蓝天白云,水清地绿"的良好生态环境,最终实现"城市,让生活更美好"的主题。

中国馆:自然遮阳。

作为东道国的国家馆,中国馆的设计理念不仅体现世博会的主题,也考虑到环保问题。建筑团队力争将中国馆建设成上海世博会的"绿色地标"。在中国馆的顶部、外墙上会装有太阳能电池,以确保提供强大的能源,有望使中国馆实现照明用电全部自给。中国国家馆造型层叠出挑,夏季实现了上层对下层的自然遮阳,省市地区馆外廊为半室外玻璃廊,屋顶"中国馆园"还将运用生态农业景观等技术措施有效实现隔热。此外,国家馆所有的窗户都是使用低耗能的双层玻璃,这比传统模式节能25%以上。

世博中心:雨水利用。

世博中心设计总负责人傅海聪介绍:屋面的雨水将被收集起来用于道路冲洗和绿化灌溉,并通过绿地和渗水材料铺装的路面、广场、停车场等进行雨水蓄渗回灌,尽可能充分地利用水资源。建筑外墙采用玻璃结合铝板、陶板、石材等形式不同的组合幕墙,呼吸式玻璃幕墙系统和低辐射中空玻璃等新一代产品,满足人们在室内对充足阳光和清新空气的追求。

演艺中心:周边绿坡。

外形像"飞碟"的演艺中心的弧形外观不只是为了凸显这座文化新地标的时尚感,其中也蕴藏着精妙的环保构思。下层圆弧表面形成自遮阳体系,在高温季节可避免阳光直射，同时为玻璃屋顶的地下空间进行自然采光。仔细瞧瞧的话，还会发现在“飞碟”的外围有着养眼的“绿坡”，而非呆板的水泥。“绿坡”的作用不可小觑，事实上这是屋顶覆土技术的应用，它不仅使得世博演艺中心能完美融入周边的水绿景观，而且能为场馆外延地下空间保温隔热。

挪威馆：15 棵“树”构成。

各国的展馆也都体现出环保节能的特点。其中以“城市交响曲”为主题的新加坡馆基本造型如同“音乐盒”。在这个建筑中，各种元素相互交织，让游客如同置身于旋律的中心。天然的温度调节系统、可回收再利用的建筑材料都会让每一个走进新加坡馆的游客感受到“花园城市”的惬意与美好。而挪威馆以“挪威·大自然的赋予”为主题，将由 15 棵巨大的“树”构成。挪威馆设计师认为，完美的建筑应该和自然融合，他们尝试通过将挪威的胶合层木和中国竹子黏合在一起结合成一种新产品 “黏竹”，它成为“树”的原材料，并可在展后再利用。

6. 交通设计

上海市区内，到 2010 年有 13 条轨道交通建成，其中 5 条轨道在世博园区周边设有站点，轨道交通 13 号线可直抵世博园区。

世博园区共有 13 个出入口，其中 8 个地面常规出入口，4 个水上出入口，还有 1 个轨道交通出入口。8 个世博会地面常规出入口，有 5 个位于浦东，3 个位于浦西；4 个水上出入口，也称为“水门”，3 个位于浦东，1 个位于浦西；1 个轨道交通（13 号线）出入口位于浦西。这些出入口将配置 500 多个检票闸口，以迎接每天密集的参观客流。

为满足客流跨江、跨片区观展的需求，世博园区将建设便捷的上海世博园公交系统，其中包括 1 条轨道交通线、4 条公交线和 5 条轮渡线。园区内的公交服务将基本实行免费。轨道交通：2010 年轨道交通 13 号线成为世博轨道交通专线，共设 3 站 2 区间，高峰小时双向可承担 4 万人次。

公交线路共 4 条。一是通过西藏路世博会专用隧道运行的越江公交线路，全长 14 千米，车辆沿世博围栏区边界行驶，采用单侧设站，在浦西园区设 1 个站点，浦东园区设 4 个站点，计划配置 130 辆 12 米长的大客车；二是浦明路线路，将承担浦东园区内交通客流，线路长 4.6 千米，采用双侧设站，共设置 5 对站点，计划配置 36 辆 12 米长的大客车；其余两条是浦东辅助公交线路，将承担园区内短距离交通，车型为低速观光车，站距在 100 米左右。其中，北环路辅助公交线路单向长度约为 2.5 千米，高架步道辅助公交线路单向长度约为 2.4 千米。越江轮渡：园区将设 2 个 VIP 码头，6 个轮渡口，开设 5 条通用航线（高峰小时可承担 2 万—2.4 万人次），以及 1 条 VIP 航线。

(四) 展馆分布与典型展示介绍

中国 2010 年上海世博会,分为 A—E 片区,见图 4-54、图 4-55。

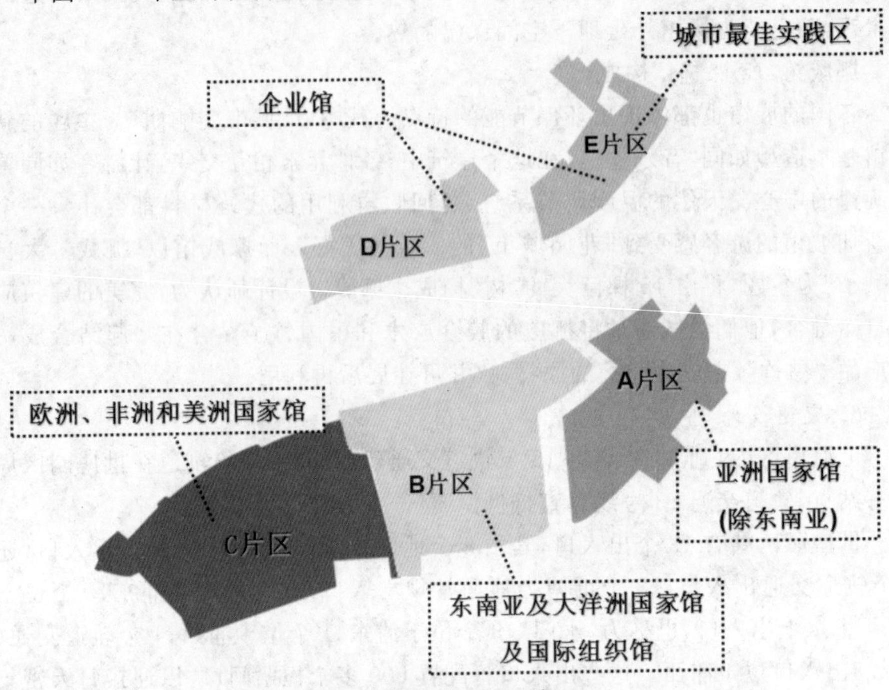

图 4-54　展馆分布情况

图 4-55　上海世博会外国展览馆

左上:德国馆,右上:英国馆,下左:荷兰馆,下中:波兰馆,下右,克罗地亚馆

A片区:中国国家馆、除东南亚外的其他亚洲各国国家馆。

B片区:主题馆、东南亚和大洋洲部分国家馆、国际组织馆、公共活动中心、演艺中心。

C片区:欧洲、美洲和非洲各国国家馆。

D片区:部分企业馆。

E片区:部分企业馆、城市文明馆、城市最佳实践区。

2010年上海世博园内有三大典型展示:

1. 世界最大生态墙成"绿肺"

在2010年上海世博会主题馆,有着一面比其更大的生态墙,4000平方米的面积达到世界第一。在东西两侧的外墙上,如今布满了纵横交错的菱形钢架子。2009年的秋天,架子上就将安装上无数种植了小灌木的模块,再经过一冬一春的养护,2010年"五一",两面墙上将绿意盎然。绿墙不仅仅是景观,也是绿色建筑的一个重要部分。夏季,可利用绿化隔热外墙阻隔辐射,并使外墙表面附近的空气温度降低,降低热传导;冬季,既不影响墙面得到太阳辐射热,同时可形成保温层,使风速降低,延长外墙的使用寿命。其实,这面"生态墙"的功能还远不止如此。据专家介绍,"生态墙"绝不是"好看"那么简单。一方面,它可以起到减少光污染的作用。在园区内展馆林立,如果外立面采取普通的玻璃墙,在烈日炎炎时,反射的光源刺眼耀目,伤害人们的视觉。用"生态墙"代替玻璃墙,不仅无光污染,而且还有利眼睛调适和休息。另外,这面"生态墙"还可以起到制氧作用。要知道,植物可是天然的"净化器"。1平方米草坪或绿色植物,每小时可以吸收二氧化碳1.5克,25平方米的草坪就可以吸收掉一个人呼出的全部二氧化碳。如此看来,4000平方米的这堵墙,成了一个不折不扣的园区"绿肺"。不仅如此,这面"生态墙"还是个天然的"吸尘器"、"吸毒器",同时还是噪声的"消减器"。要知道,世博园区每天要接待40万以上的人流,绿墙能有效减低噪声,不让游客感觉太过嘈杂。

2. 太阳能应用规模创纪录

在2010年上海世博会园区内,太阳能发电能力将达5000千瓦,从而成为中国太阳能集中应用规模最大的城区之一。据了解,在北京奥运村,一个6000平方米的太阳能光热系统建成后,可供约1.6万名运动员洗浴,每年可节约2000吨煤。上海世博园区使用太阳能发电,可说是延续了北京"绿色奥运"的精神,充分体现出2010年上海世博会绿色、节能、环保的理念。规划用地面积达5.28平方千米的世博会园区将在新能源领域大面积应用太阳能。主要场馆设施,以及部分国家的自建馆,都将安装太阳能设施,进而与上海主电网并网发送,为城市大规模开发利用太阳能摸索经验。其中,中国馆和主题馆将建设一套总规模约3兆瓦、建筑一体化的太阳能光伏发电装置。这套绿色能源装置建成以后,预计年均减排二氧化碳约

1980 吨，相当于少用 900 吨左右的标煤。

3. 地下照样可洗“阳光浴”

提到地下空间，大多给人的印象是昏暗与沉闷，然而世博轴的“阳光谷”使这一问题迎刃而解。采用“喇叭”式的外观，“阳光谷”就如同一个“漏斗”，表面因玻璃覆盖反光，但通过巨膜的合理遮挡，达到有效的遮光作用，奇妙构思堪称一绝。圆锥形的“阳光谷”还具备雨水采集功能，经循环处理的雨水可用于世博园区厕所、绿化灌溉等用水。在世博轴上，6 个巨型圆锥状“阳光谷”分布在世博轴的入口及中部，它们的独特形态能够帮助阳光自然倾斜到地下，既利于提高空气质量，又能节省人工照明带来的能源消耗。把阳光引入地下，上海世博会又做出了一个大胆的尝试。

(五) 世博会对上海市的影响

1. 世博会对上海城市功能影响

世博会在上海举办，对上海城市功能产生了直接的影响。首先，筹备和举办世博会最直接的效应是促进国际经济贸易和旅游业的快速发展，众多最先显露商机的领域如旅游餐饮、交通运输、传媒设计、商业贸易、金融咨询等产业，将带动与此相关的众多服务业的商业机会，这些连锁推动效应将会推动上海的产业结构向更高层次的提升和优化。世博会址 4 平方千米面积上 30 亿美元直接投资所蕴含着的巨大商机及其带来的巨额国内外投资将会产生的经济效应，将会造就上海经济发展的又一次飞跃。同时，上海作为特大型城市的集聚和辐射功能将得以极大的增强，并由此带动长江三角洲地区整个城市群的发展。

其次，世博会对城市中心区的改造产生直接的推动作用，为进一步的城市改造和发展注入活力。世博会址位于今后城市重点改造和发展地区的中心，一些污染严重的企业将被国际交流、旅游、文化、教育等新兴产业设施所取代，一些待改造的危棚区将被配套设施完善的新型社区所取代。世博会的城市建设效应不仅将使举办地的城市中心区面貌大为改观，同时还将随着搬迁的企业和居民向周边地区延伸，带来新一轮的区域房地产开发热潮。

再次，筹办世博会将使得城市基础设施、尤其是交通基础设施建设出现一次飞跃发展。除了计划中的城市轨道交通、洋山港区一期、浦东机场二期、崇明通道及中环线工程等大量的大型基础设施建设项目以外，联系浦江两岸的隧道、桥梁、轨道交通、城市快速交通系统等现有设施改造项目的实施将会进一步改善城市基础设施条件，大大提高上海城市交通容量和运输能力，市民出行的速度和舒适度将明显提高。配合世博会场馆建设而开展的城市绿地网络规划的实施，将使上海粗具花园城市的风貌，上海的工作、生活环境质量将得到极大的提升。世博会的举办将给上海建立世界级城市所需要的产业体系、基础设施体系及城市功能结构的调整，带来不可低估的影响，使上海成为世界上更具有吸引力、更适宜居住的城市。

2. 世博会对上海城市空间结构的影响

世博会的筹办和举办对城市空间结构和布局转型都产生深远的影响。主要表现在以下三个方面。首先，世博会因素将进一步导致商务办公功能向城市中心聚集。世博会场馆紧邻外滩和陆家嘴等城市中心区，场馆原址的改造使得周边环境品质和土地价值显著提升，高档商务办公功能进一步聚集的趋势十分明显。如果对这一趋势不加以合理的引导，将进一步加大中心区的开发压力，加剧城市空间布局的不合理。其次，世博会因素将会加快上海服务产业功能的提升，旅游会展、国际商贸、金融保险、信息通讯、传媒设计、物流运输等相关服务型产业将会出现快速的势头。因此，对于新的产业增长空间的需求和压力将会快速加大。为了配合城市功能等级提升的需求，为新型产业发展提供合理的空间，必须要从城市整体空间布局的角度出发，对新一轮的产业聚集进行合理的引导，合理安排新的产业增长点的空间布局，形成有序、协调发展的格局。可以说，适当引导商务办公功能向郊区迁移将是合理布局城市功能、有序发展新型产业的必然要求。最后，世博会因素将进一步加快居住功能向郊区迁移。世博会的举办使得城市基础设施水平明显提高，尤其是中心区与郊区以及上海与周边城市之间的交通联系将更为便捷，郊区发展的交通制约性条件将有较大改观。这一因素将刺激交通沿线地区的房地产开发，并进一步推动居住功能向区迁移。为避免前一阶段已经出现的无序扩张的现象继续蔓延，需要对郊区住宅开发项目进行合理的规划控制和引导，以形成适度聚集、整体开敞的空间格局。

3. 世博会对上海市经济发展的影响

上海是我国最大的经济中心城市，2010 年上海世博会将对上海经济发展发挥巨大作用，主要表现在以下三个方面。

(1) 促进区域经济发展。长三角地区是中国经济最为发达地区，2008 年度统计数据表明，长三角地区占全国土地面积的 1%，人口占全国 7%，创造了 18.28% 的国内生产总值、全国 20.04%的财政收入和 37.05%的外贸出口。上海世博会的举行，必然进一步加强上海作为长三角地区增长极地位，通过集聚和扩散效应，带动长三角地区人才、技术、资本、信息等生产要素向上海集聚。在资金集聚方面，上海世博会直接投资将达 30 亿美元，加上世博会配套设施和交通运输投资，所需资金巨大，仅仅依靠上海自身能力，资金将受到很大限制。在世博经济的集聚效应下，长三角地区资金将加速汇集上海。在信息聚集方面，世博会举办目的在于提供一个平台，向世界各国展示人类社会、经济、科技和文化方面的优秀成果。届时，各类大容量信息将集聚上海，上海成为国际、国内的信息交流中心。

(2) 产业结构调整。首先，上海世博会的举办将通过资金投入、技术升级和政府扶持等因素影响第二产业结构,加速第二产业结构的升级。2008 年上海人均 GDP 已达到 75990 元,折算为 9500 美元,而据统计人均 GDP 从 5000 美元到 1 万美元超越,关键是要整合传统产业和高新技术产业。2010 年世博会是第一届信息化的世博会,必然促使上海将信息化作为高新技术改造传统产业的突破口,而世博经济更有利于放大高新技术为主体的外资流入量,从而进一步加速新型工业化进程。其次,上海世博会的举办还将进一步强化上海技术创新能力,推动高新技术产业的发展。世博会展台显示了当前全球工业化国家最新颖的产品,它们往往是各国顶级高新技术的结晶,代表了时代的潮流,成为会展国的骄傲。上海作为展示舞台的东道主,必然受到两大方面的驱动力:一是与先进技术含量产品之间的落差所产生的压力;二是与先进技术含量产品之间落差中获得的启迪。在产品展示、展评的竞争和交流过程中获得的这种驱动力,必然会对会展城市的技术创新行为产生深刻的影响,其中尤以上海为最。上海是我国都市中最富有创新思维和创造力的城市,限于条件,多数科技人员不可能出国考察交流,阻碍创新思路的拓展。如今,全球顶级科技成果上门来,这无疑是一个机遇,必将在全市范围内激起创新浪潮的涟漪,推动高新技术产业发展。

(3) 促进上海经济中心建设。投资、消费、出口是拉动一国经济增长的"三驾马车"。而对于一个地区而言,出口为净流出。世博会对上海经济增长促进作用可以从投资、消费和净流出三个方面分析。

世博会对投资的影响主要体现在筹办过程中。根据《中国 2010 年上海世博会申办报告》,用于世博园区建设的投资将达 966 百万美元,用于世博村建设的投资将达 94 百万美元,建设总投资共计达 1060 百万美元,约合人民币 88 亿元。与世博会适应的交通、航运等基础设施,估计投资 200 亿元。如此巨大的投资必将有力拉动上海经济快速增长。除此之外,世博会的举办也将带动国内社会投资增长,如在旅游服务业方面,宾馆、饭店等硬件设施的改造投资必将增加;在房地产方面,世博会带动了黄浦江两岸的房地产开发;房地产投资增加又会带动相关产业如建材、装潢、家电等投资的增加等。

世博会对消费增长的影响主要体现在世博会举办过程中。根据《中国 2010 年上海世博会申办报告》,2010 年上海世博会的预测参观人数将在 3910 万—5410 万之间,更为乐观的预测将超过 7000 万人次。世博会参观者将是一个巨大的消费需求群体。游客到达上海后,其衣食住行都将消费在上海和周边地区,同时将增加上海在门票、娱乐、纪念品等方面的消费收入。世博会举办期间消费的剧增将对 2010 年后上海经济发展产生巨大影响。

资本输出是经济中心的主要特征之一。世博会必将强化上海经济特大中心城市的功能,进一步增强对长三角地区乃至全国的辐射和服务功能,与全国其他地区的货物、服务、信息、要素等交换将更加频繁。同时，世博会将提高上海城市的国际化程度，为国外企业了解上海企业提供了良好的机遇，为上海企业扩大产品出口，与世界各国进行多方面的交流提供了机会。

总之，世博会对上海经济发展具有直接推动作用，将促进上海经济的快速发展和全面崛起，加快大上海都市圈的形成步伐。

4. 世博会对上海社会文化发展的影响

创新是世博会亘古不变的灵魂；跨文化的碰撞和融合是世博会一如既往的使命。“以人为本、科技创新、文化多元、合作共赢、面向未来”——上海世博会将在新的时代背景下继续弘扬“创新”和“融合”的主旋律，创作一曲人类新世纪的美妙乐章。

(1) 促进上海与各国交流。一方面，上海世博会将努力吸引200个左右的国家和国际组织参展，吸引海内外7000万人次游客前来参观，从而以最为广泛的参与度载入世博会的史册。另一方面，上海世博会组委会将始终以全球的视野来筹备和举办上海世博会，举全国之力，集世界智慧，最大限度地争取世界各国政府和各国人民的参与、理解和支持，从而使上海世博会真正成为“世界人民的大团圆”。

(2) 推进上海创新理念。在上海世博会上，围绕着“城市，让生活更美好”的主题，能让你惊奇地发现各国展馆对主题的精妙创意，马德里的“竹屋和生态气候树”、德国不来梅市的“城市交通解决方案”、意大利米兰的24小时太阳报新总部办公楼、沙特阿拉伯麦加的帐篷城、巴黎的“植物墙建筑”、英国馆“会发光的盒子”、日本馆“会呼吸的房子”、西班牙馆“藤条编成的篮子”、瑞士馆“会溶解的墙壁”、上海的“沪上生态家”、成都的“活水公园”、苏州的“古城保护与更新”等，其展馆新设想、新设计所表现出来的创新理念，无不让人惊奇不已，使人不得不由衷赞叹。这一个个具体的创新理念，其影响是不可估量的。

(3) 推动上海文化发展。上海世博会充分演绎“城市，让生活更美好”的主题，表达着现代人对新型城市、环保城市、更自然化城市、更人性化城市的追求和向往。世博会展示着经济的辉煌、科技的进步、低碳的新理念、建筑设计的最新成果等等。正像外国媒体所说的，中国利用上海世博会“约会全世界”，并向世界展示中国现代化建设的辉煌成果。所以，上海世博会的重大意义可以从各方面去理解，有经济的、技术的、建筑设计的、自然环保的等各方面的成果。可是，如果我们留心，就不难发现，这些成果的展示基本上是以文化为底蕴，以文化为风格，以文化为主题理念进行表现的，上海世博会具有巨大的文化意义。

首先，主办国中国在世博会上充分表现其悠久深厚的文化韵味。比如：这次世博会的会徽，以一个由三人合臂相拥而成的中国传统汉字“世”来体现，古老的汉字成为主题，“世”蕴含着“世博会”的意义，在“世”字的引领下，连着数字“2010”和英文书写的"EXPO"、"SHANGHAI CHINA"，主次协调，组合巧妙，中国文化韵味浓厚，同时也表现着中西合璧、多元文化融合的意境，而绿色的基调充分表现着生命的活力与激情。再如，这次世博会的中国馆，以"东方之冠"为主题，以象征性的形式表达中华文化的气度、神态和气质，红色更是表达着中国传统文化的经典颜色。中国馆从形态和色泽上表现中国古代哲学的天人合一、天地交泰的和谐理念，充分利用世博会的空间主题、显要位置大手笔地展现"东方之冠、鼎盛中华、天下粮仓、富庶百姓"的美好理想。中国馆正立面是一个传统的红色柱子组成的门廊，门廊上鲜艳的红旗迎风飘扬。中国馆以简洁外形、大胆的色彩运用给人以深刻的印象。如正面墙壁上方以红色为背景，展示了巨幅十二生肖图；中国馆的标志"牡丹花·中国情"采用了红色牡丹花的符号，来诠释中国馆"自然、城市、和谐——生活的艺术"的主题。中国馆的主色调"中国红"传达着中国人千百年来积淀而成的心中的红颜色，充分向世人传播吉祥、喜庆、欢乐、和谐的气氛和情感。中国馆这样的设计和建造，与会徽所表达的"理解、沟通、欢聚、合作"理念统一，主旨一致，蕴含着深意。此外，主题馆内的镇馆之宝《清明上河图》，八个主题，丰富多彩，充满中国传统韵味，特别是经过高科技处理之后，原画里的人和动物都像是被吹了仙气般复活了，传统主题现代化的展示，让世人更具体、更形象、更深刻、更"现代性"地感受中国文化的丰富、深刻和生动。开幕式大面积的红地毯，也在呼应着本次世博会意味深远的"中国红"。总之，今年的上海世博会的一个最重要的象征，就是以其庄重典雅的"中国红"为主色调，光在此颜色上，就为世界瞩目，再一次让"中国红"在世博会上"国色生香"，再一次更丰富、更深远地以特有的中国高贵、热情和吉祥的颜色来传达作为"热忱、奋进、团结"的民族品格。

其次，这次世博会充分展示着各国文化创意的竞赛和角逐。上海世博会是文化创意友好比拼和表演的大舞台，参观世博会首先是看各国的文化创意。本次世博会有约 189 个国家和地区，57 个国际组织参加，参加的数量为历次世博会之最。其中，由参加国自建场馆的就有 42 个。最让人关注和兴趣的是各国独特的文化创意，即表现在参与国国家馆的设计蓝图上的非凡的创意。比如：英国馆命名为"创意之馆"，外部由无数向各个方向伸展的触须组成，每根触须顶端都有一个细小的彩色光源，看上去就像一个会发光的盒子。而且，所有建筑材料都可以循环利用，整个建筑的碳排放量将为零。无数延伸的触须，代表着创意的无限，碳零排放紧扣绿色、自然、环保的主题，作为最早举办世博会的国家之一，这样的创意引人深思。西班牙馆由万千柳条"编织"而成，俯瞰就像一个形状独特的篮子，展馆内部主要使用竹子和半透明的纸作为材料，顶部则利用太阳能，起到节能效果。展馆似乎"编织"着绿色自然的梦。瑞士馆展馆外部的幕帷主要由大豆纤维制成，奇妙的是，既能发电，又能天然降解。展馆顶楼种着满绿草和蒲公英，观众乘坐缆车登顶，便可闻到蒲公英的芬芳。一直被认为是和平国家,作为联合国许多机构所在地的国度,这次更巧妙地表达联合国的绿色倡议,表达着世界各国未来的自然和谐的追求。法国馆被誉为是"感性城市",它看上去像是漂浮在水平面上,和黄浦江相得益彰,这样的设计采用高新技术来处理能源,展馆实现能源自供。漂在水面上的"感情城市"与黄浦江的和谐统一,也许象征着中法两个将进入一个和谐共处的新阶段,或许也就是这次萨科齐前来参加世博会,与胡锦涛总书记握手的预先的启示。芬兰馆有一个美丽的名字叫做"冰壶",从外观看就像是一座矗立于水中的岛屿。意味深远。丹麦馆被称为是"梦幻城市",其外形恰似两个上下重叠而又倾斜的圆环,在中央下沉式的迷你海滨广场上,游客既可以在水中嬉戏,又可以在周边草坪休息野餐,感受丹麦惬意的生活气息,特别让人惊异的是,安徒生童话中的"小美人鱼"雕塑原件也漂洋过海到此展出,这是极为令人赞赏的特别举动,这也充分展示丹麦想以世博会的大舞台来展示丹麦的文化,表达对中国人民的深厚情谊。埃及与中国同为四大文明古国,有着悠久灿烂的历史文化,埃及的金字塔与中国万里长城的交相辉映,此次上海世博会期间,埃及在上海世博会展馆展出 8 件国宝级文物,埃及国际展览中心主席萨利姆将作为埃及代表团成员参加上海世博会的开幕式,埃及以非凡的展馆向中国和全世界展示其古老辉煌文明成就。土耳其馆把自己的外墙装饰成大红颜色的立体"蜂巢",显得卓尔不群,喜庆之中透着神秘和深邃。据上海世博会土耳其总代表森卡·厄兹索伊介绍,这一独特的设计灵感来自世界上最古老的村落之一——距今已有约 9000 年历史的恰塔尔赫于克。20 多年前,考古学家在土耳其中部的安纳托利亚高原发现了这座古村落遗址,这里的各类建筑如蜂巢一般复杂多样,可容纳上万人居住,宗教建筑、住房、畜圈各得其所,带有明显的规划痕迹,其中一堵墙上的壁画被认定是世界上最早期的规划图。这表达着土耳其古老的文化意味。冰岛馆的外墙将布满冰晶的图案,夜晚,在灯光的映衬下,这些冰晶的图案栩栩如生,与冰岛冰天雪地的自然风光极为符合。这是表达冰岛"冰"的韵味。巴西馆主题为"动感都市,活力巴西",重点突出巴西城市在寻求可持续发展和市民福利过程中发生的巨大变迁,富有热带雨林风情的巴西馆外壁由数千根不对称放置的绿色木条组成,象征着巴西丰富的森林资源;而馆内则重点表现巴西城市的人文多样性、大都市的活力、繁荣的经济以及在可持续发展方面获得的成就。非洲馆的木雕特别引人注目,大抵出自尼日利亚、肯尼亚、马里、刚果等雕塑家之手的作品,充分显示非洲木雕的艺术风格:线条细腻、造型逼真、构思奇妙,如人物雕像健美丰满,神情静穆生动,女性雕像眼睛是杏核眼,微微凸起,眼神中有隐隐的忧郁,蕴含着活力与生命的气息。这些表现在展馆上的创意是各国传达出来的最珍贵的文化亮点,也是最能让人着迷和联想的。

六、实习线路设计及实习内容

(一)实习路线 1

陆家嘴—南京路—外滩实习内容:了解陆家嘴 CBD 规划结构,初步掌握上海城市的发展战略;考察商业街的规划设计,了解上海中心区城市建设与开发的特点。

(二)实习路线 2

新天地—中市街实习内容:了解新天地的开发模式与历史文化遗产保护状况;考察浦东川沙中市街历史文化风貌区;明确上海城市的发展战略是集中发展还是分散发展;了解上海旧城改造更新规划的特点与可借鉴之处。

(三)实习路线 3

上海世博园实习内容:了解上海世博园园区规划的理念、园区建筑设计特色,熟悉园区功能区块规范化的模式;重点考察并了解世博园区的生态规划、交通规划特色;此外,通过调研分析上海世博会对于上海在城市功能、空间结构布局、经济发展以及社会文化方面的冲击和影响。

参考文献

[1] 王建,等.现代自然地理学实习教程[M].北京:高等教育出版社,2006.
[2] 李和平,李浩.城市规划社会调查方法[M].北京:中国建筑工业出版社,2004.
[3] 阮伯林.奇秀雁荡山[M].香港:天马图书有限公司,2003.
[4] 胡念望,胡跃中.楠溪江导游词[M].北京:中国旅游出版社,2001.
[5] 中国行——东南山水甲天下:温州.上海:中国唱片广州公司,2005.
[6] 陶奎元.雁荡山旅游手册[M].杭州:浙江摄影出版社,2007.
[7] 温州雁荡山国家地质公园网站,http://www.wzyds.com/index.aspx.[2011-08-08].
[8] 温州永嘉楠溪江风景旅游管理局网站,http://zw.nxj.cn/Index.asp.[2011-08-15].
[9] 湖州市政府:太湖治理总体方案,2007.
[10] 丁琦.宁波镇海工业经济 SWOT 分析[J].合作经济与科技,2008,351:30—31.
[11] 方可.北京旧城保护与城市规划建设的战略思考[J].华中建筑,2000(3):105—109.
[12] 陈为忠,王英利.长三角次级港口城市现代物流业的发展策略——以南通市为例[J].南通大学学报,2007,23(2):15—20.
[13] 吴伟年.城乡一体化的动力机制与对策思路——以浙江省金华市为例[J].世界地理研究,2002,11(4):46—53.
[14] 张启富.建设创兴新城市的区域金融发展研究——以宁波为例[J].浙江金融,2007(6):36—37.
[15] 杨贵庆.未来十年上海大都市的住房问题和社区规划[J].城市规划汇刊,2000(4):63—68.
[16] 张玉鑫.对上海郊区规划的认识与思考——从规划编制审批情况谈起[J].规划师,2000,16(3):67—69.
[17] 谷人旭,李广斌.区域规划中利益协调初探——以长江三角洲为例[J].城市规划,2006,30(8):42—46.

[18] 崔功豪. 借鉴国外经验建立中国特色的区域规划体制[J]. 国外城市规划，2000(2):1—2.
[19] 宗翮."一核六带"长三角冲破行政壁垒提高区域一体化水平[J]. 江南论坛，2006(12):46—46.
[20] 诸大建. 进一步发挥上海对长江三角洲带动作用的思考[J]. 城市规划汇刊，2003(6):12—15.
[21] 石忆邵，张洪武. 长江三角洲城市综合竞争力与区域优势分析[J]. 城市规划汇刊，2002(1):17—21.
[22] 陶松龄，甄富春. 长江三角洲城镇空间演化与上海大都市增长[J]. 城市规划，2002,26(2):43—48.
[23] 袁新敏，吴青芳，谷人旭. 国外区域规划对上海与长江三角洲地区城镇协调发展的借鉴与启示[J]. 小城镇建设，2002(3):50—51.
[24] 丁健. 长江三角洲经济有限一体化条件下的上海发展战略[J]. 上海财经大学学报，2003,5(6):40—47.
[25] 刘江. 以科学发展观为指导做好长江三角洲地区、京津冀都市圈区域规划工作[J]. 宏观经济管理，2005(1):9—12.
[26] 吴克烈. 世界经济区域一体化与我国区域经济理想模式[J]. 世界经济研究，2000(1):24—27.
[27] 陈先林. 适应经济全球化和区域一体化的城镇规划探讨[J]. 小城镇建设，2003(7):88—89.
[28] 宁波市城市科学研究会. 强化港口城市功能主动融入长三角经济圈[J]. 城市，2007(9):8—12.
[29] 罗小龙，沈建法. 基于共同利益关系的长江三角洲城市合作——以长江三角洲城市经济协调会为例[J]. 经济地理，2008,28(4):543—547.
[30] 宋立新，张珂. 浅论城市规划中的文化研究方法[J]. 四川建筑，2001,21(4):6—8.
[31] 杨惜敏. 区域经济与城市规划[J]. 东南亚研究，2001(5):78—80.
[32] 罗晓华. 上海浦东陆家嘴地区城市形态构建作用初探[J]. 城市开发，2002(4):30—33.
[33] 顾朝林，张敏，等. 长江三角洲城市群发展研究[J]. 长江流域资源与环境，2006,15(6):771—775.
[34] 顾朝林，张敏，等. 长江三角洲城市群发展展望[J]. 地理科学，2007,27(1):1—8.
[35] 胡伟. 城市规划与社区规划之辨析[J]. 城市规划汇刊，2001(1):60—63.

[36] 崔功豪.当前城市与区域规划问题的几点思考[J].城市规划,2002,26(2):40—42.
[37] 陈宣庆.关于我国区域规划问题的探讨[J].宏观经济管理,2005(7):17—20.
[38] 孙娟,崔功豪.国外区域规划发展与动态[J].城市规划汇刊,2002(2):48—50.
[39] 王晓征,刘洋.基于可持续发展看长江三角洲区域规划[J].全国商情,2007(8):12—13.
[40] 毛良雄.嘉兴接轨上海、融入长三角的发展对策[J].嘉兴学院学报,2003(15):5—9.
[41] 嘉容.论泛长江三角洲区域发展规划[J].中共四川省委省级机关党校学报,2005(1):17—21.
[42] 施南昌.谋求上海郊区经济社会发展新跨越[J].上海农村经济,2003(4):5—5.
[43] 卢军.宁波积极融入上海经济圈[J].今日浙江,2003(5):18—20.
[44] 庞效民.区域一体化的理论概念及其发展[J].地理科学进展,1997,16(2):39—47.
[45] 陈恺龙,彭震伟.上海半城市化地区小城镇透视[J].城市管理,2002(3):15—17.
[46] 邢忠,靳桥.适应城市发展区域化的规划新思路[J].规划师,2002,18(1):59—62.
[47] 胡序威.我国区域规划的发展态势与面临问题[J].城市规划,2002,26(2):23—26.
[48] 杨云母,高成香.新区域经济一体化理论的兴起与发展[J].税务与经济,2001(5):56—58.
[49] 张弘.开发区带动区域整体发展的城市化模式——以长江三角洲地区为例[J].城市规划汇刊,2001(6):66—69.
[50] 宁波市人民政府.宁波市城市总体规划 2004—2020.2006.
[51] 宁波市规划局,宁波市镇海区人民政府.宁波市镇海区分区规划 2004—2020.2008.
[52] 陈雄,李凤全.地理学实验及野外实习[M].北京:科学普及出版社,2007.
[53] 吴社兴,王佑林.实验室与实习基地[M].武汉:湖北人民出版社,2007.
[54] 王丽华.自然地理野外实习教程[M].哈尔滨:哈尔滨地图出版社,2003.
[55] 陈波涔,马建华.自然地理野外实习[M].开封:河南大学出版社,1992.

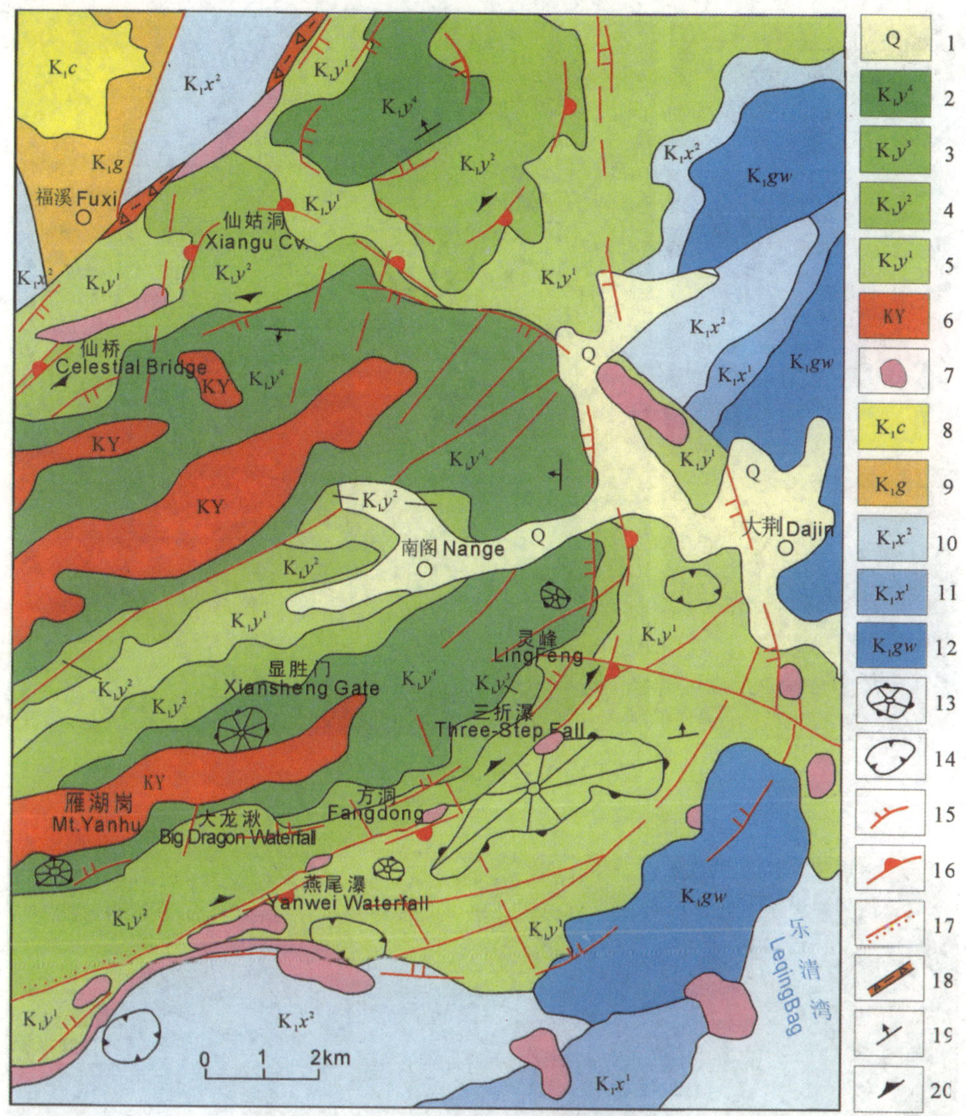

1—第四系；2、5—雁荡山火山岩石地层第四—第一单元；6—雁荡山侵入单元；7—次火山岩、岩脉；8、12—雁荡山火山外围岩石地层单元，K_1c—朝川组，K_1g—馆头组，K_1x^1—西山头组一段，K_1x^2—西山头组二段，K_1gw—高坞组；13—侵出岩穹；14—火山通道；15—破火山边界；16—岩流、岩穹组合边界；17—断裂；18—破碎带；19—假流纹产状；20—流面产状（K_1 均表示早白垩纪）

附图 1　雁荡山地质简图

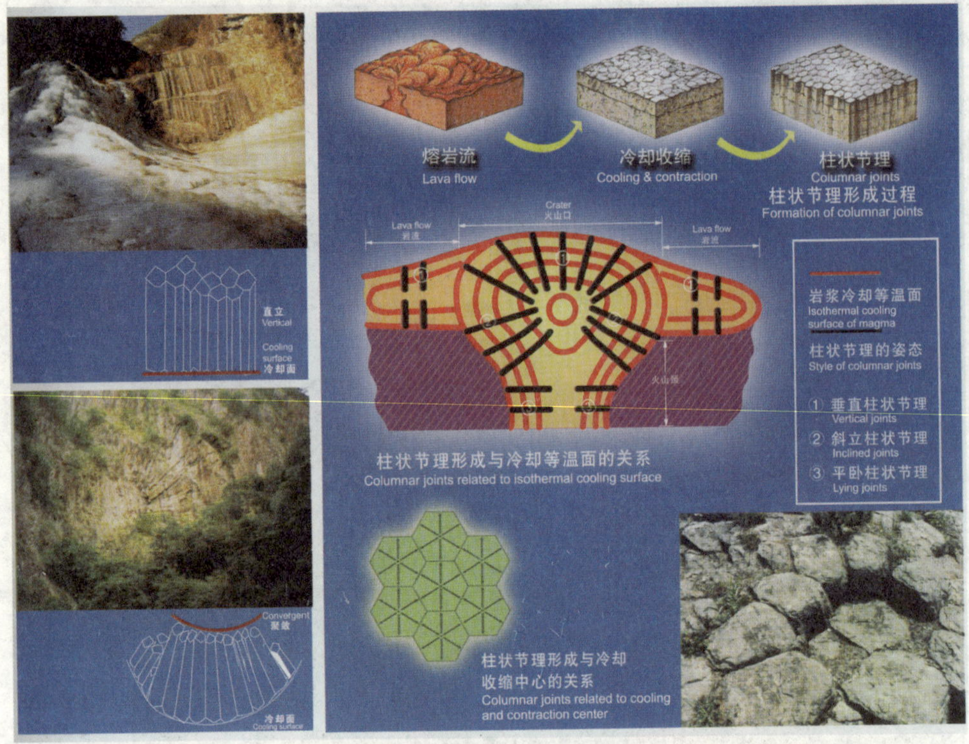

附图 2　岩石柱状节理形成过程

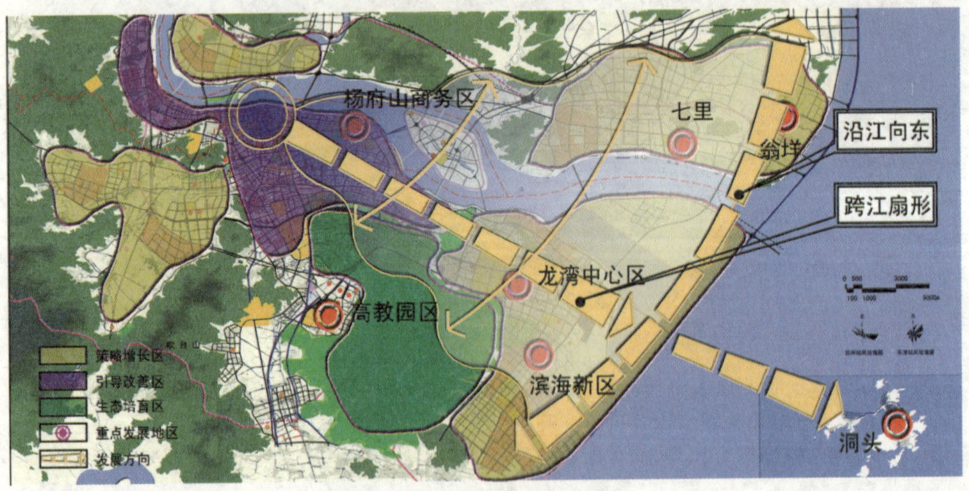

附图 3　温州城市规划东部新区

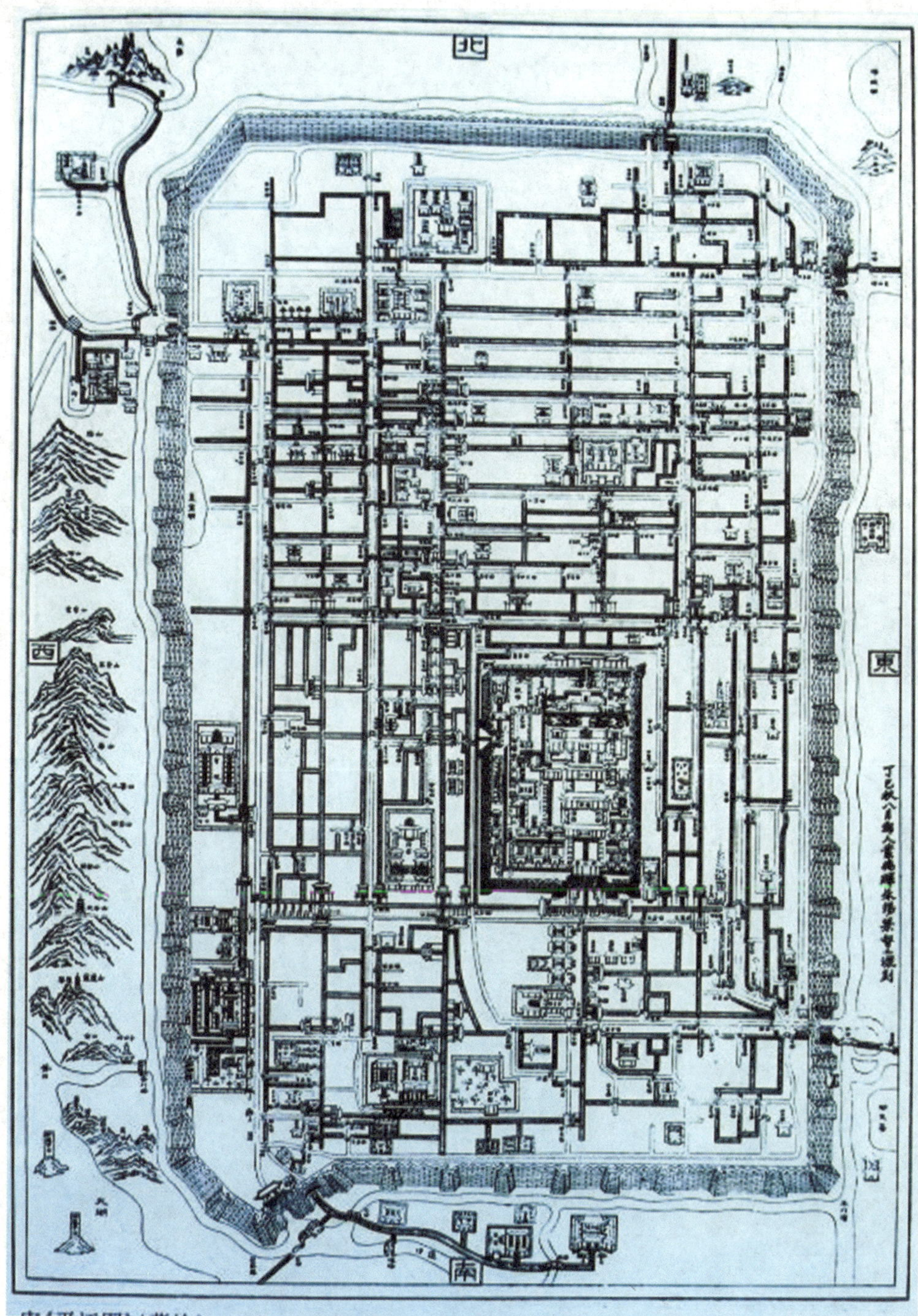

附图 4　南宋《平江图》